Anne Reibold

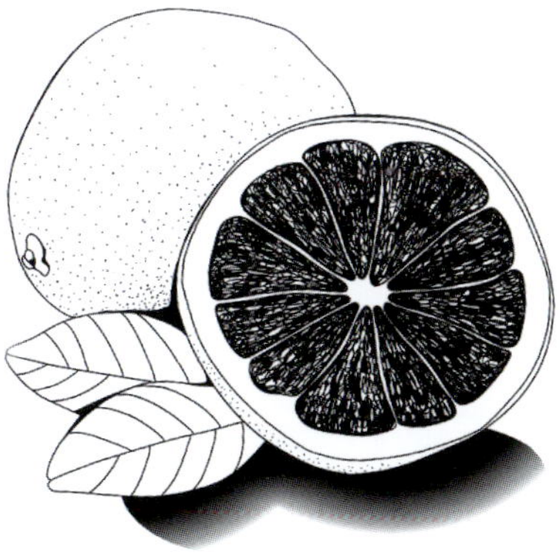

VON NULL AUF ZEICHNEN!

Abpausen
Weiterzeichnen
Individualisieren

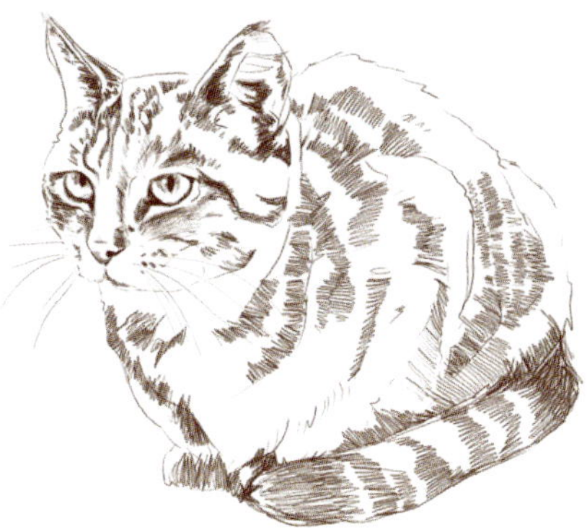

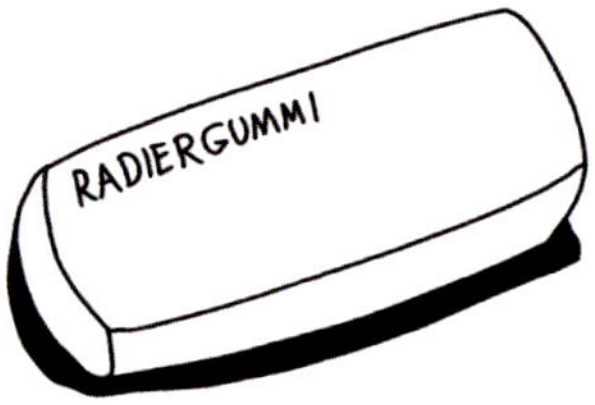

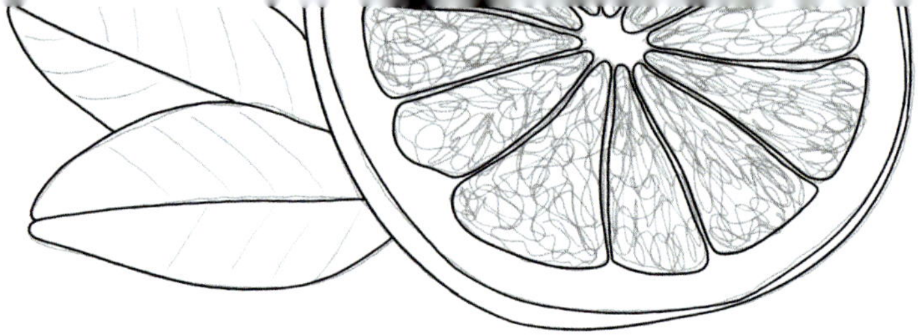

GRUNDLAGEN

10

MOTIVE BOTANICALS

28

MOTIVE UNTERWEGS

54

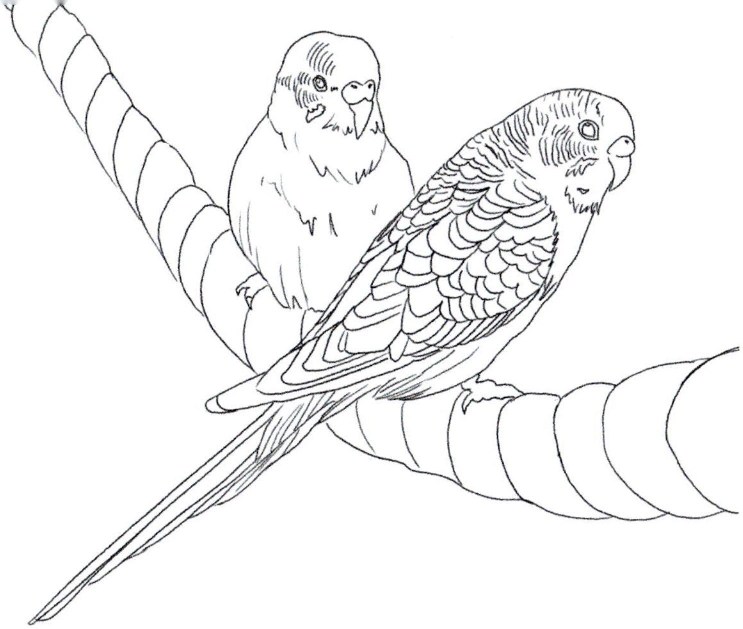

MOTIVE TIERE

84

MOTIVE MENSCHEN

110

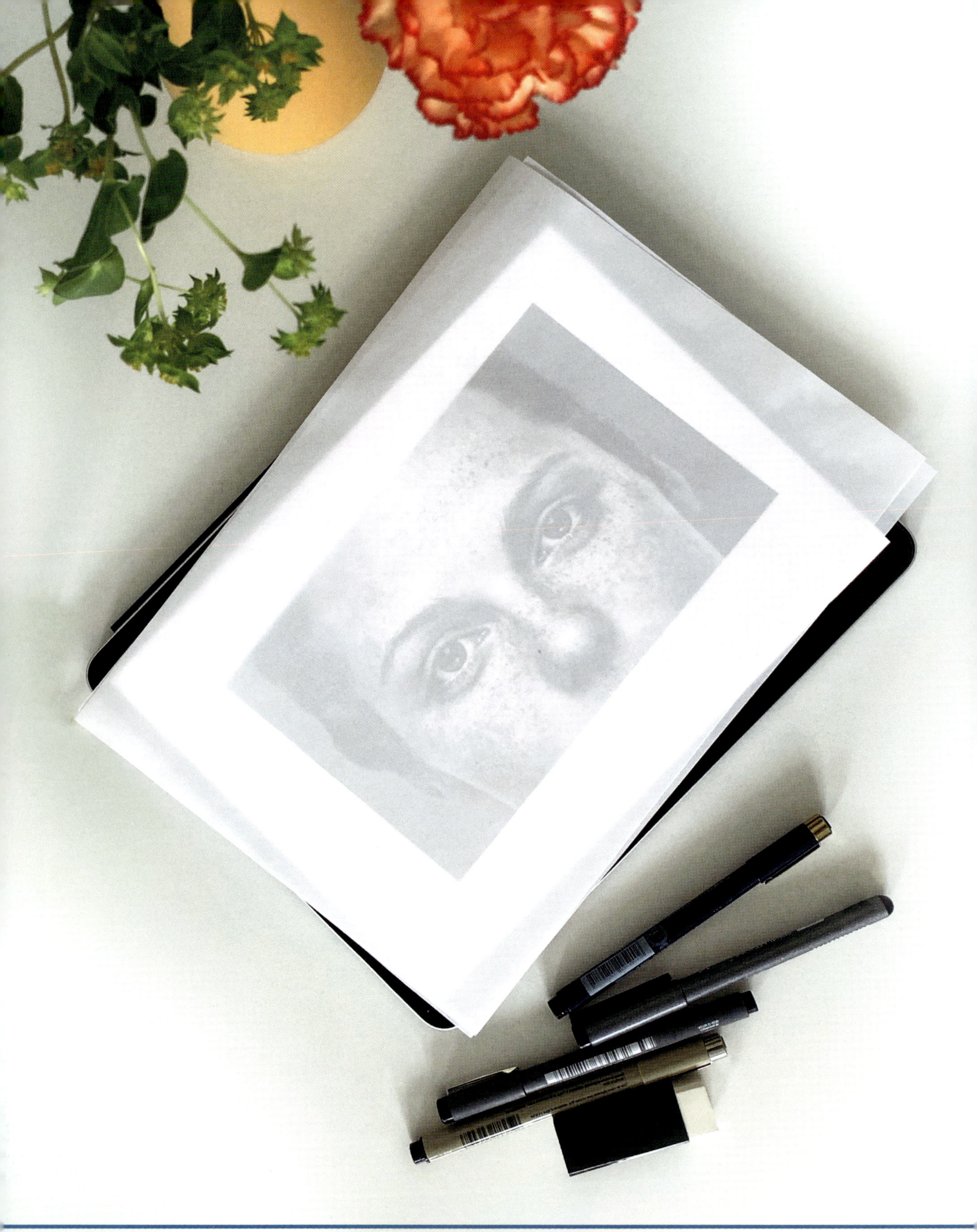

ABPAUSEN – IST DAS ÜBERHAUPT ERLAUBT? NA KLAR!

Wenn ich mich an meine frühe Kindheit erinnere, sehe ich vor meinem inneren Auge ein kleines Mädchen, das seiner Oma stolz Zeichnungen präsentiert, die es von Fotos abgepaust hat. Kinder pausen ab, um zeichnen zu lernen. Sie erforschen dadurch spielerisch die Welt – und erschaffen etwas Neues, ganz ohne sich dabei Gedanken über das Wie zu machen. Beim Zeichnen geht es nicht darum, dass etwas perfekt oder realistisch aussehen muss, sondern darum, Ideen zu visualisieren. Kinder machen das intuitiv, einfach so. Leider sind wir Menschen mit zunehmendem Alter manchmal sehr verkopft und die Kreativität bleibt auf der Strecke. Aus Angst, es nicht zu können, wird oft gar nicht erst mit dem Zeichnen begonnen. Das leere Blatt Papier strahlt eine gewisse Bedrohlichkeit aus. Ich möchte dir Mut machen, trotzdem mit dem Zeichnen anzufangen und die Angst vor dem weißen Blatt zu verlieren!

Abpausen bietet einen idealen Einstieg in die Welt des Zeichnens. Es eignet sich hervorragend dazu, ein Gefühl für Formen, Perspektive und Proportion zu bekommen. In diesem Buch zeige ich dir, wie du durch Abpausen schnelle Erfolge und Fortschritte beim Zeichnen erzielen kannst. Anhand von vielfältigen und abwechslungsreichen Übungsprojekten erkläre ich dir die Grundlagen des Zeichnens, sodass du deiner Kreativität bald freien Lauf lassen kannst. Mit regelmäßiger Übung wird dir das Zeichnen immer besser gelingen. Ich freue mich darüber, diese Zeichenreise mit dir zu beginnen.

Viel Spaß beim Zeichnen!

Anne

ÜBRIGENS:
In der Digitalen Bibliothek stehen alle Motive zum Download für dich bereit. QR- und Freischaltcode findest du auf Seite 144 im Impressum.

ABPAUSEN – SO GEHT'S

In Zeiten, in denen durch künstliche Intelligenz scheinbar keine Grenzen in der Gestaltung von Kunstwerken gesetzt sind, ist es eine willkommene Abwechslung, selbst zu zeichnen. Doch wie fängt man am besten an?

ABPAUSEN – WOZU?

Abpausen eignet sich hervorragend dazu, ein Gefühl für Formen, Perspektive und Proportion zu entwickeln. Sieh das Abpausen nicht als Schummeln, sondern als Hilfestellung, um die richtigen Linien in einem Motiv zu finden. Das Abpausen ermöglicht es dir, direkt loszulegen – und deinen Blick für das Wesentliche einer Vorlage zu schärfen.

LERNZIELE

Oft ist das Erfassen der „korrekten" Linien die erste große Hürde beim Zeichnen lernen. Es kann sehr demotivierend sein, wenn die Umrisse einer Zeichnung nicht „stimmen" und dadurch jede weitere Beschäftigung mit der Zeichnung wie eine sinnlose Zeitverschwendung erscheint. Durch das Abpausen einer Vorlage kannst du diesen demotivierenden Moment ganz einfach überwinden und schnell erfassen, welche Linien für ein Objekt formgebend sind. Lerne in den Übungsprojekten durch Abpausen, wie du komplexe Formen abstrahiert darstellen kannst, wie du durch Licht, Schatten und Farbe räumliche Tiefe erzeugst und warum es wichtig ist, die Grundsätze von Perspektive und Proportionen zu kennen. Denn: Erst, wenn du theoretisch weißt, was du zeichnerisch alles umsetzen kannst, ist es möglich, mit gestalterischen Regeln zu brechen und etwas Eigenes zu kreieren!

ANALOG ODER DIGITAL?

Bei jedem Übungsprojekt gebe ich dir eine Empfehlung zur Umsetzung. Du lernst viele analoge und digitale Zeichentechniken kennen, von denen du auch bei bereits vorhandenen Zeichenkenntnissen profitieren kannst. Ob du letzten Endes lieber analog oder digital arbeitest, bleibt dir selbst überlassen. Und auch, wenn du noch keine Erfahrung mit dem digitalen Zeichnen sammeln konntest, solltest du es unbedingt einmal ausprobieren – denn aus analogen und digitalen Techniken kann man immer auch etwas für das jeweils andere Medium mitnehmen! Wenn du beides ausprobierst, ist der Lerneffekt am größten. Lass dich überraschen, welch unterschiedliche Resultate entstehen werden und was du dadurch lernen kannst!

GUTE VORLAGEN, SCHLECHTE VORLAGEN

Gute von schlechten Vorlagen zu unterscheiden ist manchmal gar nicht so einfach. Als Faustregel gilt: Ein Foto sollte weder zu hell noch zu dunkel sein, aber trotzdem gute Kontraste aufweisen. Es sollte nicht zu kleinteilig sein und eine klare Bildhierarche in Bezug auf Vorder- und Hintergrund haben. Je klarer deine Vorlage ist, desto leichter wird dir auch die Zeichnung fallen. Orientiere dich gern an den Vorlagen in diesem Buch, wenn du selbst Referenzfotos zum Zeichnen machen möchtest.

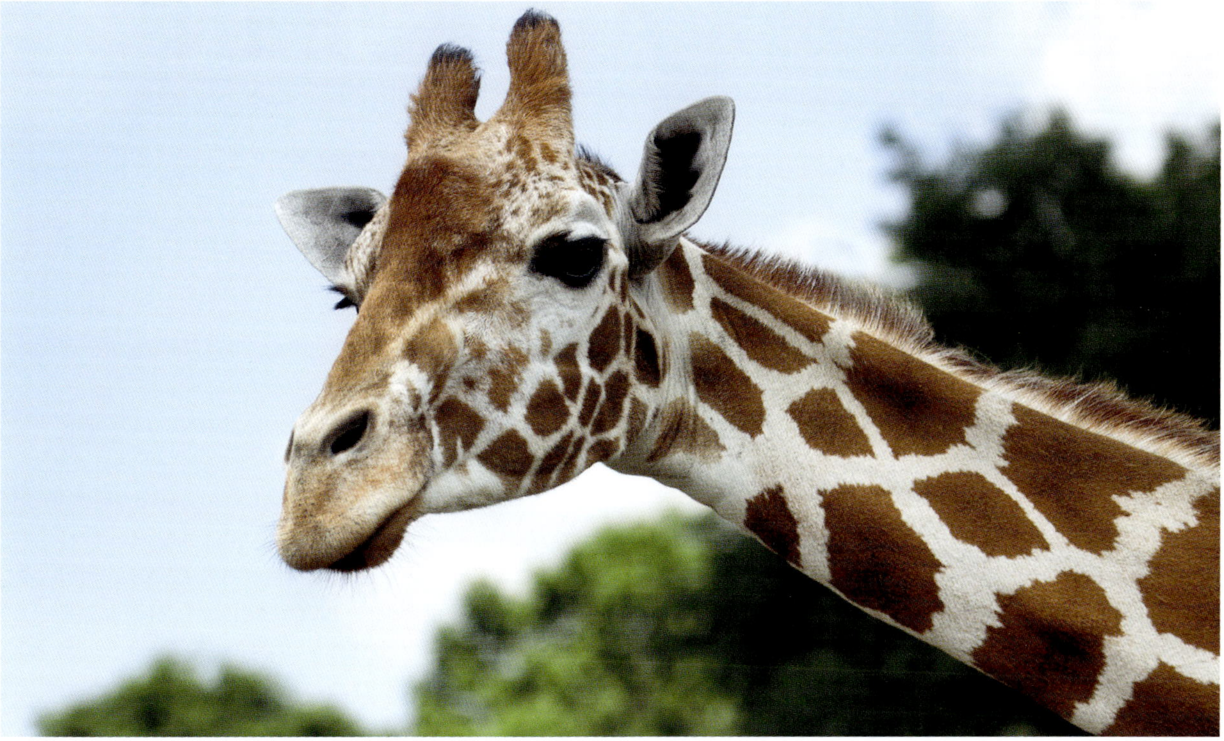

Das Foto der Giraffe eignet sich gut als Vorlage, da sich das Tier klar vom Hintergrund abhebt. Das Foto hat einen ausgeglichenen Kontrast und weist eine ausreichende Bildqualität auf.

RECHTLICHES: DIE „RICHTIGE" VORLAGE FINDEN

Gerade zu Beginn deiner zeichnerischen Reise kann es hilfreich und sinnvoll sein, Vorlagen und Referenzen zu Hilfe zu nehmen, um die Bilder in deiner Vorstellung wie gewünscht umsetzen zu können. Bei Referenzfotos solltest du jedoch rechtliche Aspekte, wie beispielsweise das Urheberrechtsgesetz und das Persönlichkeitsrecht, das im Grundgesetz verankert ist, beachten. Du solltest dich damit auseinandergesetzt haben, bevor du eine Referenz verwendest. Da sich die Rechtslage jederzeit ändern kann, ist es unabdingbar, dass du dich besonders im Vorfeld einer Veröffentlichung auf den neuesten Stand bringst, um keine Rechtswidrigkeiten zu begehen.

AUF EINEN BLICK: VORTEILE DES ABPAUSENS

- Du kannst direkt loslegen
- Du bekommst ein Gefühl für das Zeichnen verschiedener Objekte
- Du motivierst dich durch die „richtigen" Linien
- Du lernst das „richtige Sehen"
- Du trainierst deine Hand-Auge-Koordination
- Du lernst Grundlagen des Zeichnens kennen: Licht & Schatten, Perspektive, Stilisierung, Farbe & Kontrast, Proportionen

ANALOGES ABPAUSEN

Es gibt eine Vielzahl an Möglichkeiten des analogen Abpausens – klassisch mit Backpapier, mit transparentem Zeichenpapier oder mit einem Lightpad(-Ersatz). Hier lernst du, was es dabei zu beachten gilt!

VORTEILE

+ Kostengünstig
+ Hoher Lernfaktor durch Handarbeit
+ Direkt startklar

NACHTEILE

- Nachbearbeitung schlecht möglich
- Für verschiedene Stile muss das jeweils benötigte Material besorgt werden

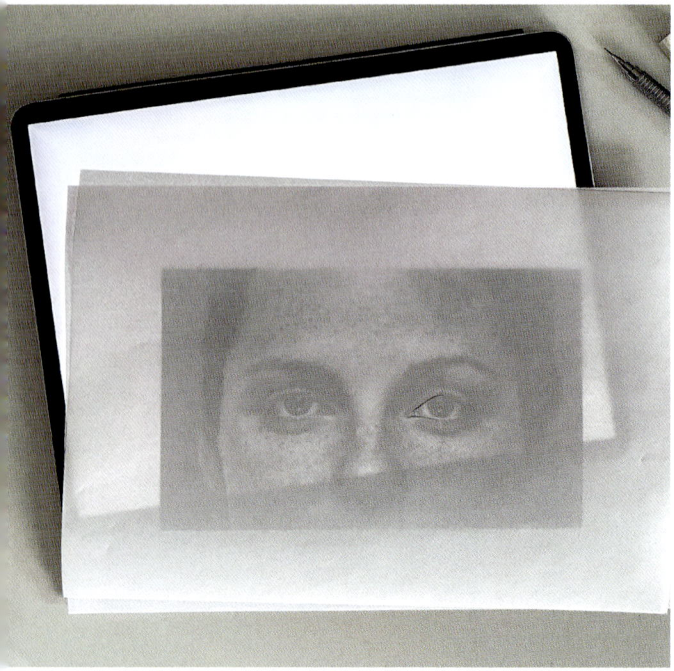

Abpausen mit dem Tablet als Lightpad-Ersatz

ABPAUSEN MIT LIGHTPAD, TABLET ODER BILDSCHIRM

Mit einem Lightpad kannst du Vorlagen schnell und einfach auf Zeichenpapier transferieren. Lightpads gibt es in verschiedenen Ausführungen schon sehr kostengünstig im Internet. Wenn du kein Lightpad besitzt, aber sofort loslegen möchtest, kannst du dein Handy, Tablet oder Computer zu einem Lightpad umfunktionieren. Willst du ein Gerät mit Touchscreen verwenden, gibt es speziell dafür vorgesehene Apps, mit denen sich die Touch-Funktion des Bildschirms deaktivieren lässt. Dadurch kannst du ein Zeichenpapier auf den Screen legen und ungestört darüberzeichnen. Nutze als Hintergrundbild die digitale Vorlage direkt auf dem Bildschirm oder eine helle, einfarbige Fläche, wenn du die Vorlage ausgedruckt nutzen möchtest. Du kannst jede Art von Bildschirm als Leuchtquelle verwenden. Alternativ eignet sich aber beispielsweise auch ein Fenster zum Abpausen der Skizze.

ABPAUSEN MIT BACK- ODER BUTTERBROTPAPIER

Abpausen mit Back- oder Butterbrotpapier ist einfach und kostengünstig. Es eignet sich als hervorragende Alternative, wenn du weder Tablet noch Lightpad zur Hand hast. Drucke hierfür die Vorlage, die du abpausen möchtest, aus. Lege dann ein ausreichend großes Stück Butterbrotpapier darüber und schraffiere die Fläche der gesamten Vorlage großzügig mit einem sehr weichen Stift, beispielsweise einem Blei- oder Kohlestift. Im nächsten Schritt legst du das Butterbrotpapier mit der bemalten Seite nach unten zwischen dein Zeichenblatt und die Vorlage. Zeichne nun mit einem festen Stift, beispielsweise einem Kugelschreiber, direkt über die Linien, die du von der Vorlage auf dein Zeichenblatt übertragen möchtest. Durch den Druck überträgt sich das Farbpigment des Stifts auf dein Zeichenpapier.

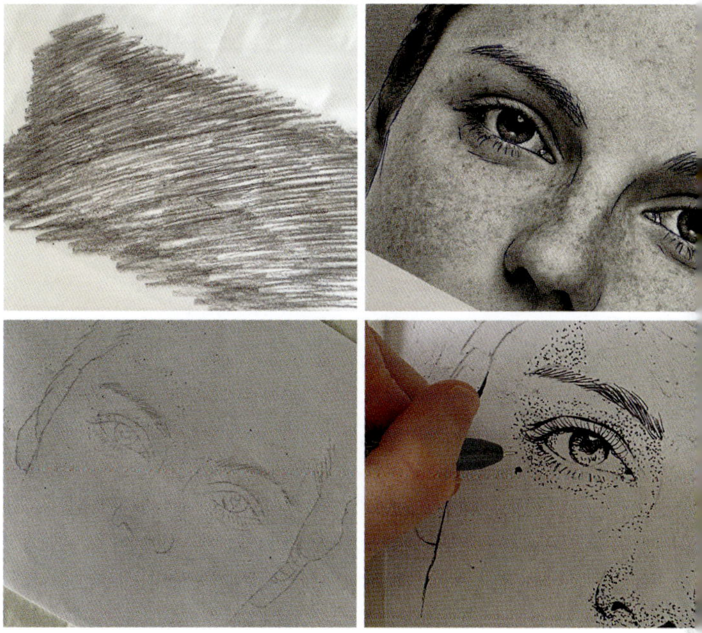

Abpausen mit Butterbrotpapier

ABPAUSEN MIT LAYOUTPAPIER

Abpausen ist auch lediglich mit einfachem Zeichenpapier möglich. Wichtig für diese Methode ist neben einem gut beleuchteten Arbeitsplatz das Papier und dessen Grammatur. Darunter versteht man das Gewicht des Papiers, das in Gramm pro Quadratmeter angegeben wird und Hinweise auf seine Dicke gibt. Je größer die Zahl, desto stärker ist meist das Papier. Wähle zum Abpausen ohne Lightpad ein Zeichenpapier mit geringer Grammatur, das eine hohe Transparenz aufweist. Lege dieses Zeichenpapier einfach über dein ausgedrucktes Motiv und pause es ab. Um ein Verrutschen des Blattes zu vermeiden, kannst du es mit Washi Tape fixieren.

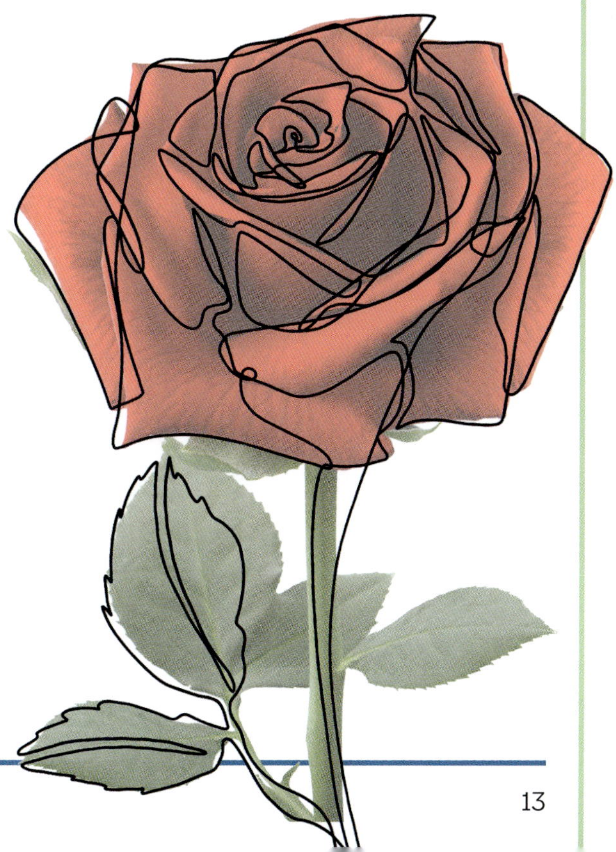

DIGITALES ABPAUSEN

Digital kannst du ein Motiv schnell und einfach abpausen. Die Möglichkeiten reichen vom Zeichnen mit der Maus am Computer über Grafiktabletts, Tablets mit Zeichenstift bis hin zum Zeichnen mit dem Finger auf dem Smartphone. Finde den Weg, der am besten zu dir passt!

VORTEILE

+ Hoher Lerneffekt durch Variationsvielfalt
+ Kaum Folgekosten
+ Nachbearbeitung möglich
+ Direkt startklar!

NACHTEILE

- Hohe Anschaffungskosten
- Ungewohntes Zeichengefühl auf Bildschirm
- Erlernen der technischen Besonderheiten im Umgang mit dem Zeichenprogramm notwendig

ABPAUSEN MIT TABLET-PC UND ZEICHENSOFTWARE

Für die Motive in diesem Buch brauchst du Grundlagenwissen im Umgang mit Software zum digitalen Zeichnen. Eine kleine Aufzählung kostenloser und kostenpflichtiger Software findest du im nebenstehenden Infokasten. Die meisten Zeichenprogramme beinhalten bereits eine große Anzahl digitaler Stifte und Pinsel, die du in Größe und Deckkraft verändern kannst. Diese voreingestellten Instrumente sind vollkommen ausreichend für die Projekte in diesem Buch. Probiere dich vor den Übungsprojekten am besten durch die Werkzeuge deiner Software und wähle einen Pinsel, der dem im jeweiligen Motiv dargestellten am nächsten kommt – oder einfach einen, mit dem du dich wohlfühlst!

Für deine erste digitale Zeichnung solltest du dich im Vorfeld mit der Anwendung von Ebenen, Schnittmasken (auch: Clipping-Masken) und Ebenenmodi vertraut gemacht haben. Auch Kenntnisse über die Nutzung und den Nutzen von Deckkraft sind hilfreich. Da sich diese Funktionen softwareübergreifend ähneln, findest du im Anschluss eine kurze Einführung.

EBENEN, SCHNITTMASKEN UND EBENENMODI

Eine Ebene beim digitalen Zeichnen ist wie ein Blatt Papier beim analogen Zeichnen – du kannst darauf zeichnen, malen oder dein Vorlagenfoto platzieren. Anders als beim analogen Zeichnen kannst du dein Motiv in der digitalen Bearbeitung jedoch auf separate Ebenen aufteilen. Das heißt, wenn du jedes Kernelement deiner Zeichnung auf eine eigene Ebene zeichnest, musst du bei einem Fehler nicht die komplette Zeichnung neu erstellen, sondern brauchst nur die entsprechende Ebene zu bearbeiten. Die Anordnung von Ebenen in einer Zeichnung veränderst du einfach per Drag and Drop.

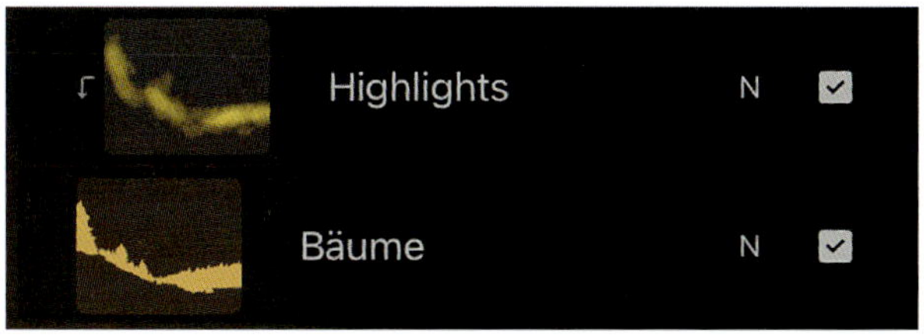

Schnittmasken von Ebenen (auch: Clipping-Masken) sind Ebenen, deren Inhalt sich nur auf die darunterliegende Ebene bezieht. Schnittmasken kannst du gut für Einfärbungen, Highlights, Schatten oder Effekte nutzen, die sich nur auf eine bestimmte Ebene beziehen sollen. Ebenenmodi beschreiben die Art und Weise, wie eine Ebene auf darunterliegende Ebenen wirkt. Es gibt je nach Software unterschiedlich viele Ebenenmodi. Die wichtigsten Ebenenmodi für die Übungsmotive im Buch sind die Modi „Normal" – normale Wirkung der Ebene – und „Multiplizieren", was bedeutet, dass sich der Ebeneninhalt mit darunterliegenden Ebenen multipliziert und zu einem Verdunklungseffekt führt. Die multiplizierte Ebene ist bei gegebener Deckkraft also immer sichtbar.

DECKKRAFT

Die Deckkraft von Ebenen ist beim Abpausen relevant. Du kannst damit beispielsweise die Vorlage einfacher abpausen, indem du die Deckkraft ihrer Ebene verringerst. Nun kannst du besser sehen, welche Linien du auf die Ebene darüber zeichnest. Die Deckkraft einer Ebene lässt sich meist stufenlos mit einem Schieberegler bestimmen und wird in Prozent angegeben: 100% heißt dabei volle Deckkraft, 50% bedeutet halbe Deckkraft, 0% keine Deckkraft.

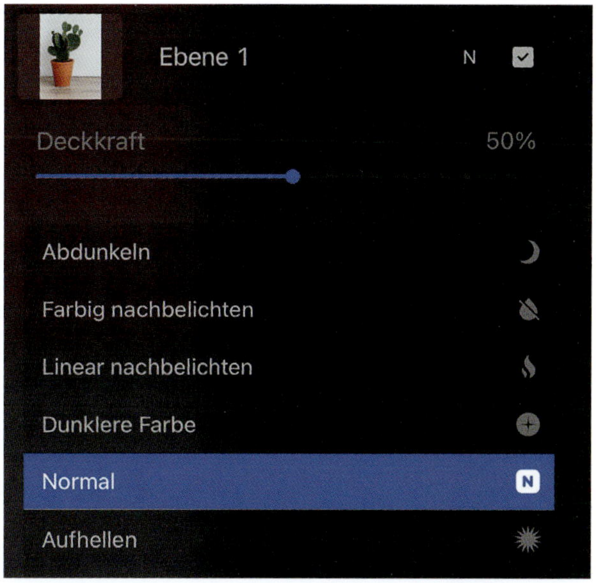

DIGITALE ZEICHENPROGRAMME

Bei der Auswahl digitaler Software ist es wie beim analogen Zeichnen: Nicht jedem liegt jede Software gleichermaßen. Du wirst jedoch schnell merken, ob du mit dem gewählten Programm zurechtkommst oder nicht. Folgende Software eignet sich beispielsweise zum digitalen Zeichnen:

- Adobe Photoshop
- Gimp
- Procreate (nur für Apple-Geräte)
- Autodesk SketchBook

FÜNF ZEICHENSTILE, VIELE MOTIVE

Bei den Übungsmotiven in diesem Buch lernst du fünf verschiedene Zeichenstile kennen: One-Line, Line-Art, Comic-Style, Flat-Art und die klassische Blei- oder Buntstiftzeichnung. Ich stelle dir diese Stile hier etwas genauer vor und zeige dir, was dabei zu beachten ist.

Damit deine Zeichnung gelingt, sind die Motive trotz unterschiedlicher Stile immer ähnlich aufgebaut – es ist daher besonders wichtig, dass du das Prinzip dahinter verstehst. Im ersten Schritt zeige ich dir immer, welche Linien ideal zum Abpausen sind, damit du damit weiterarbeiten kannst. Ab dem zweiten Schritt wird die Vorzeichnung je nach Stil unterschiedlich bearbeitet.

ONE-LINE

One-Line ist der Zeichenstil, bei dem eine Illustration in einer einzigen Linie gezeichnet wird. Dieser Stil ist auch für Zeichenneulinge gut geeignet, da die Zeichnung ruhig sehr abstrakt aussehen darf.

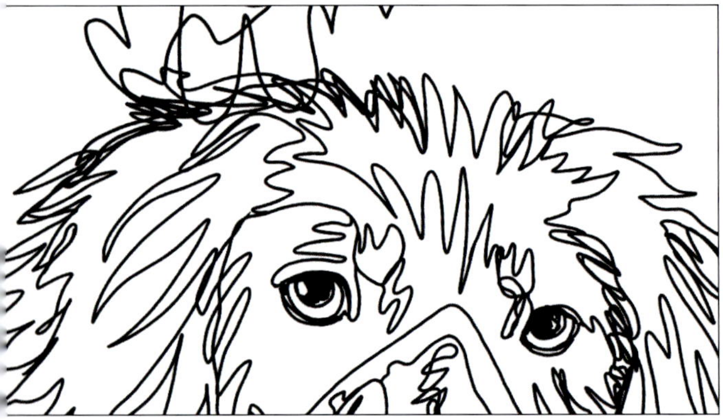

Um den One-Line-Effekt zu erzeugen, brauchst du nicht zwingend in einer einzigen Linie zu zeichnen. Wenn du zwischendurch absetzen musst, versuche jedoch, an derselben Stelle wieder anzusetzen. Räumliche Tiefe und Schatten werden beim One-Line-Stil durch die Verdichtung von Linien erzeugt. Auch hier kannst du trotz erneutem Ansetzen des Stifts durch die Verbindung der Linien den One-Line-Effekt beibehalten.

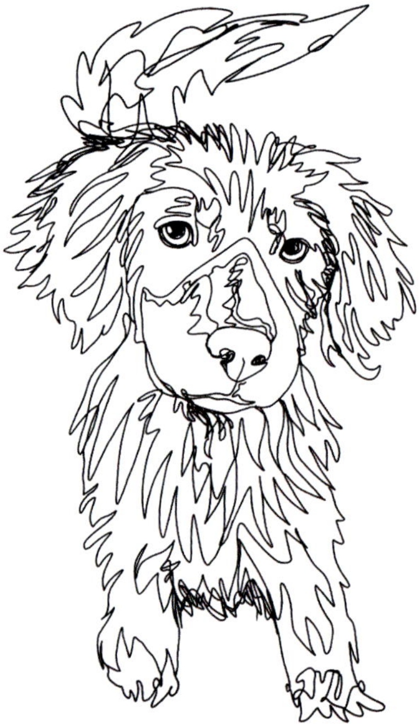

LINE-ART

Bei den Motiven im Line-Art-Stil lernst du, mit wenigen Materialien kontrastreiche Schwarz-Weiß-Zeichnungen zu erschaffen. Nachdem du die Grundformen des Motivs abgepaust hast, zeichnest du zunächst die Outline mit einem Fineliner nach, um deiner Zeichnung einen Rahmen zu geben. Danach folgt die Schattierung, um räumliche Tiefe oder Schatten zu erzeugen. Es gibt verschiedene Fineliner-Techniken zum Schattieren, die du kennen solltest, bevor du mit den Übungsprojekten beginnst.

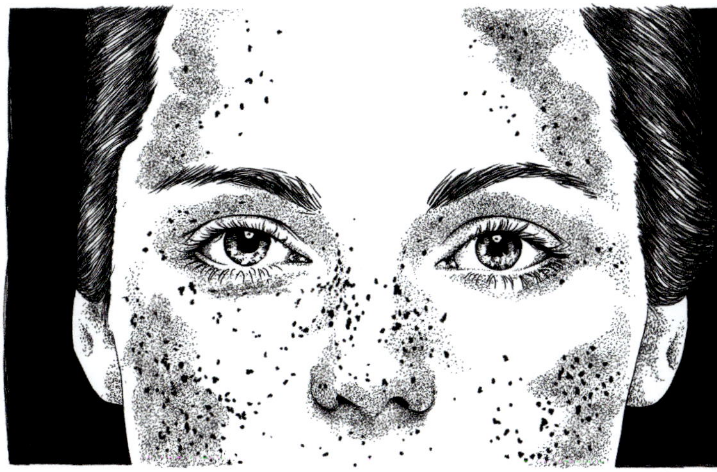

Dotwork

Beim Dotwork wird durch das Setzen vieler Punkte eine Verdichtung erzeugt, die Schatten entstehen lässt. Je enger die Punkte aneinandergesetzt werden, desto dunkler erscheint die Stelle im Bild. Um Variationen zu erzeugen, können Fineliner verschiedener Stärken eingesetzt werden. Dotwork eignet sich auch gut für Verläufe.

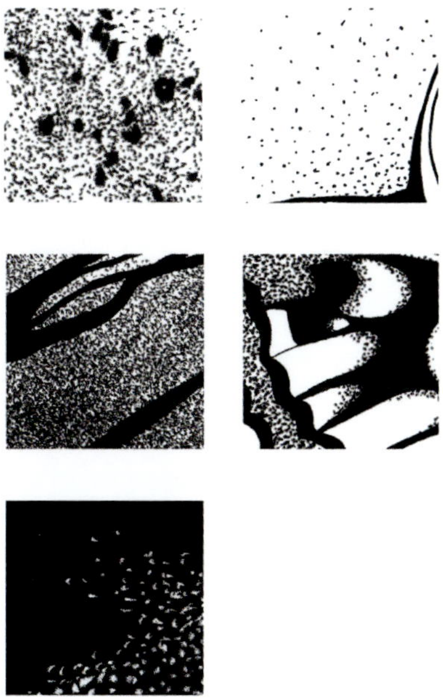

Linien

Auch Linien können Struktur und Tiefe erzeugen. Durch sich überlagernde Linien können Schattierungen entstehen, da Schraffuren dieser Art eine Verdichtung erzeugen. Die Linien können parallel, gekreuzt oder vollkommen wild angeordnet werden.

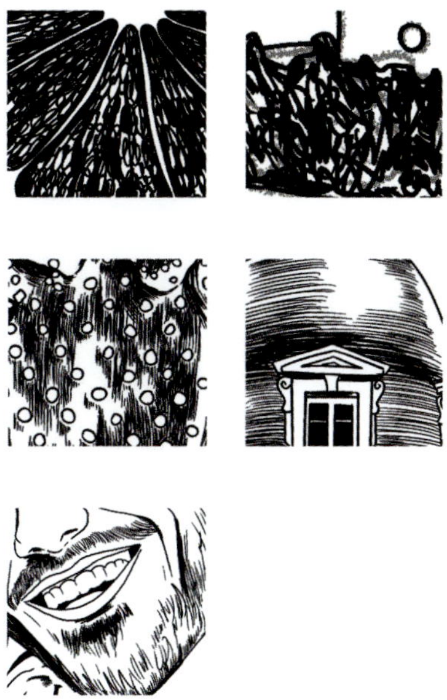

COMIC-STYLE

Die Motive im Comic-Style sind vom Prinzip her sehr ähnlich aufgebaut wie die Line-Art-Projekte. Sie stellen insofern eine Erweiterung dar, als dass du im letzten Schritt mit Farben arbeitest, um einen zusätzlichen Effekt für deine Illustration zu erzielen.

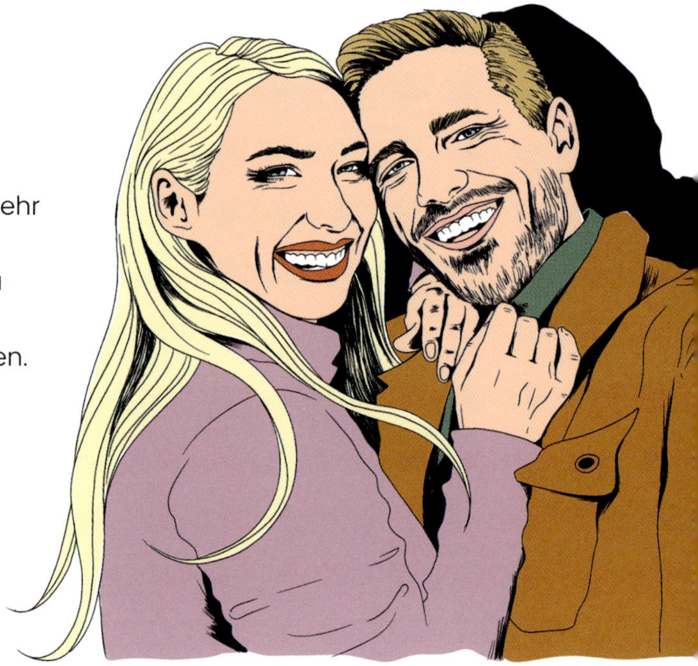

FLAT-ART

Flat-Art ist ein moderner Zeichenstil, der sehr gut digital umgesetzt werden kann. Aus diesem Grund solltest du dich vor Motiven in diesem Stil mit dem digitalen Zeichnen auseinandergesetzt haben. Im Kapitel „Digitales Abpausen“ (s. Seite 14f.) kannst du die Basics des digitalen Zeichnens nachlesen.

Beim Flat-Art-Stil arbeitest du mit deiner digital abgepausten Vorzeichnung und mit farbigen Flächen. Du erstellst pro Farbe eine eigene Ebene und kolorierst diese deckend. Achte hierbei auf eine schrittweise Einfärbung, um nicht den Überblick über deine Ebenen zu verlieren. Der Flat-Art-Stil eignet sich hervorragend, um mit Kontrasten und komplementären Farben zu experimentieren. Hierbei musst du keineswegs realistische Farben wählen – um Inspiration zu finden, kannst du jedoch Fotos in der Natur machen und beobachten, welche Farben dort nebeneinander vorkommen.

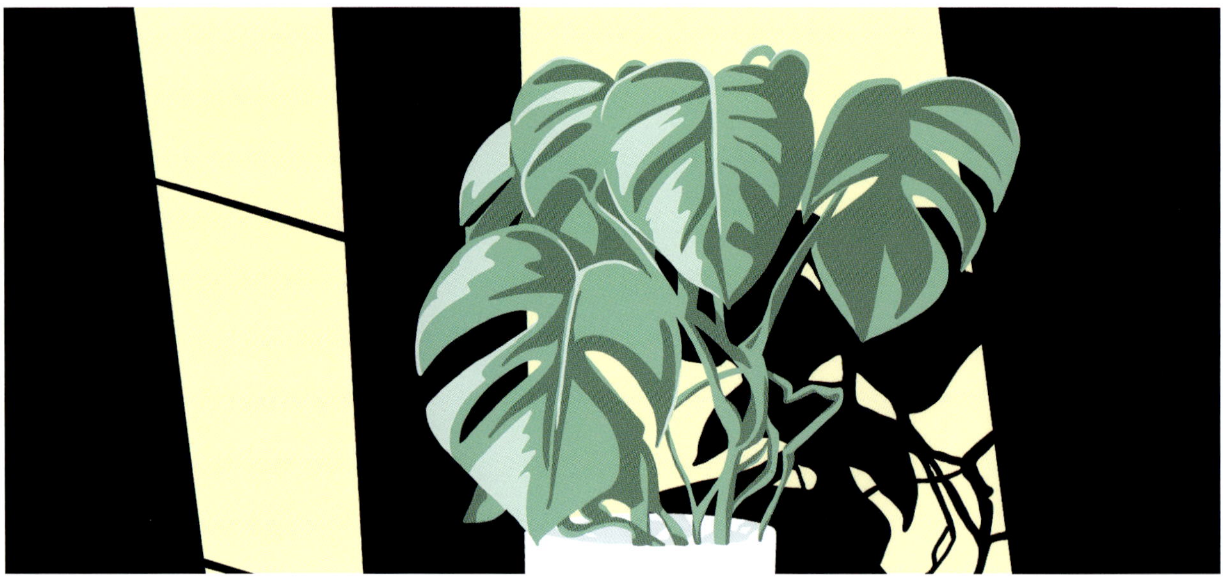

BLEISTIFT- UND BUNTSTIFTZEICHNUNG

Die klassische Blei- oder Buntstiftzeichnung bedarf bereits einiger Übung. Um den gewünschten Effekt einer dreidimensionalen Zeichnung zu erzeugen, sind verschiedene Zeichentechniken nötig.

Schraffur

Beim Zeichnen mit Blei- und Buntstiften lassen sich sowohl Flächen als auch Schattierungen durch Schraffuren erzeugen. Im Gegensatz zur Schraffur mit dem Fineliner kannst du bei Blei- und Buntstiften durch verschiedene Härtegrade der Stifte und Druck auf das Papier zusätzliche Abstufungen in der Verdichtung erzeugen. Dies macht die Schraffuren in diesem klassischen Zeichenstil feiner und ermöglicht eine sehr detaillierte Schattierung. Dadurch ist es auch möglich, homogen wirkende Flächen und realistische Tiefen entstehen zu lassen.

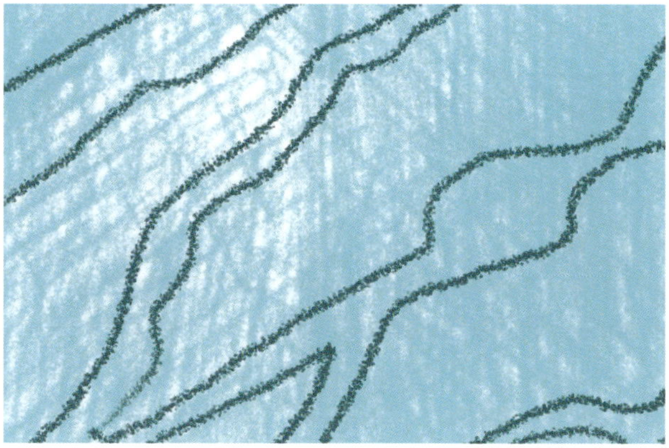

Überlagerung

Durch Überlagerung verschiedener Farben kann ebenfalls Tiefe erzeugt werden. Indem du dunkle mit hellen Farben kombinierst, kannst du Schatten oder Verläufe darstellen.

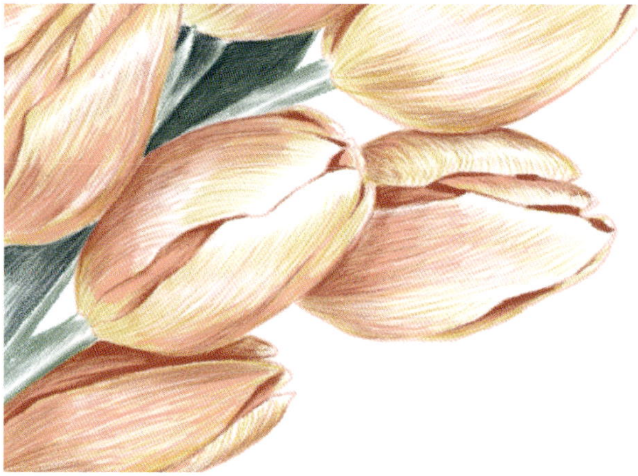

Lasur

Die Überlagerung der Zeichnung mit einem lasierenden Auftrag in einer Aquarellfarbe oder mit einem hellen Marker lässt Schraffuren noch gleichmäßiger erscheinen.

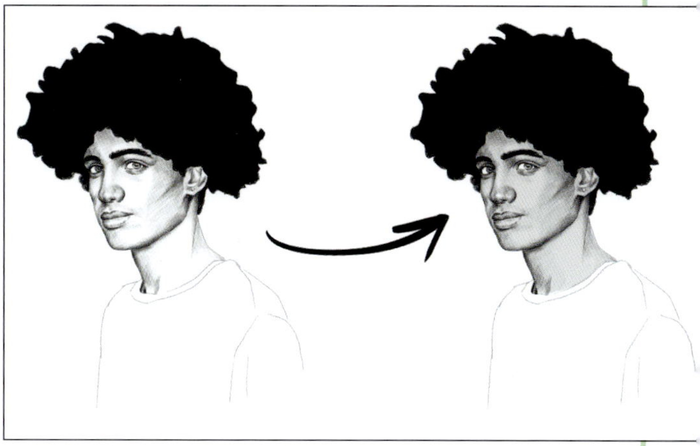

BEVOR DU STARTEST

Mache dir bewusst, dass ein Foto nie perfekt abgepaust werden kann – das sollte auch nicht der Anspruch deiner Zeichnung sein. Konzentriere dich auf das richtige Sehen und erforsche die Vorlage mit Hilfe des Abpausens, um dadurch etwas Neues zu erschaffen.

DEINE VORBEREITUNG

- Bereite deinen Arbeitsplatz vor: Alle für das Übungsprojekt benötigten Materialien sollten griffbereit liegen.
- Schaffe eine angenehme Atmosphäre, zum Beispiel mit deiner Lieblingsmusik oder einer Tasse Tee.
- Nimm dir genügend Zeit für die Übung – unter Zeitdruck lässt es sich nicht so gut zeichnen.
- Mache dir bewusst – auch, wenn es eine abgedroschene Phrase zu sein scheint – Übung macht den Meister! Es ist noch kein Profi vom Himmel gefallen. Sei nicht traurig, falls dein erster Versuch nicht so wird, wie du es erwartet hast. Versuche es einfach noch einmal! Wiederholung schafft Sicherheit und Können.

DAS RICHTIGE SEHEN

Zeichnen ist ein konstanter Übungsprozess und Abläufe im Zeichnen festigen sich durch Wiederholung. Aus diesem Grund empfehle ich dir, die Motive zu wiederholen. Zeichne das gleiche Motiv mehrmals hintereinander. Starte in der ersten Runde damit, so viel von der Vorlage abzupausen, wie du für nötig hältst. Dadurch bekommst du ein Gefühl dafür, wo sich die richtigen Linien als Grundlage für deine Zeichnung befinden. Du wirst sehen, dass dir das Zeichnen beim zweiten Mal schon leichter fallen wird, da du dich an die Bewegungsabläufe erinnern wirst. Jetzt kannst du versuchen, weniger Linien abzupausen und die übrigen Linien, Schatten und Licht freihand zu setzen. Nutze die Vorlage nun als Referenz, indem du sie statt unter dein Zeichenblatt nur noch danebenlegst.

DIE RICHTIGEN LINIEN FINDEN

Starte am besten mit dem Zeichnen botanischer Formen (Seite 28ff.). Sie eignen sich bestens zum Einstieg, da bei Pflanzen vor

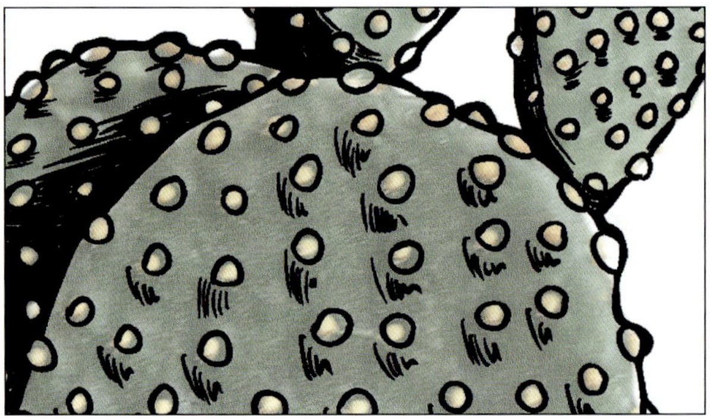

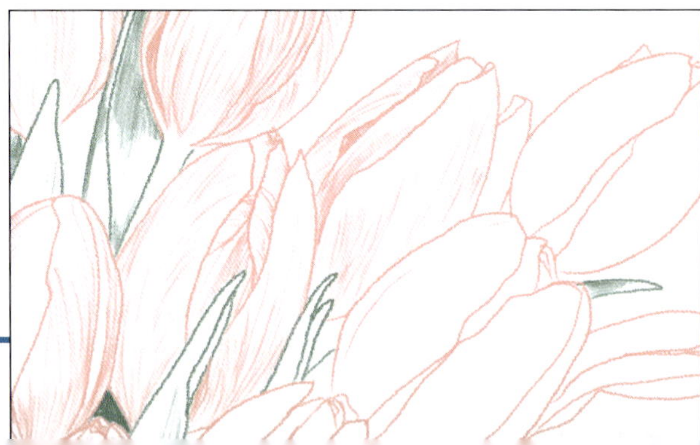

allem ihre groben Umrisse wichtig sind, um spezifische Charakteristika zu erkennen. Daher kannst du hier oft intuitiv vorgehen und es ist nicht schlimm, wenn eine Linie mal nicht exakt verläuft. Auch bei Licht und Schatten kannst du prima improvisieren – und dadurch unverkrampft lernen! Selbst präzise wirkende Schraffuren einer Buntstiftzeichnung können improvisiert werden, solange du die richtige Richtung der Linien findest. Achte bei Pflanzen daher besonders auf die Wuchsrichtung und die Linienstrukturen, die sich daraus ergeben.

Bei den Motiven im Kapitel „Unterwegs“ (Seite 54ff.) lernst du das Zeichnen von Szenen kennen. Hierbei ist es besonders wichtig, dass du dich nicht in Details verlierst. Verhindern lässt sich dies durch die Stilisierung von bestimmten Formen. Lerne, den Blick für das Wesentliche zu schärfen und zeichne beispielsweise bei einer Häuserfassade nicht den Umriss jedes Steins nach – versuche stattdessen, die Formen „zusammenzufassen“ und umrande viele Details mit einer einzigen Linie.

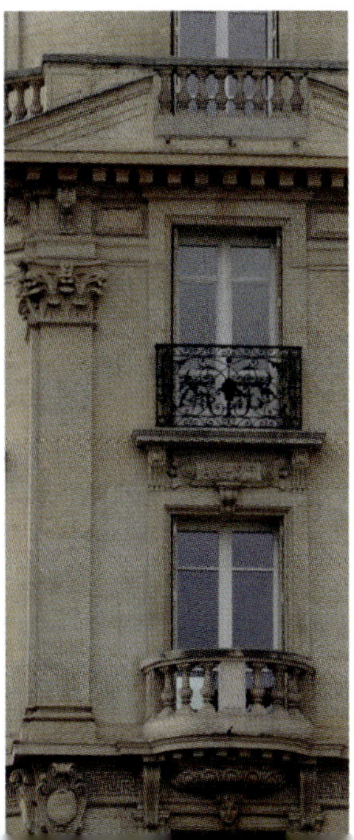

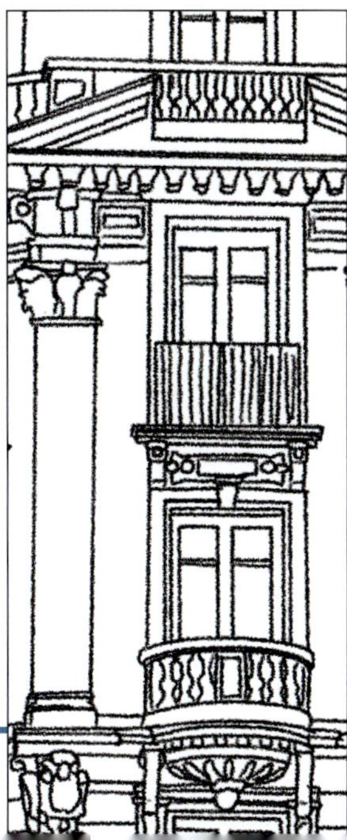

Im Kapitel „Tiere“ (Seite 84ff.) kannst du durch deine Vorzeichnung und die richtigen Linien bereits das Wichtigste darstellen. Neben dem Zeichnen realitätsnaher Umrisse geben Fellzeichnung und Gefiederstruktur den meisten Tieren ihr charakteristisches Aussehen. Durch sorgfältig gesetzte Linien lassen sich diese gut darstellen – die Vorzeichnung ist hier also bereits ein großer Schritt, um am Ende eine wirkungsvolle Zeichnung zu kreieren!

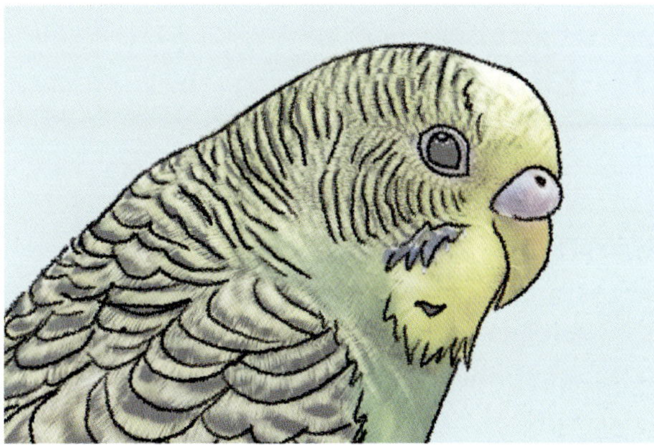

Bei den Zeichenmotiven „Menschen“ (Seite 110ff.) solltest du besonders darauf achten, nicht zu viele Linien als Vorzeichnung abzunehmen. Zu viele harte Linien in einem Gesicht machen aus diesem schnell eine Fratze. Besser ist es hier, Linien nur anzudeuten oder reduziert zu zeichnen – dadurch wird deine Zeichnung zudem dynamischer und wirkt weicher.

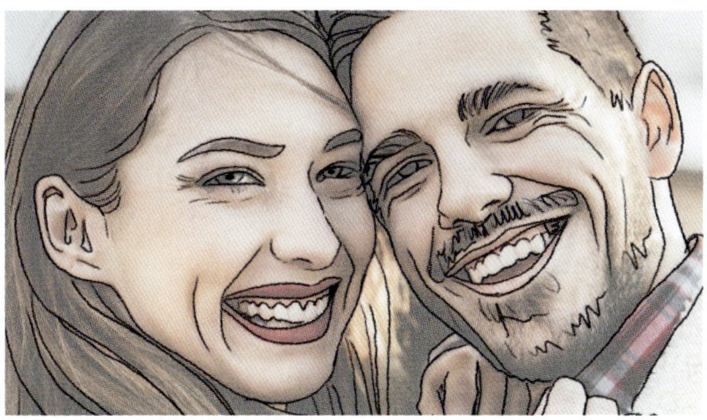

MATERIALIEN: STIFTE & PINSEL

Neben den Materialien zum Abpausen benötigst du auch diverse Zeichenmaterialien, um deine Skizze zu einer richtigen Zeichnung zu machen und sie mit Leben zu füllen. Hier stelle ich dir eine Auswahl an Materialien vor, mit denen du die Motive in diesem Buch gut umsetzen kannst.

BLEISTIFTE

Der Klassiker unter den Zeichenmaterialien ist zweifelsfrei der Bleistift. Bleistifte gibt es in unterschiedlichen Härtegraden, der sich an einem Buchstaben (B = black, H = hard, HB = hard black, F = firm) und einer Zahl ablesen lässt. Bleistifte, die mit einem B gekennzeichnet sind, besitzen eine weiche Mine und zeichnen dunkel. Bleistifte mit einem H besitzen eine feste Mine und haben einen sehr geringen und hellen Farbabrieb. Die Zahl gibt an, wie hart oder weich der jeweilige Bleistift ist – je höher die Zahl, desto weicher oder härter ist der Bleistift. Je weicher ein Bleistift, desto dunkler zeichnet er also und umgekehrt. Dies wird relevant, wenn du eine Bleistiftzeichnung schattieren möchtest.

Ich empfehle dir, eine Grundausstattung von Bleistiften verschiedener Härtegrade zu kaufen: einen Bleistift mit harter Mine, beispielsweise 2H für die hellste Schraffur-Ebene deiner Zeichnung und für die folgenden, dunkleren Ebenen der Schatten mindestens vier weitere Bleistifte. Einen mittelfesten Bleistift (HB oder F) und drei weitere in weichen Stärken, zum Beispiel 2B, 4B, 6B.

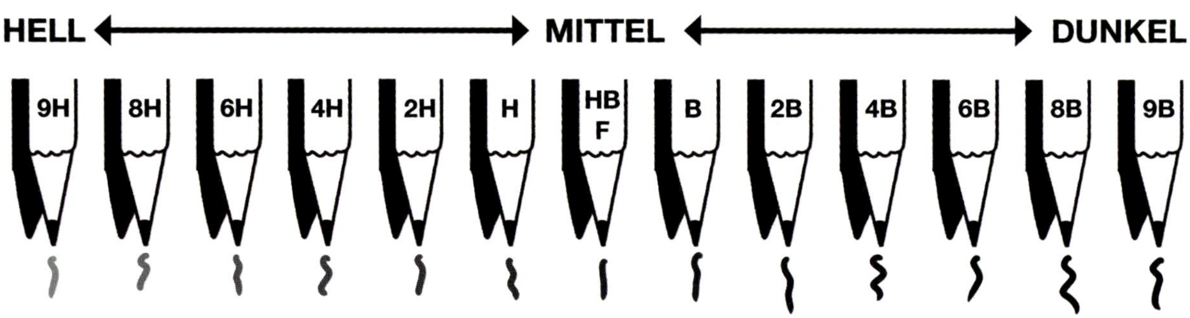

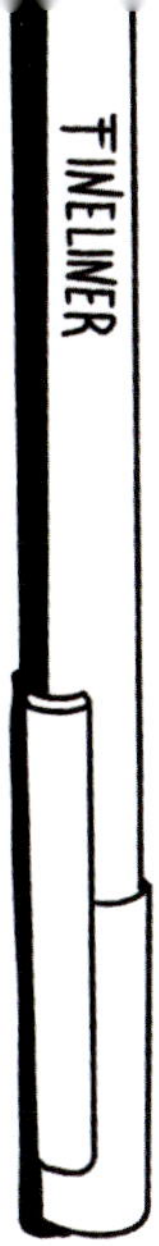

FINELINER

Fineliner sind essenziell, um deiner Skizze eine Kontur zu geben. In vielen Motiven verwendest du ab Schritt zwei einen Fineliner, um deine Zeichnung auszuarbeiten. Fineliner gibt es in verschiedenen Farben und Strichstärken.

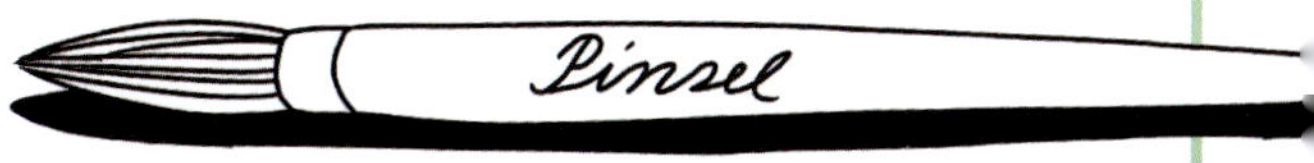

PINSEL

Pinsel und Acryl- oder Aquarellfarben eignen sich gut für kolorierte Zeichnungen und farbige Details. Acrylfarben sind sehr deckend und können auch für Details und Highlights auf bereits kolorierten Zeichnungen verwendet werden. Aquarellfarben sind weniger deckend. Sie eignen sich für flächige Einfärbungen innerhalb deiner Outlines, für farbige Verzierungen mit Aquarelleffekt oder für die Lasurtechnik, um eine mit Bunt- oder Bleistift gezeichnete Fläche homogener erscheinen zu lassen. Aquarell-Marker sind eine gute Alternative, falls gerade kein Wasser zur Hand ist oder du das Arbeiten mit Pinseln nicht magst.

MARKER

Marker besitzen eine hervorragende Leuchtkraft und sind stark pigmentiert. Sie eignen sich besonders für flächiges Kolorieren, da sie gut verblendet werden können. Marker gibt es auf Alkohol- und Wasserbasis. Helle Farben eignen sich zudem für die Lasurtechnik, um bei einer Blei- oder Buntstiftzeichnung eine homogenere Einfärbung von Flächen zu erzeugen.

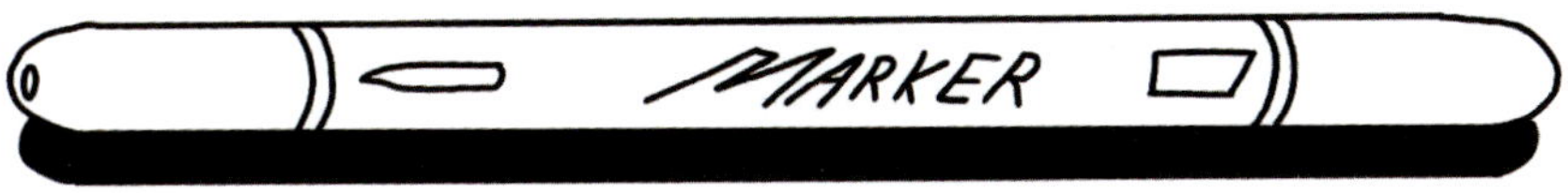

GELSTIFTE & HIGHLIGHTER

Gelstifte oder Highlighter-Stifte, zum Beispiel auf Acryl-Basis, eignen sich sehr gut für das Einzeichnen von Lichtreflexen oder weißen Stellen in deine Zeichnung. Beim Kauf solltest du darauf achten, dass sie einen hoch pigmentierten Farbauftrag haben, um auf dunklen Arealen deiner Zeichnung wirklich deckend zu sein.

WEITERE MATERIALIEN

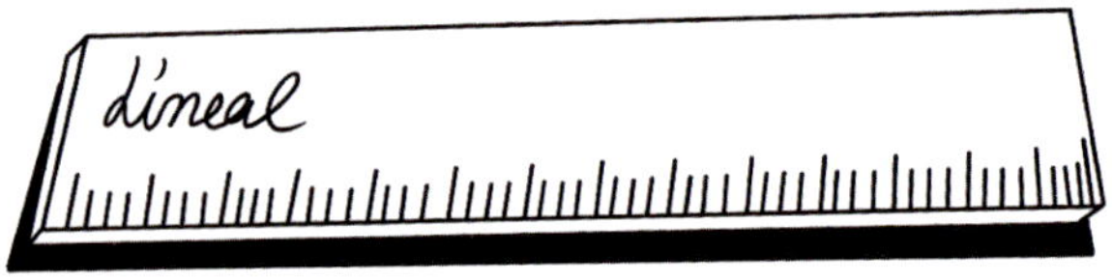

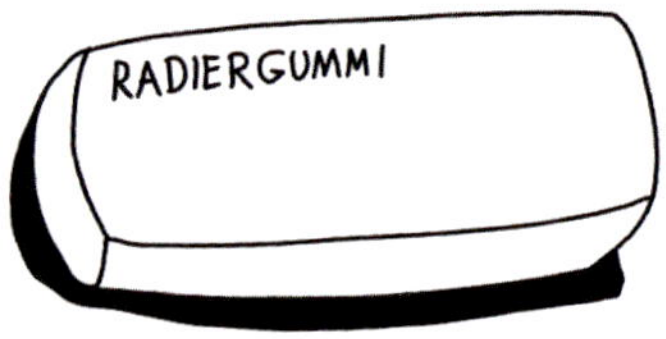

LINEAL & RADIERER

Ein Lineal ist praktisch und kann dir die Arbeit mit geraden Linien erleichtern. Radiergummis gibt es in verschiedenen Ausführungen. Um die Linien deiner Skizze in deinen Zeichnungen zu radieren, empfehle ich dir einen nicht krümelnden („Dust free") Radiergummi, der nicht zu aggressiv radiert.

WASHI TAPE

Washi Tape ist ein spezielles Klebeband, das seinen Ursprung in Japan hat. Es wird dort traditionell aus – meist bunten – Reispapieren hergestellt. Das Besondere am Washi Tape ist, dass es mit einem Klebstoff versehen ist, der sich selbst von empfindlichen Untergründen wie Papier leicht wieder lösen und rückstandslos entfernen lässt. Beim Abpausen ist es daher besonders dafür geeignet, das Zeichenpapier auf der Vorlage zu fixieren. Das Klebeband lässt sich einfach mit der Hand von der Rolle abreißen und ist deshalb auch unterwegs stets einsatzbereit. Die bereits verwendeten Stücke des Washi Tapes sind wiederverwendbar – du kannst sie also für die nächste Zeichnung einsetzen oder recyclen und damit auf unterschiedlichste Arten kreativ werden. Eine Rolle Washi Tape ist, wenn du es sparsam verwendest, sehr ergiebig.

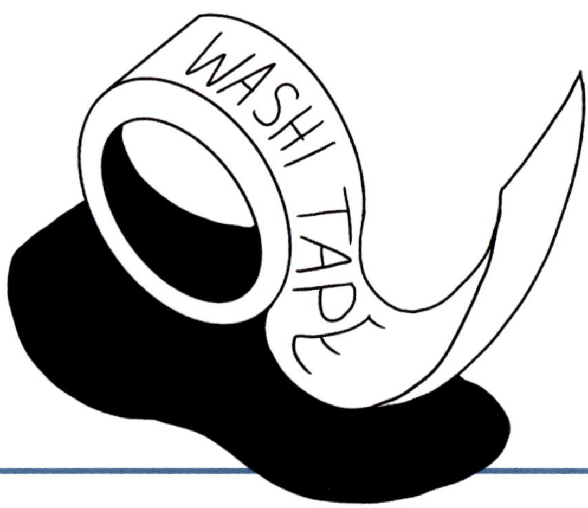

LIGHT PAD

Mit Hilfe eines Lightpads, das deine Vorlage – meist mit LED-Technik – von hinten beleuchtet, kannst du Motive schnell und einfach auf Zeichenpapier transferieren. Lightpads gibt es in verschiedenen Größen.

TABLET-PC & ZEICHENSOFTWARE

Um digital zu zeichnen, benötigst du grundsätzlich nicht viel – du kannst sogar mit dem Finger auf deinem Smartphone zeichnen. Die vielleicht komfortabelste Variante ist jedoch das Zeichnen auf einem Tablet-PC mit einem dafür geeigneten Zeichenstift. Hierbei nutzt du das Tablet wie einen Zeichenblock, auf den du mit dem digitalen Stift zeichnest.

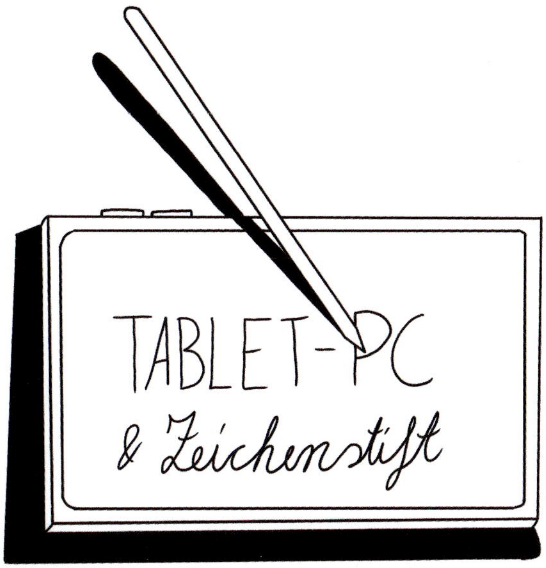

Zum digitalen Zeichnen benötigst du eine entsprechende Zeichensoftware. Es gibt eine Vielzahl unterschiedlicher Anbieter. Finde das Zeichenprogramm, das am besten zu dir passt!

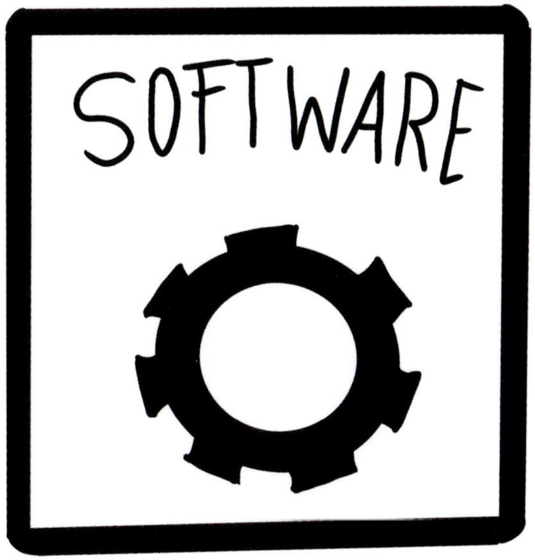

PAPIER

Beim Kauf deines Zeichenpapieres solltest du auf dessen Grammatur achten (s. Seite 13). Dünnes Layoutpapier eignet sich beispielsweise prima zum Abpausen ohne weitere Hilfsmittel. Durch seine oft geringe Grammatur ist es halbtransparent und zudem mit einer speziellen Beschichtung ausgestattet, die selbst alkoholbasierten Markern Stand hält, sodass diese nicht durchfärben können. Dadurch kannst du trotz dünner Papierstärke auf Layoutpapier mit viel Farbe arbeiten.

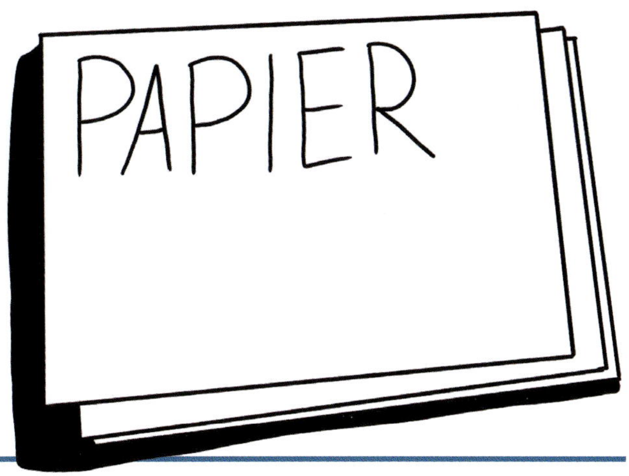

ZUM AUFWÄRMEN

Du weißt nicht, womit du anfangen sollst? Starte doch erst einmal mit einigen Aufwärmübungen, um deine Hand für das Zeichnen aufzulockern. Probiere die folgenden Übungen ruhig auch mal mit der anderen Hand aus. Wie fühlt sich das an?

KRITZELÜBUNG

Nimm ein leeres Blatt Papier und zeichne einfach drauflos. Du kannst dich an den unten abgebildeten Formen und Linien orientieren oder deiner Fantasie freien Lauf lassen – es geht hier nur darum, dein Handgelenk aufzuwärmen.

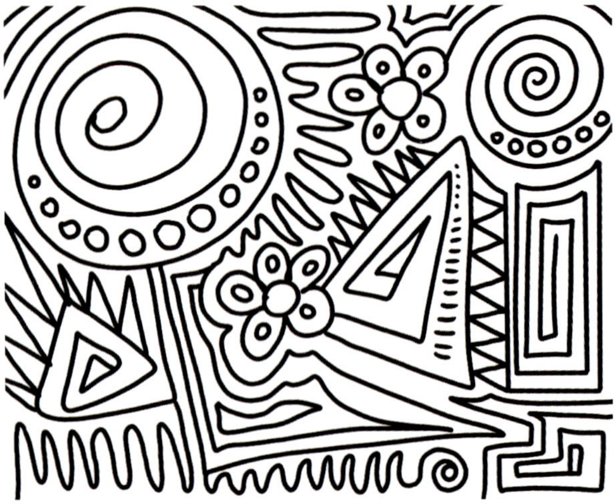

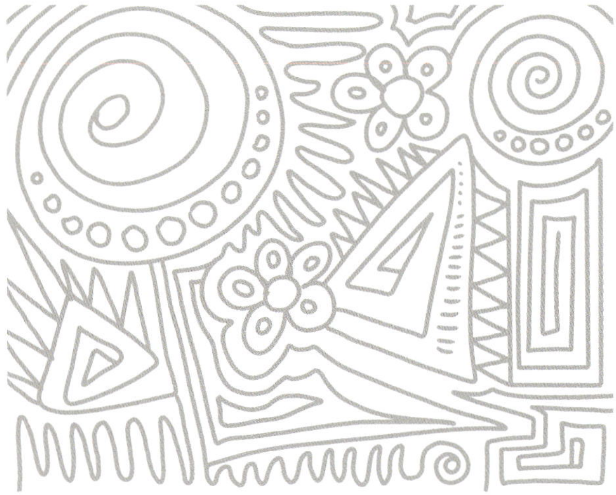

DIE RICHTIGE HANDHALTUNG

Deine Handhaltung beim Zeichnen sollte vor allem eines sein: locker. Orientiere dich ruhig an deiner normalen Schreibhaltung. Der Handballen kann locker auf der Zeichenfläche aufliegen. Führe die Zeichenbewegung nun aus dem Handgelenk aus und achte darauf, die Hand beim Zeichnen nicht zu verkrampfen.

Für Schraffuren oder bei Bewegungen, die eine längere oder lockere Linienführung ohne Absetzen voraussetzen, kannst du den Handballen von der Oberfläche lösen und die Bewegung aus dem Arm erzeugen. Probiere dich einfach mal aus und höre dabei auf deinen Körper!

LINIEN ABPAUSEN

Um auch dein Auge zu trainieren, solltest du das präzise Nachzeichnen von Linien üben. Fahre das unten abgebildete Foto von zwei frischen Frühstückscroissants mit einem Stift deiner Wahl nach. Versuche dabei, die Linien möglichst genau zu treffen – dies ist eine wichtige Voraussetzung, um bei den späteren Motiven die besten Ergebnisse zu erzielen.

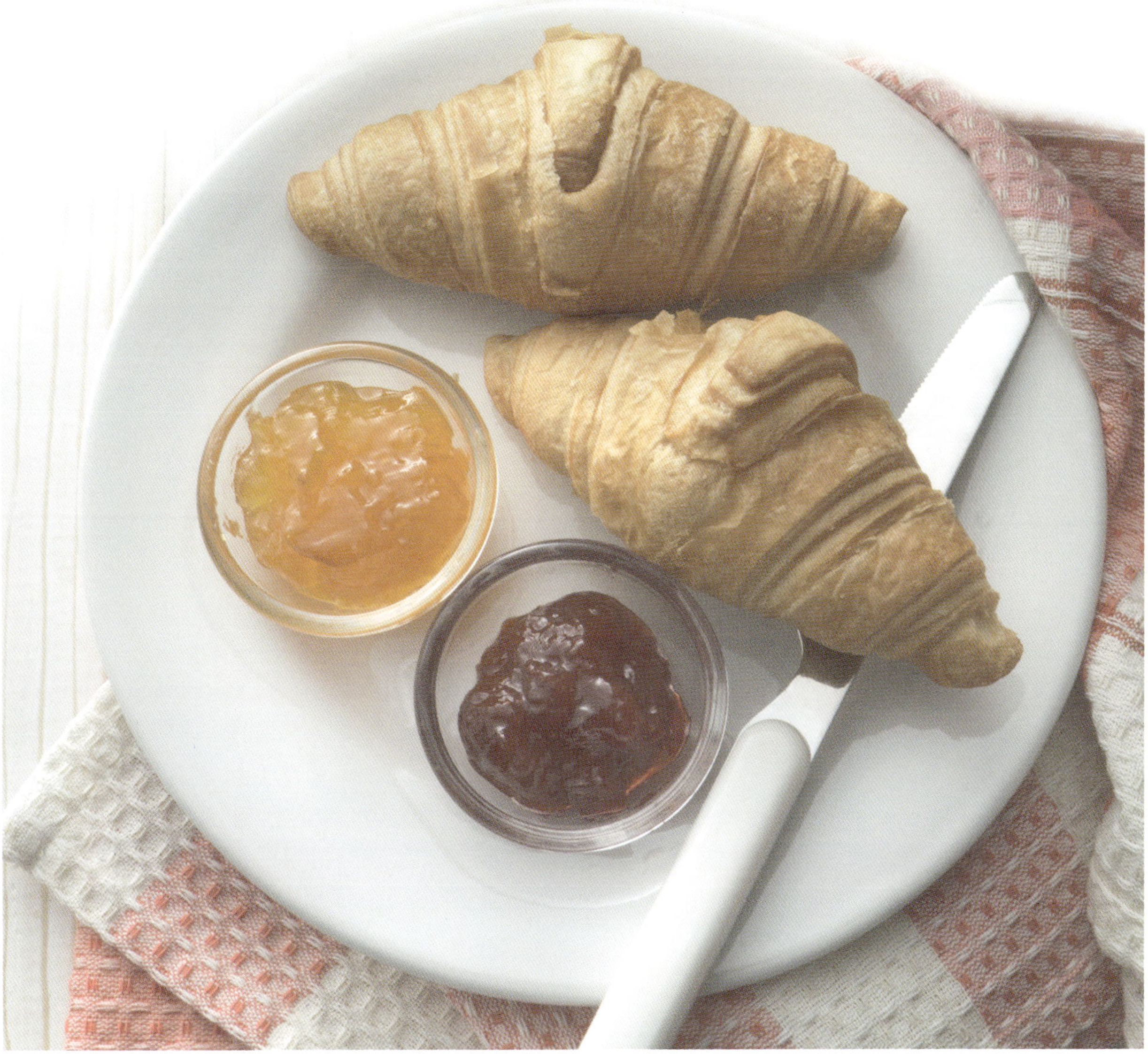

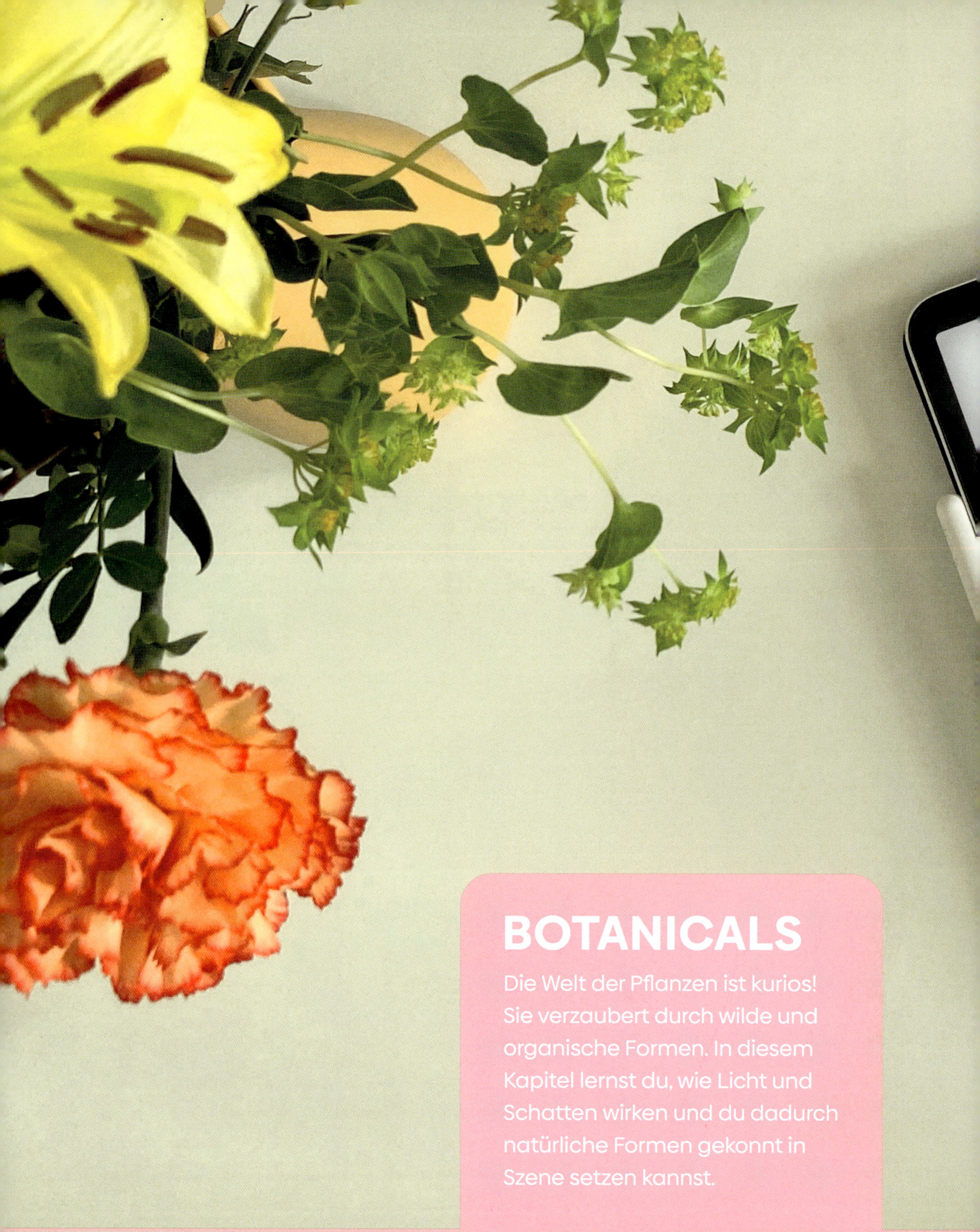

BOTANICALS

Die Welt der Pflanzen ist kurios! Sie verzaubert durch wilde und organische Formen. In diesem Kapitel lernst du, wie Licht und Schatten wirken und du dadurch natürliche Formen gekonnt in Szene setzen kannst.

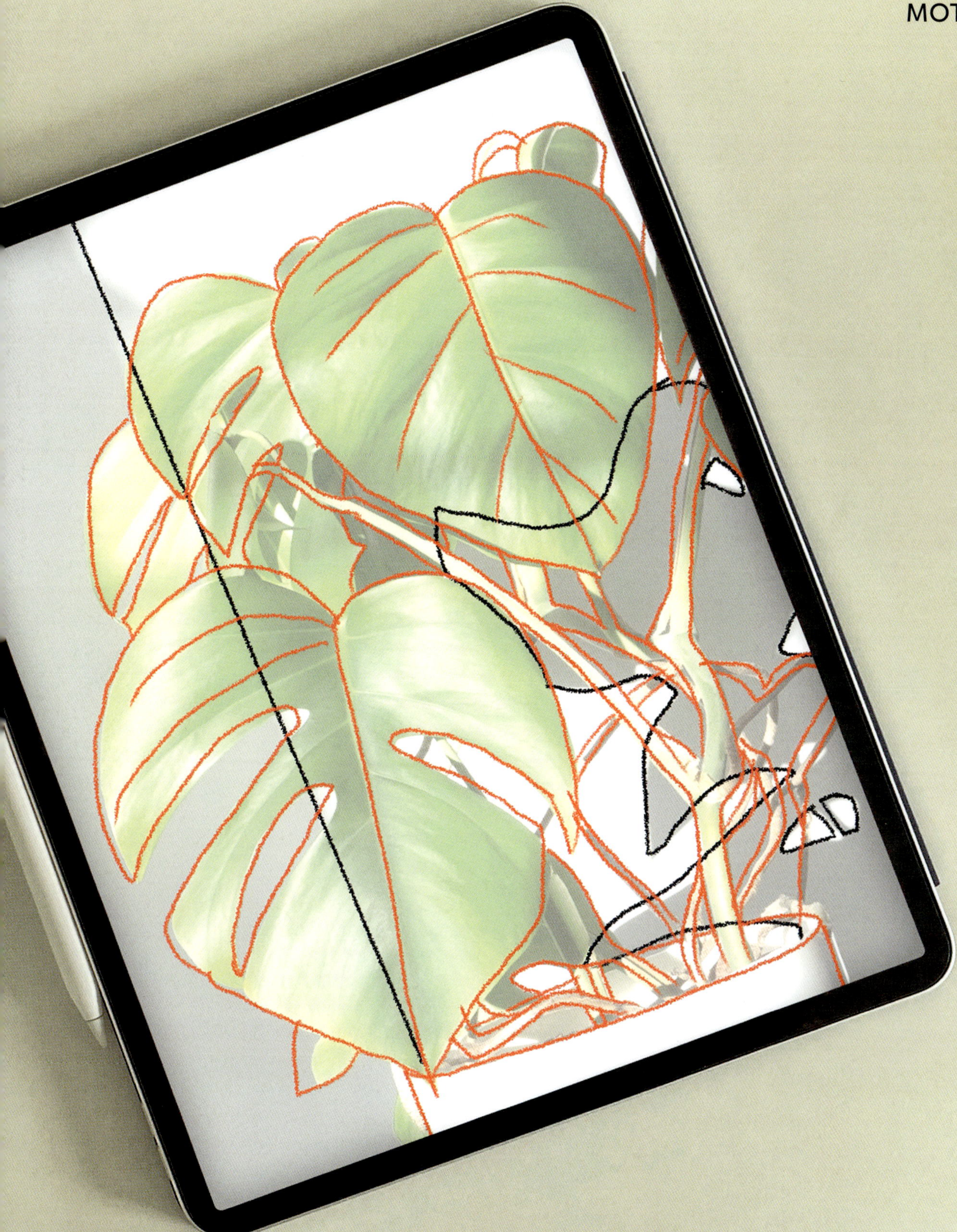

ROSE One-Line

Die grazile Anmut der Blume der Liebe lässt kulturübergreifend Herzen höherschlagen. Das charakteristische Aussehen der roten Rose eignet sich aber auch bestens als Vorlage für deine erste One-Line-Zeichnung.

WAS DU BRAUCHST

- Material zum Abpausen
- Fineliner
- Farbe, z. B. Aquarell, Acryl oder Marker
- ausgedruckte oder digitale Vorlage

Da Zeichnungen im One-Line-Stil mit einer einzigen Linie angefertigt werden, benötigst du für dieses Motiv keine Vorzeichnung. Du zeichnest direkt mit einem Fineliner auf das Zeichenpapier über die Vorlage. Es ist nicht notwendig, die Umrisse der Rose exakt zu treffen. Versuche stattdessen, möglichst lockere Linien zu ziehen – der One-Line-Stil lebt von einer dynamischen Linienführung!

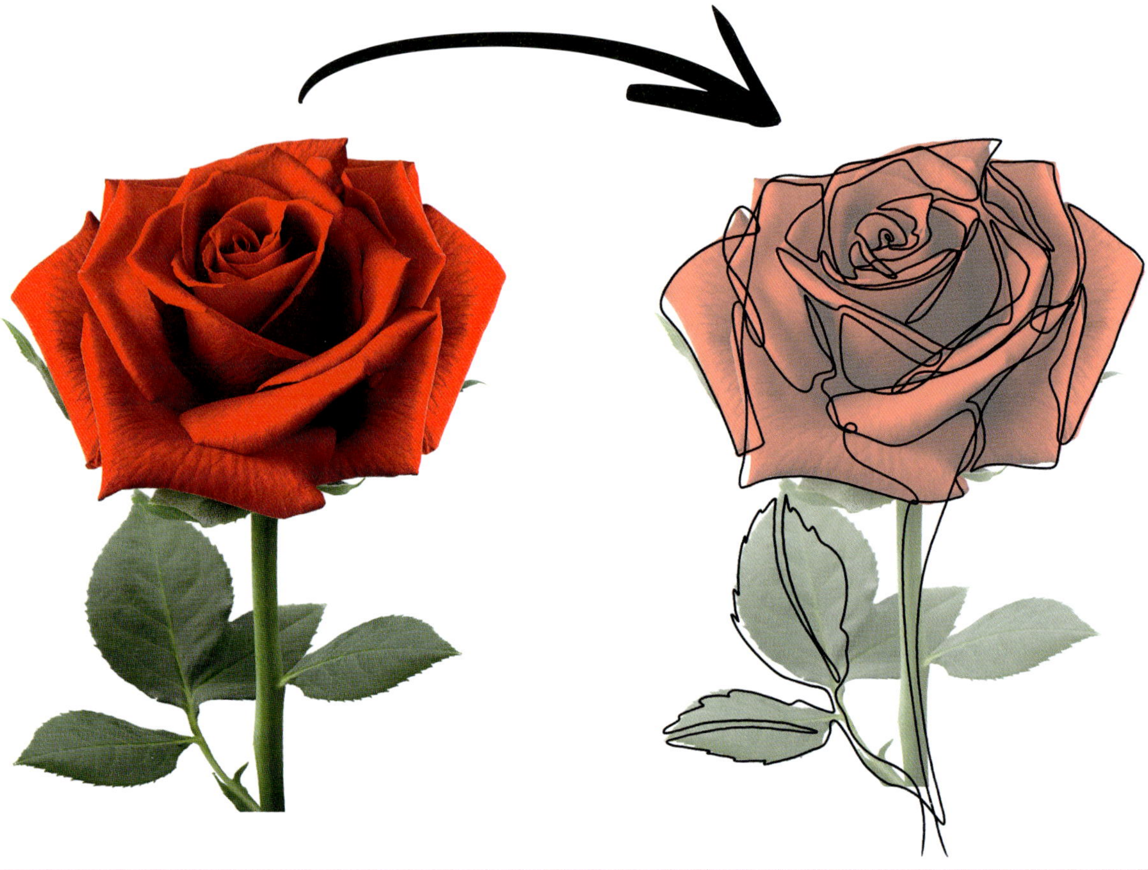

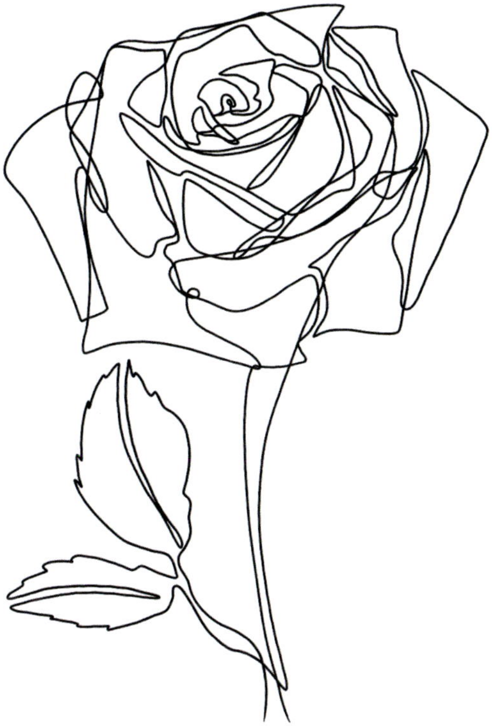

1

Beginne damit, die Umrisse der Rose mit Fineliner auf das Zeichenpapier über deiner Vorlage zu zeichnen. Wichtig für den One-Line-Stil ist, dass du Anfang und Ende der Linie deutlich machst. Bei diesem Motiv eignet sich dazu der Stängel der Rose. Natürlich kannst du beim Zeichnen auch mal den Stift absetzen. Setze ihn anschließend wieder an der gleichen Stelle an, um eine optisch einheitliche One-Line zu erzeugen.

2

Du hast deine erste One-Line-Zeichnung kreiert – klasse! Nun kannst du sie noch mit einem bunten Akzent verzieren. Dies erzeugt Tiefe im Bild und lässt die Rose strahlen. Male hierzu mit einer Farbe deiner Wahl über die Blütenblätter. Versuche, möglichst locker vorzugehen. Die Blüte muss nicht akkurat ausgemalt werden und du darfst auch über die Linie malen – deine Zeichnung wird dadurch dynamisch wirken.

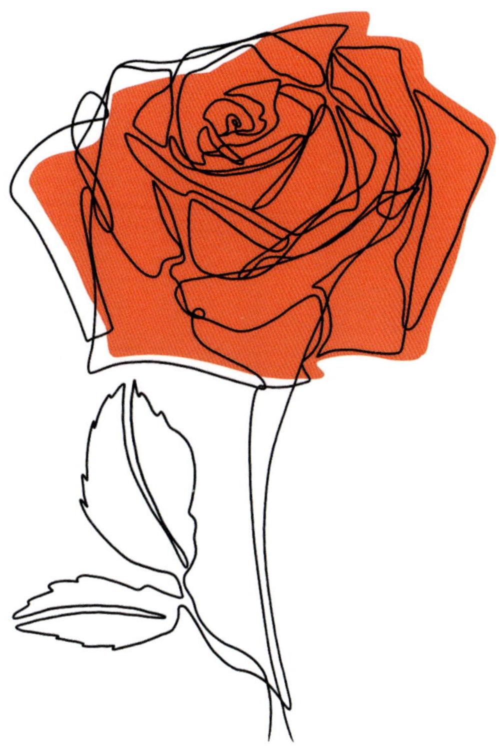

GRAPEFRUIT Line-Art

Das Fruchtfleisch von Zitrusfrüchten, wie das der Grapefruit, hat interessante Strukturen, die sich gut mit dem Fineliner als Strichzeichnung nachzeichnen lassen.

WAS DU BRAUCHST

- Material zum Abpausen, analog oder digital
- Bleistift
- Fineliner
- ausgedruckte oder digitale Vorlage

Leblose Objekte wie Obst sind geduldige Modelle. Nicht ohne Grund dienen sie daher schon seit Jahrhunderten als Vorlage für Malerei und Zeichnungen aller Art. Bist auch du bereit für dein erstes Mono-Stillleben im Line-Art-Stil?

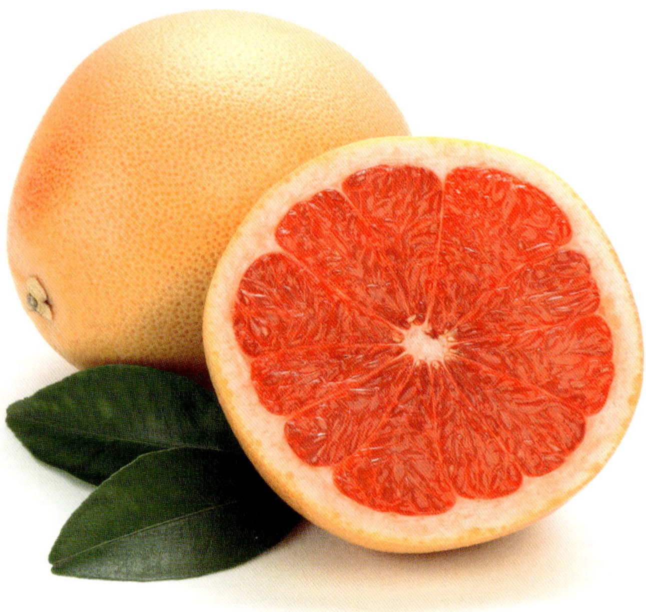

1 Starte im ersten Schritt damit, die Linien der Grapefruit mit einem Bleistift abzupausen. Fange mit den Umrissen der Schale an und arbeite dich von dort aus in die Details vor.

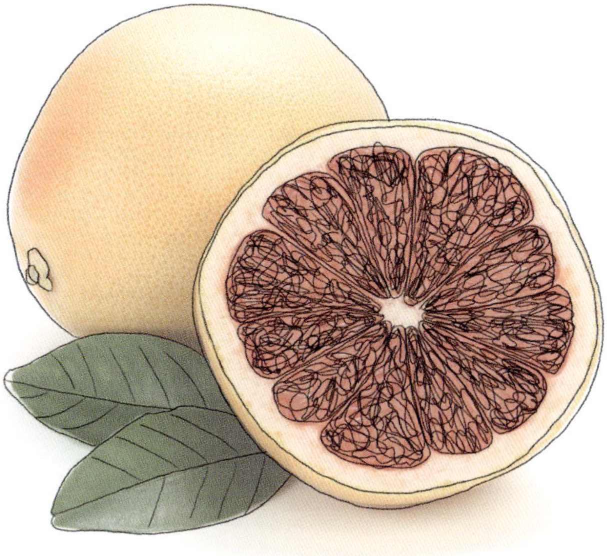

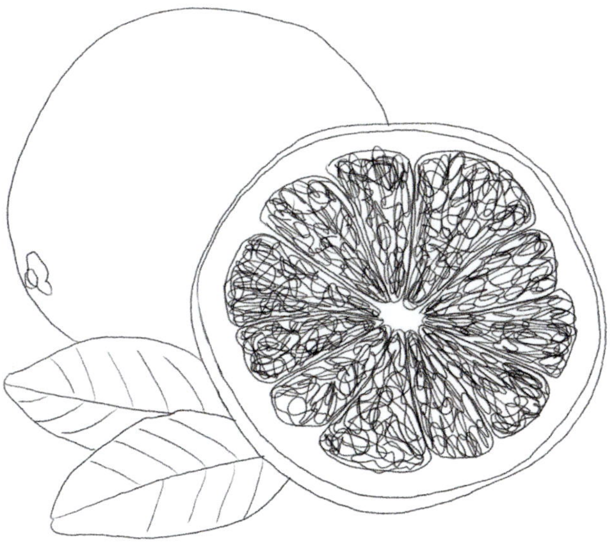

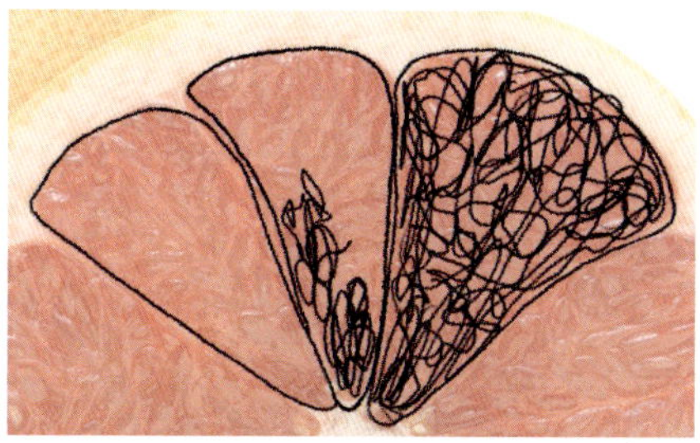

Das Fruchtfleisch kann aufgrund seiner Details schnell überwältigend wirken. Umrande zuerst die Zellen und schau sie dir danach ganz genau an. Welche Formen kannst du erkennen? Wenn du die Zellen mit lockeren, kreisförmigen Linien ausfüllst, kannst du ihre Struktur gut darstellen.

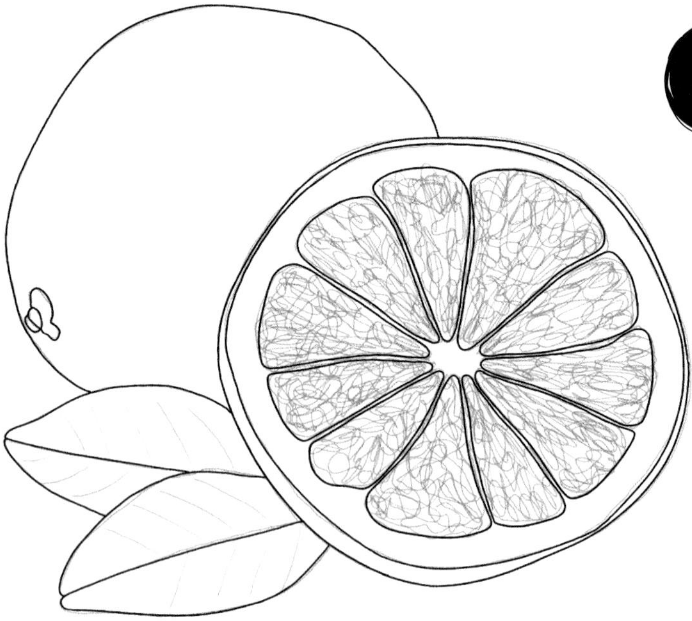

2

Zeichne nun die Bleistiftskizze mit dem Fineliner nach. Beginne wieder mit den Umrissen und äußeren Linien der Frucht, um ein Gerüst für die Details zu haben.

3

Füge nun Schatten und Struktur hinzu. Orientiere dich dabei an der Vorlage, die du nun neben deine Zeichnung legen kannst. Die Technik Dotwork (s. Seite 17) bietet sich an, da du hierdurch sowohl Schatten als auch die Textur der Grapefruitschale darstellen kannst. Zeichne außerdem mit einem schwarzen, dicken Fineliner oder Marker einen Schlagschatten unter der Frucht ein.

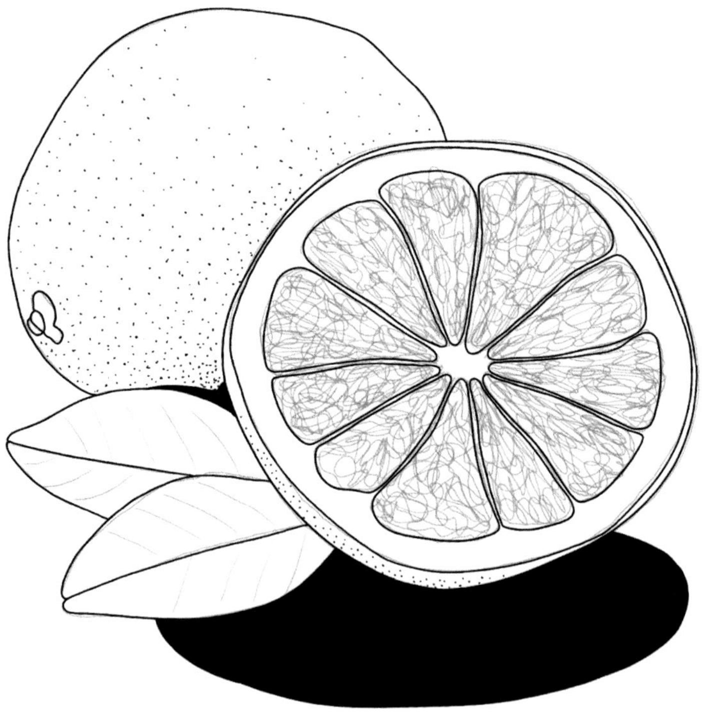

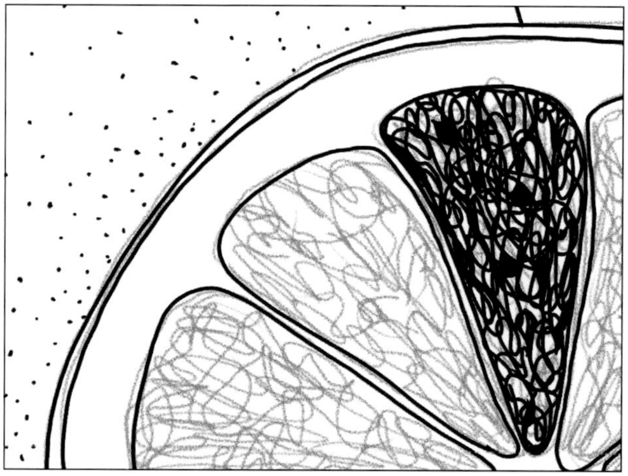

4

Details wie das Fruchtfleisch der Grapefruit zeichnest du ebenfalls mit dem Fineliner nach. Dabei wiederholst du die Technik aus Schritt 1, indem du wilde Linien in die einzelnen Zellen einfügst. Durch die Verdichtung der schwarzen Linien entsteht ein harter Schwarz-Weiß-Kontrast, der deiner Zeichnung Tiefe gibt. Zeichne außerdem die Blattadern und weitere Details wie kleine Schatten ein. Hast du alle Linien nachgezeichnet, entfernst du abschließend die Bleistiftskizze vorsichtig mit einem Radiergummi.

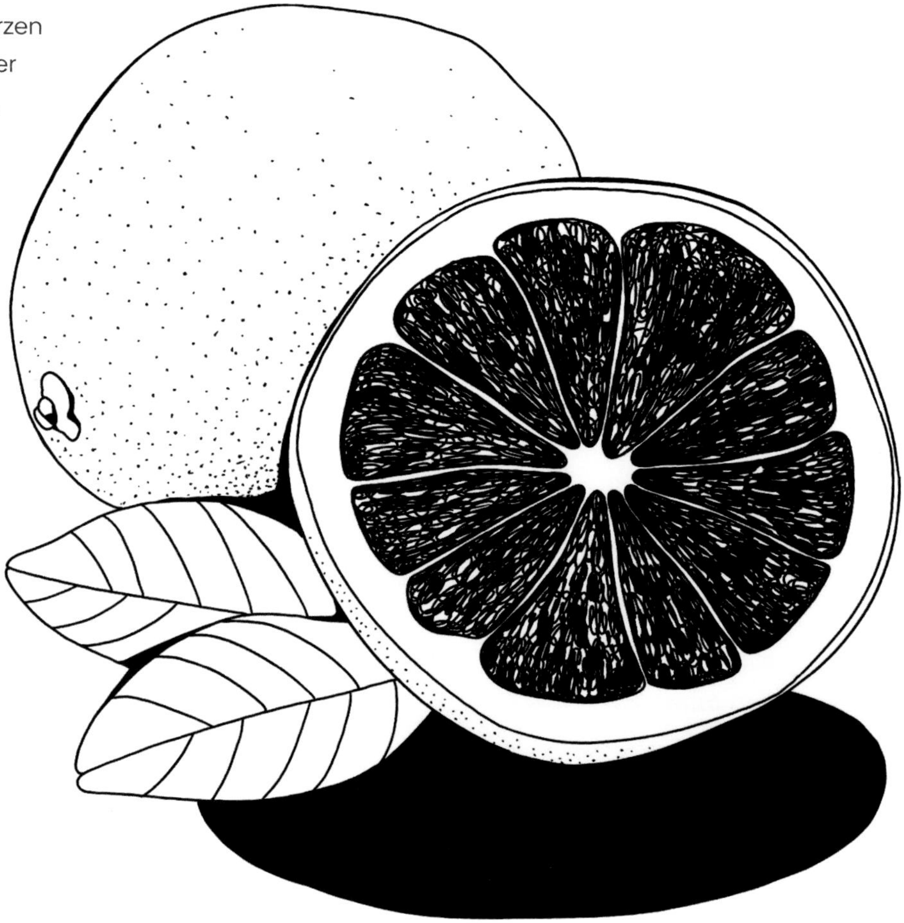

KAKTUS Comic-Style

Kakteen gibt es in unterschiedlichsten Formen und Farben. Die pflegeleichten Pflanzen sind aber nicht nur schön anzusehen – durch ihre interessanten Strukturen eignen sie sich auch sehr gut als Zeichenmodell.

In diesem Übungsprojekt lernst du, einen Feigenkaktus zu zeichnen. Die charakteristischen, scheibenförmigen Arme mit den darauf befindlichen Dornen werfen dynamische Schatten und helfen dir dabei, ein besseres Gefühl für das Zeichnen von Licht und Schatten zu bekommen.

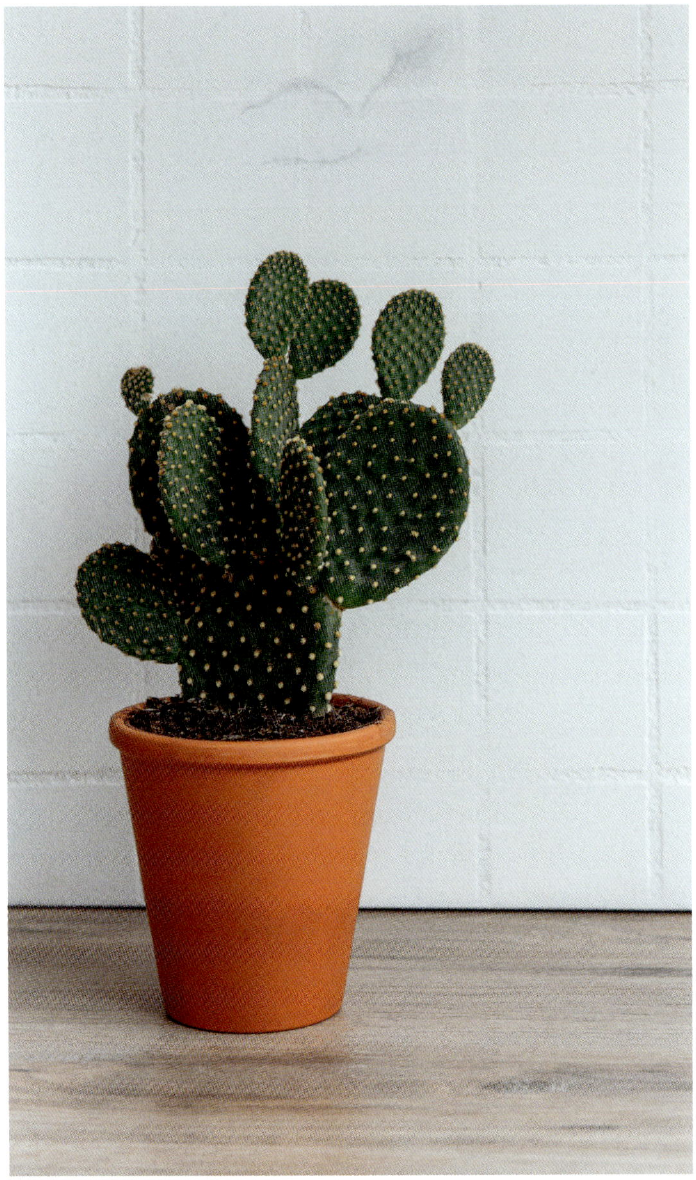

WAS DU BRAUCHST

- Material zum Abpausen, analog oder digital
- Bleistift
- Fineliner und schwarzer Marker
- Farbe, z. B. Aquarell, Acryl oder Marker
- ausgedruckte oder digitale Vorlage

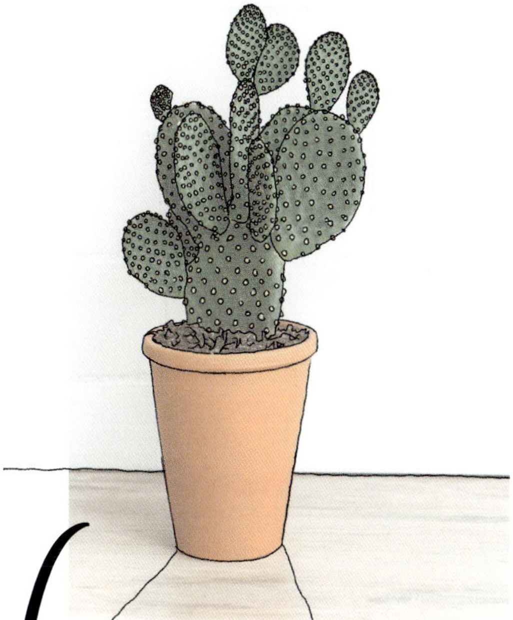

1

Beginne deine Zeichnung mit dem Abpausen der Umrisse des Kaktus mit einem Bleistift. Zeichne zuerst den Topf und die äußeren Linien der Pflanze, um die grobe Form deiner Zeichnung zu definieren. Nun zeichnest du die Dornen als kleine Kreise auf die Oberfläche des Kaktus. Achte darauf, auch auf die Linien am Rand Dornen zu setzen.

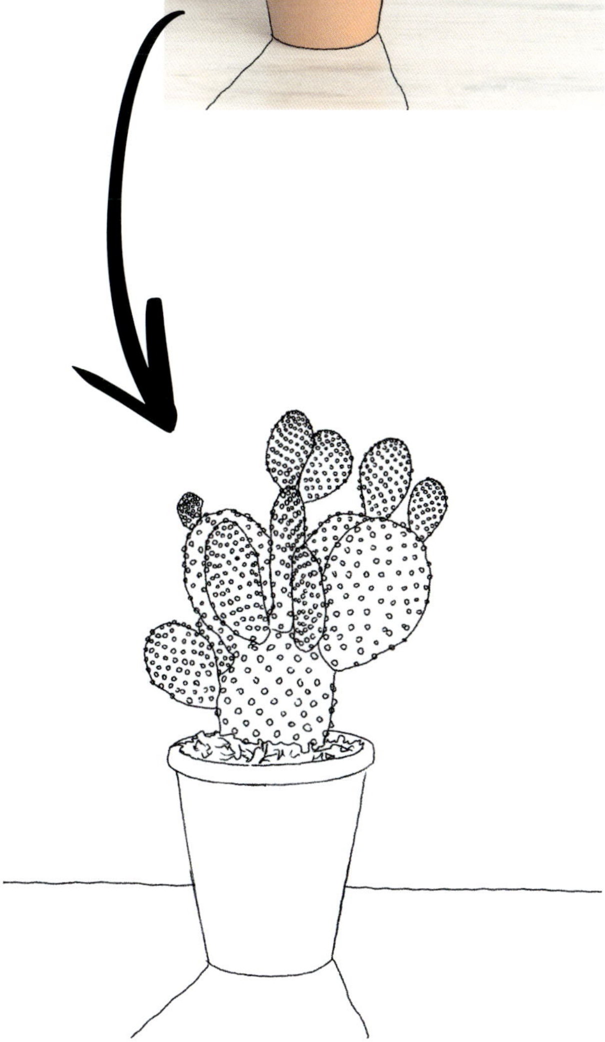

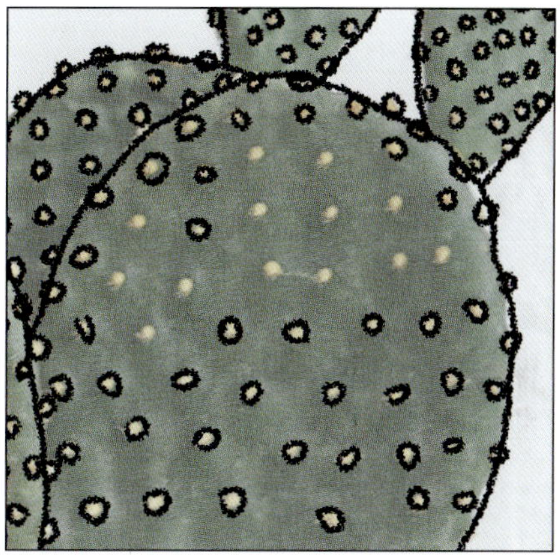

Zeichne außerdem die Horizontlinie im Hintergrund ein und deute einen Schatten an. Wenn es dir schwerfällt, eine gerade Linie zu ziehen, kannst du ein Lineal zu Hilfe nehmen.

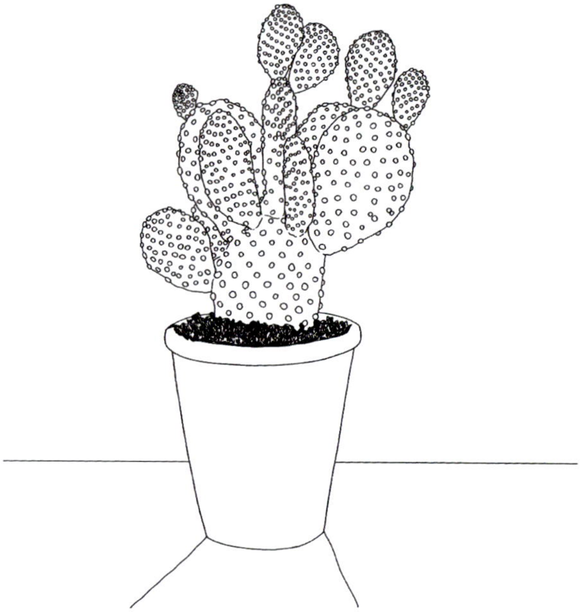

2

Zeichne im nächsten Schritt die Umrisse deiner Skizze mit einem schwarzen Fineliner nach. Achte dabei auf die Stellen am Rand, an denen du die Dornen gezeichnet hast. Da sich diese entweder vor oder hinter dem Pflanzenkörper befinden, musst du die Linien entsprechend setzen. Stelle die Erde im Topf ganz einfach durch eine wilde Schraffur dar.

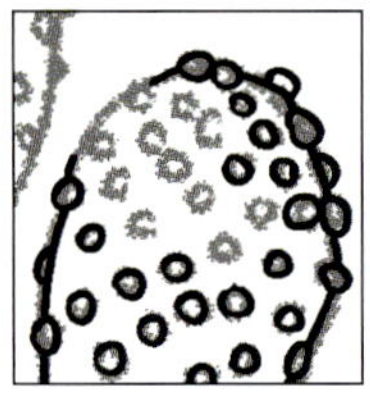

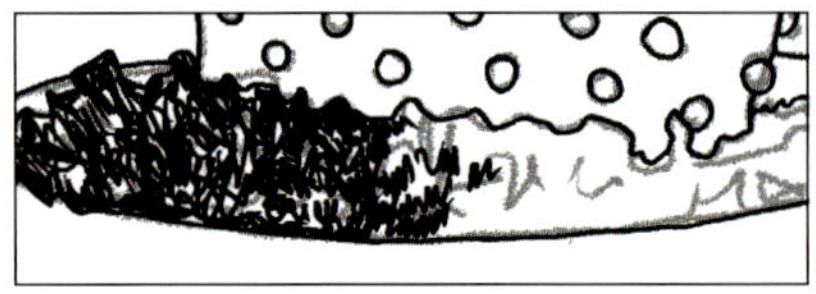

3

Zeichne nun Schatten ein. Orientiere dich hierbei an der Referenz und füge mit dem Fineliner die dunkelsten Stellen hinzu. Mit Schraffuren erzeugst du außerdem Struktur.

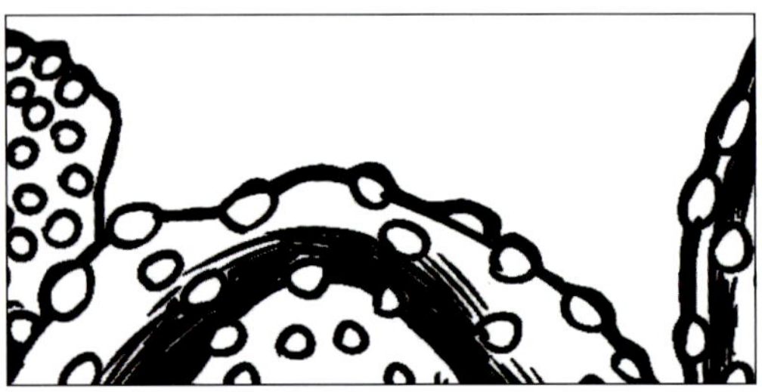

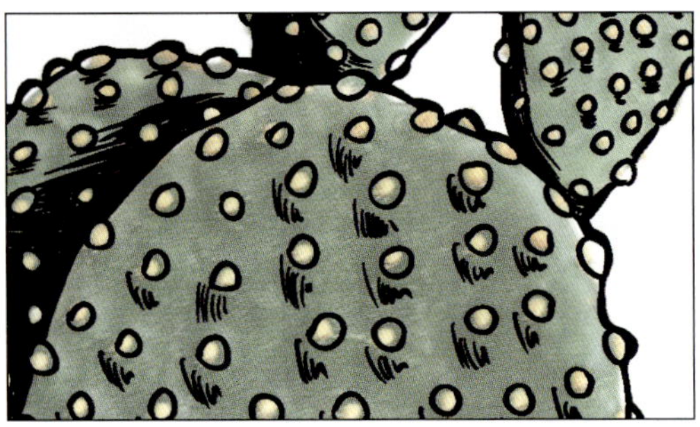

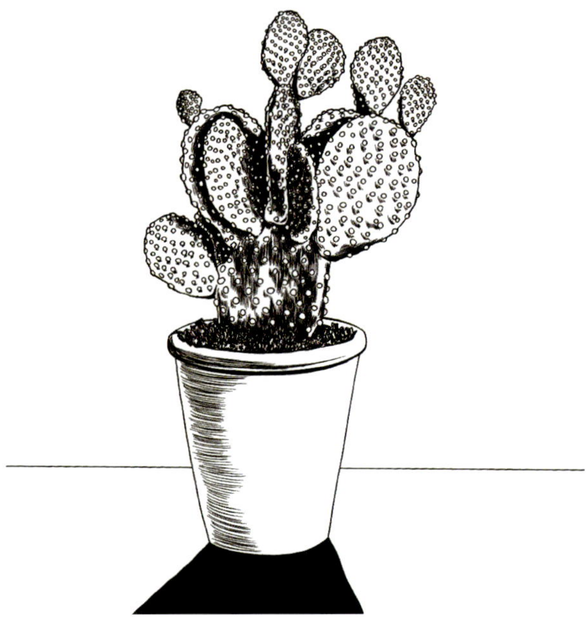

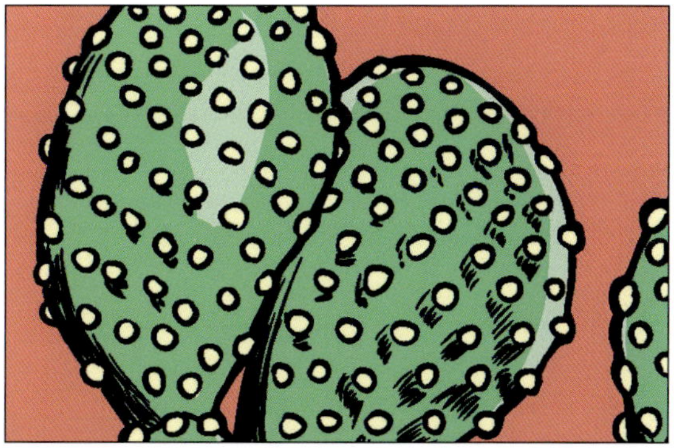

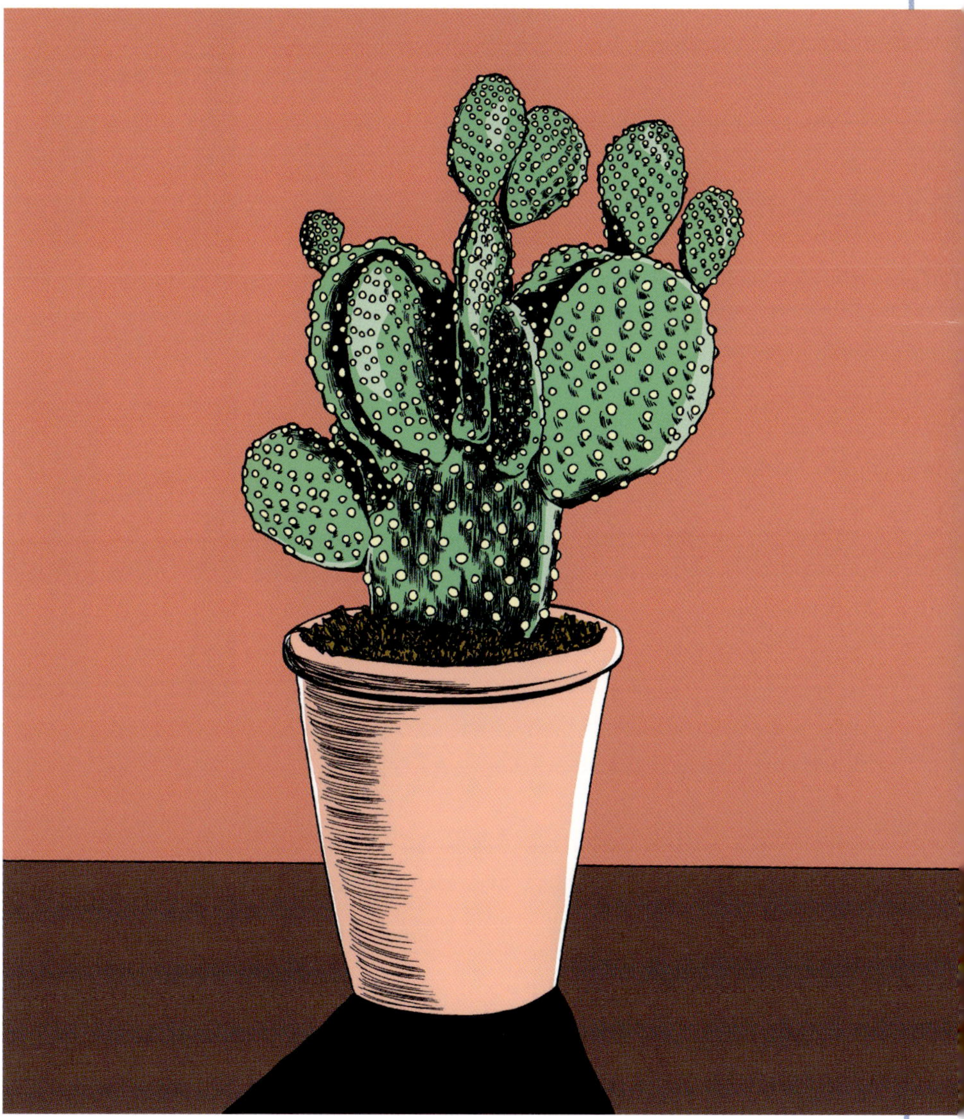

4

Koloriere deine Zeichnung. Für Topf und Hintergrund kannst du eine rötliche Farbe wählen, um einen interessanten Komplementärkontrast zum Grün der Pflanze herzustellen. Lichtreflexe erzeugst du, indem du die Farbe an den hellsten Stellen weglässt.

LICHT & SCHATTEN EXKURS

Durch Licht und Schatten entsteht Tiefe im Bild, die Spannung und eine visuelle Hierarchie erzeugt. Gezielt gesetzte Lichter und Schatten geben zweidimensionalen Bildern zudem eine realitätsnähere 3D-Wirkung.

Die korrekte Darstellung von Licht und Schatten sorgt für Räumlichkeit in deinen Zeichnungen. Wenn du bestimmte Regeln beachtest, fällt das richtige Setzen von Licht und Schatten gar nicht mehr schwer.

ALLES EINE FRAGE DER LICHTQUELLE?

Grundsätzlich kannst du dir merken: Wo Licht ist, ist auch Schatten. Je gedämpfter das Licht in einer Umgebung ist, desto kontrastloser wirkt sie. Je stärker das Licht, desto mächtigere Schatten werfen die Objekte einer Szene. Mache dir bei jeder Zeichnung bewusst, welche Lichtverhältnisse darin herrschen sollen.

VISUELLE HIERARCHIE

Licht und Schatten können den Fokus auf bestimmte Elemente im Bild und deren Wahrnehmung lenken – es entsteht eine visuelle Hierarchie. Am oberen Beispiel links siehst du, wie Licht und Schatten die Monstera aus dem Bild herausheben und trotz weniger Farben eine dreidimensionale Wirkung erzeugt wird. Im unteren Bild hingegen konkurriert die Pflanze mit dem Hintergrund, verschwimmt fast damit – sie wirkt flach. Der Blick wird nicht gelenkt – es ist unklar, wohin man zuerst schauen soll.

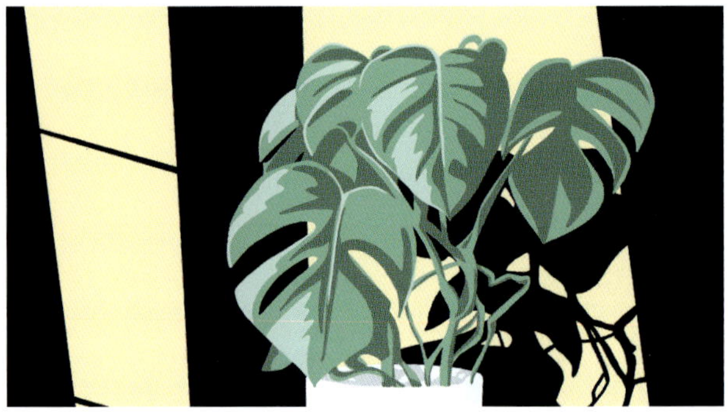

Räumlichkeit durch visuelle Hierarchie

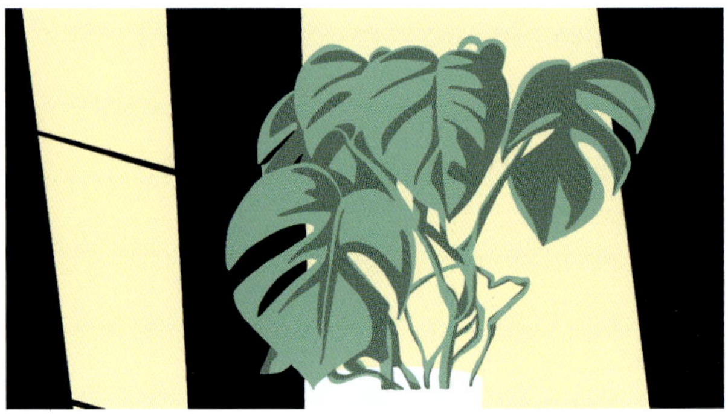

Fehlende visuelle Hierarchie

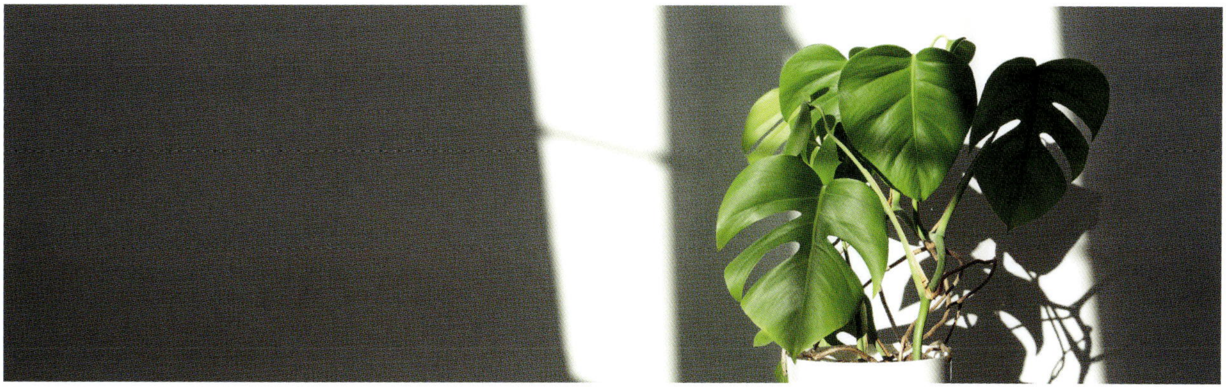

DER RICHTIGE SCHATTEN

Um „richtige“ Schatten zu setzen, hilft die genaue Vorstellung davon, woher die Lichtquelle in deiner Zeichnung kommt. Am Beispiel der Monstera kannst du deutlich sehen, dass das Licht von links auf die Pflanze scheint. Aus diesem Grund erscheinen die Bereiche links im Bild, die im Licht liegen, heller und der Schatten befindet sich eher im rechten Bereich der Blätter. Im Hintergrund ist ein Schlagschatten rechts hinter der Pflanze zu sehen. Beachte, dass Objekte, die im Bild hinter anderen Objekten liegen, tendenziell dunkler erscheinen, wenn sie von ihnen verdeckt oder von deren Schatten getroffen werden.

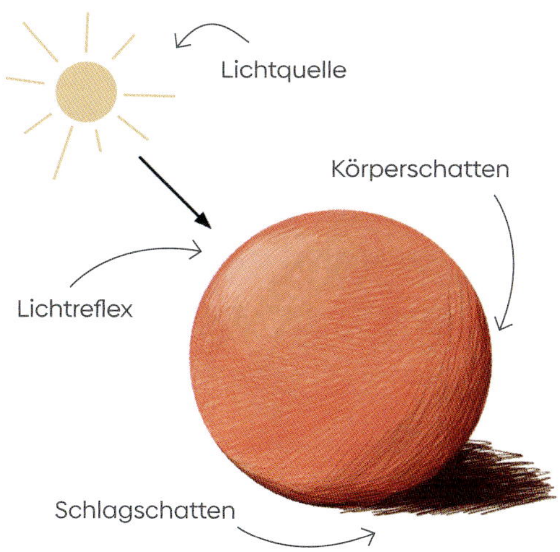

TIEFENWIRKUNG DURCH LICHT UND SCHATTEN

Möchtest du mit Licht und Schatten einen 3D-Effekt erzeugen, solltest du unbedingt zuerst die Vorlage genau betrachten und die Lichtquelle darin ausfindig machen. Wenn du diesen Schritt verinnerlicht hast, kannst du durch Licht und Schatten auch die Form und Struktur eines Objekts sichtbar machen. Am Beispiel der Tulpen wird durch den Schatten die faserige Struktur der Blütenblätter sichtbar und durch die Lichtreflexe erhalten sie eine dreidimensionale Wirkung. Achte darauf, nicht zu viele Schatten einzuzeichnen – deine Zeichnung kann durch fehlenden Kontrast schnell wieder an Tiefe verlieren. Verwende deshalb besser Vorlagen, die bereits einen hohen Kontrast und genügend Weißraum aufweisen.

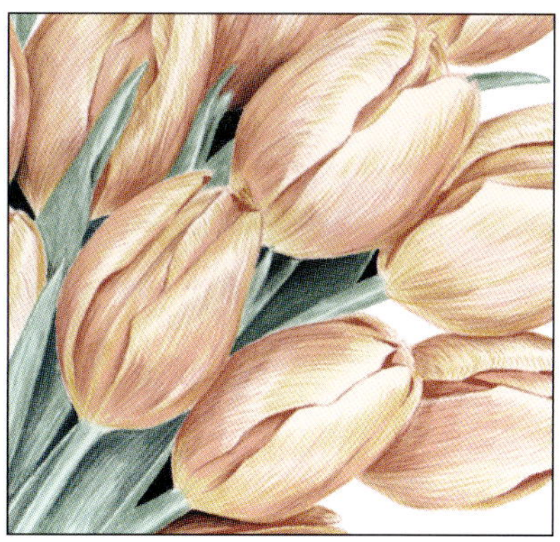

Form und Struktur durch Licht und Schatten

MONSTERA Flat-Art

Die Monstera ist eine echte Trendpflanze. Kein Wunder: Mit den charakteristischen Aussparungen ihrer Blätter macht sie eine gute Figur und verströmt aufregende Dschungel-Vibes.

WAS DU BRAUCHST

- Hardware zum digitalen Abpausen
- digitales Zeichenprogramm
- digitale Vorlage

Mit dem Flat-Art-Stil lassen sich die spannenden Schatten, die diese Pflanze wirft, besonders gut in Szene setzen. Du solltest für diese digitale Zeichenübung mit den Grundlagen des digitalen Zeichnens (s. Seite 14f.) vertraut sein.

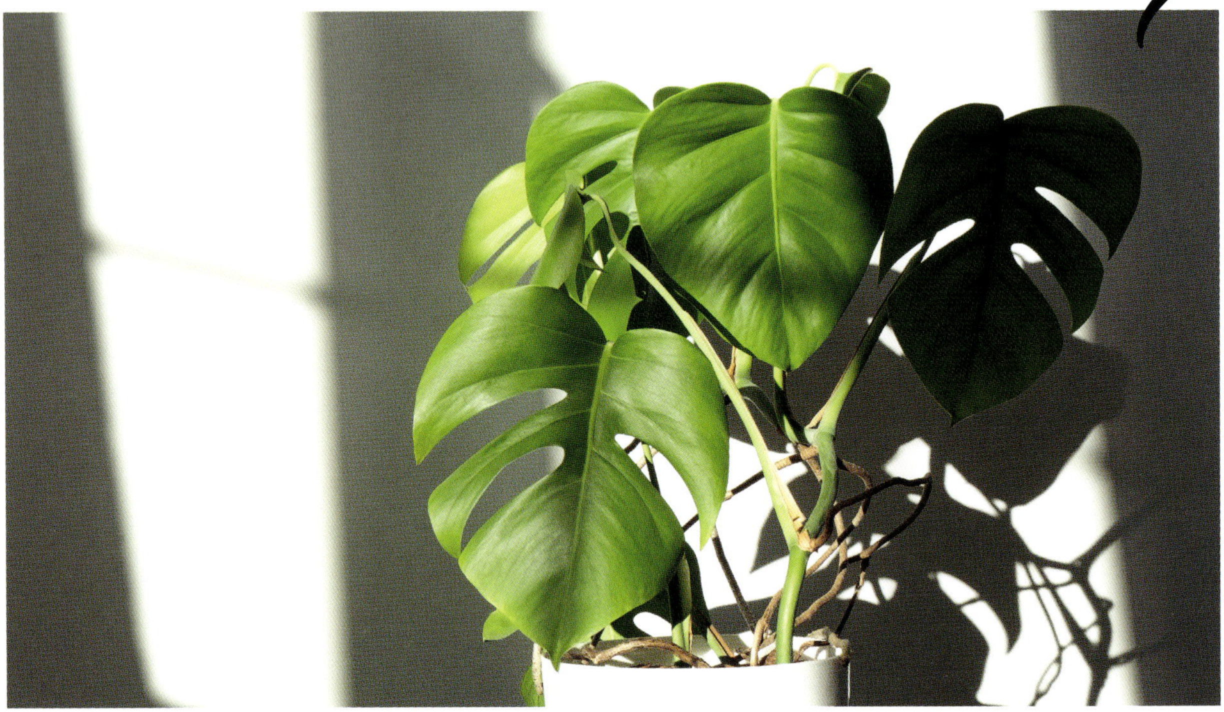

1 Erstelle eine neue Ebene und platziere diese über der Vorlage. Stelle die Deckkraft der Vorlage auf 50% Transparenz, um besser zu sehen, was du zeichnest. Beginne deine Illustration mit dem Abpausen des Schattens. Zeichne hierfür alle Linien in die Skizze, von denen du denkst, dass sie ein Schatten sind. Deute auch den Schatten des Fensterrahmens an.

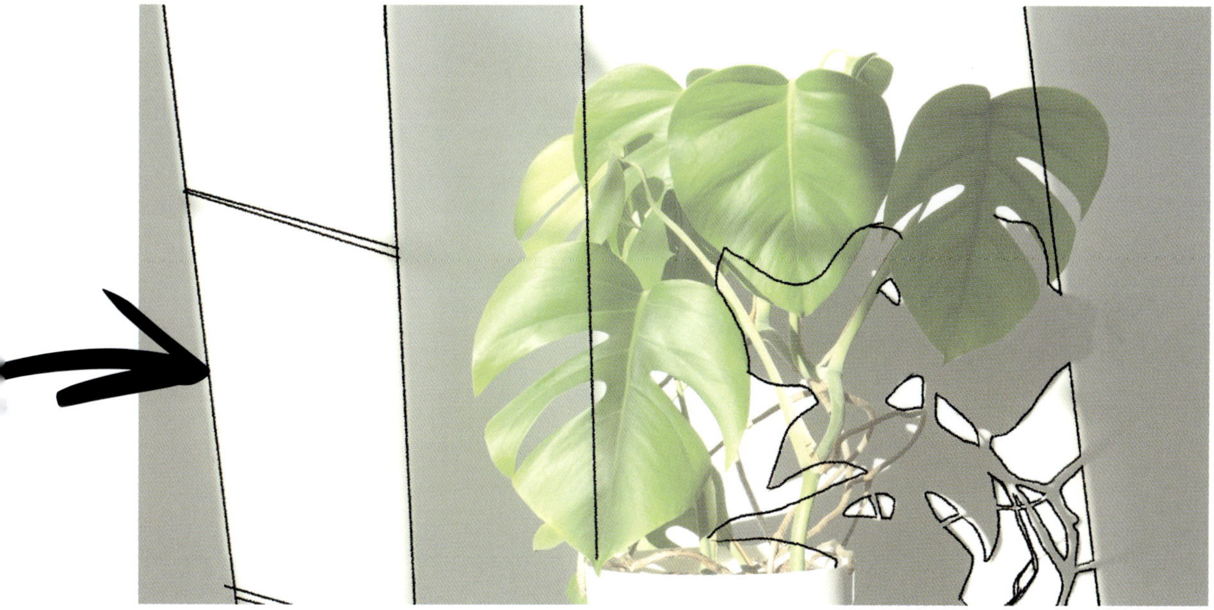

Blende nun die Ebene mit dem Schatten aus und erstelle eine neue Ebene darüber. Pause auf der neuen Ebene die Blätter der Pflanze und den Topf ab. Benutze dafür am besten eine andere Farbe, um den Überblick über die Linien zu behalten. Wenn du am Ende beide Ebenen der Skizze wieder einblendest, siehst du, warum das wichtig ist.

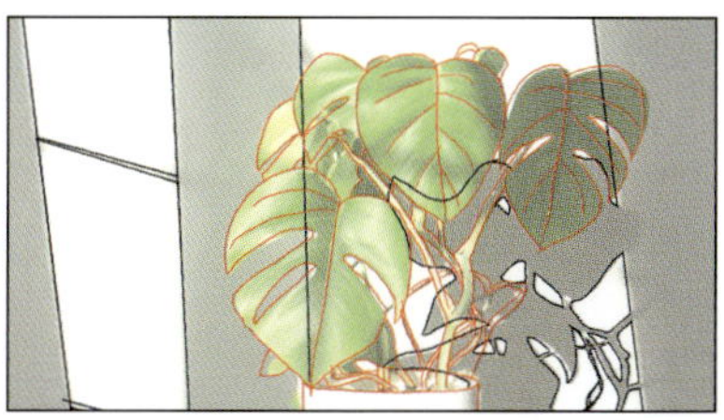

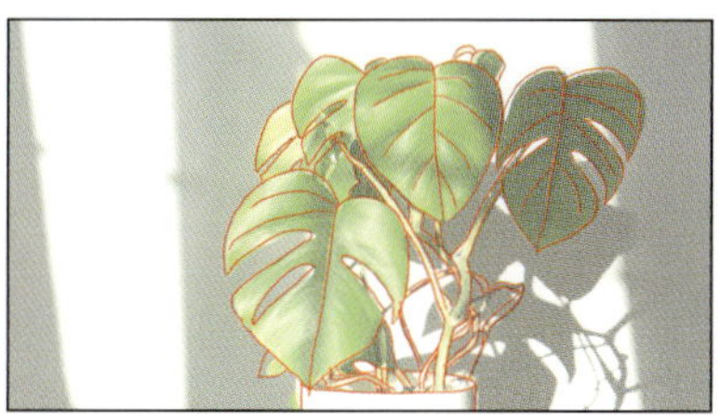

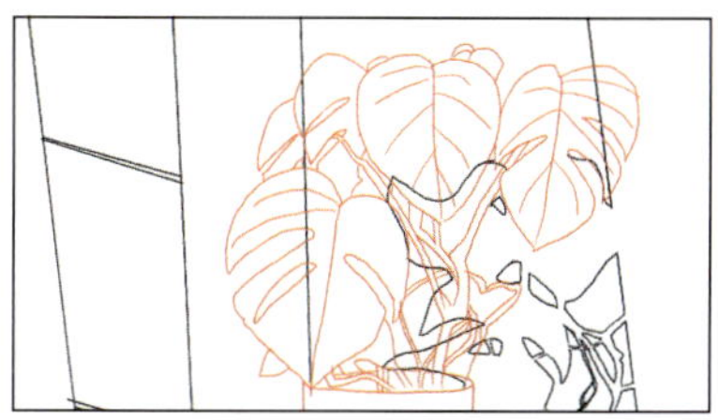

Wenn du nun die Vorlage ausblendest, siehst du deine Skizze klarer.

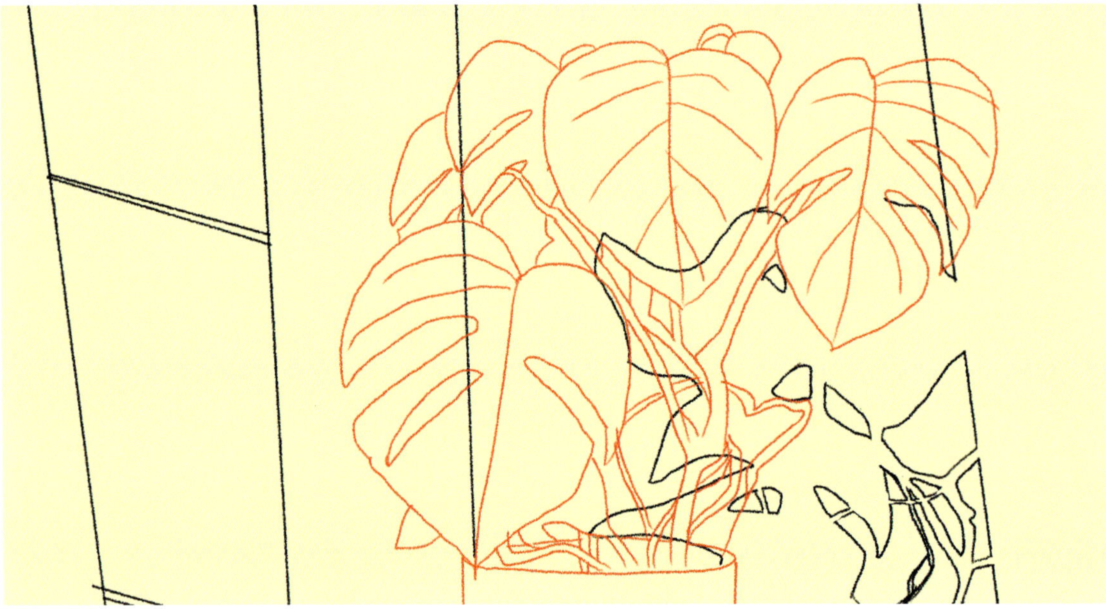

2

Erstelle im nächsten Schritt eine Hintergrundebene und platziere sie hinter deinen beiden Skizzen-Ebenen. Als Farbe habe ich einen warmen Gelbton gewählt.

3

Ändere die Sichtbarkeit der Ebenen mit den Outlines auf ca. 50% Transparenz, um besser zu sehen, was du malst. Erstelle dann eine neue Ebene unter den Ebenen der Vorzeichnung. Auf der neuen Ebene zeichnest du den Schatten mit schwarzer Farbe ein.

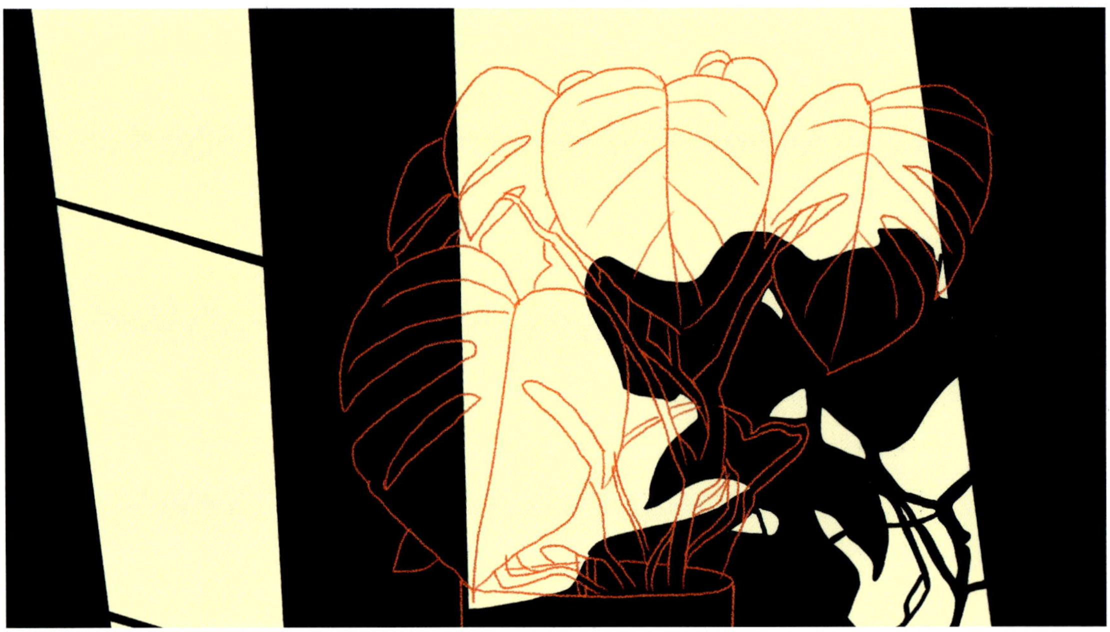

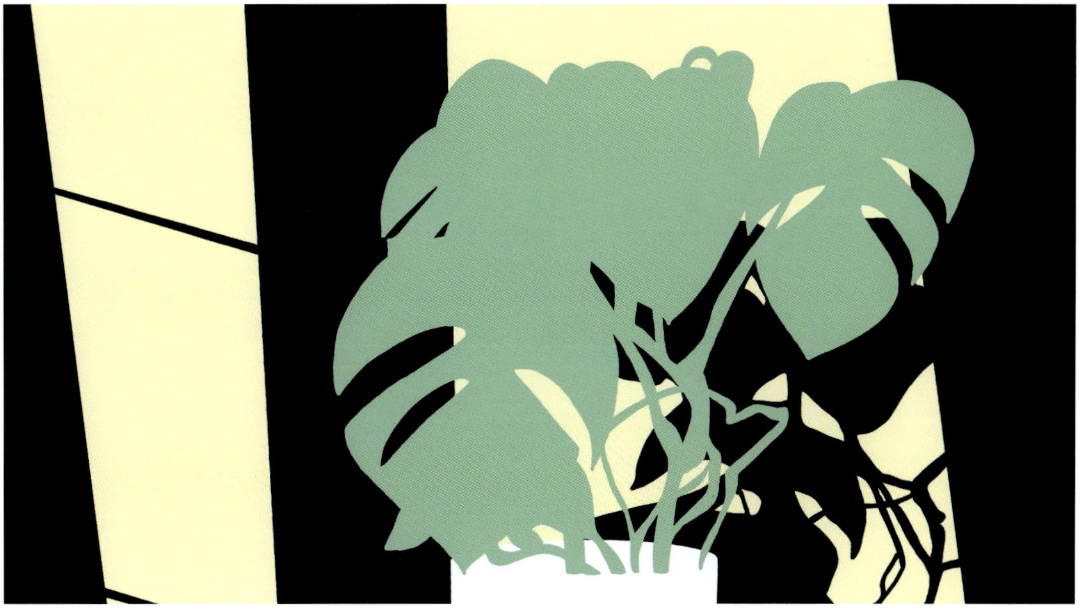

4

Erstelle im nächsten Schritt eine weitere Ebene. Diese sollte sich zwischen der Vorzeichnung der Pflanze und der Ebene des Schattens befinden. Auf der neuen Ebene kolorierst du die Outlines der Pflanze mit grüner Farbe deckend. Für den Blumentopf erstellst du eine weitere Ebene und platzierst diese unter der Pflanze. Male dann die Fläche des Topfes weiß aus.

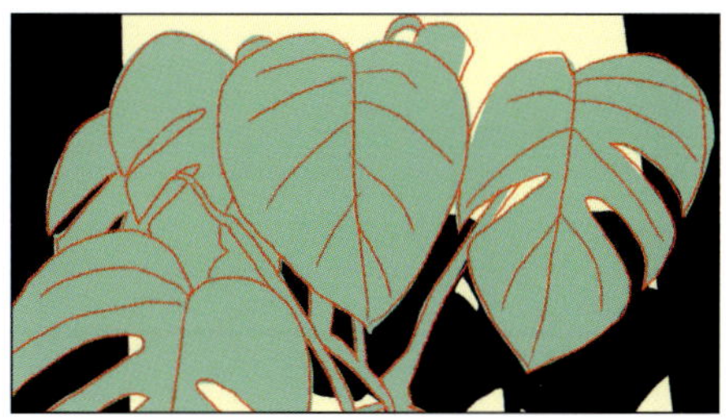

Wenn du fertig bist, blendest du die Skizzenebenen aus. Jetzt kannst du bereits erkennen, wie die Pflanze ihren Schatten auf den gelben Hintergrund wirft.

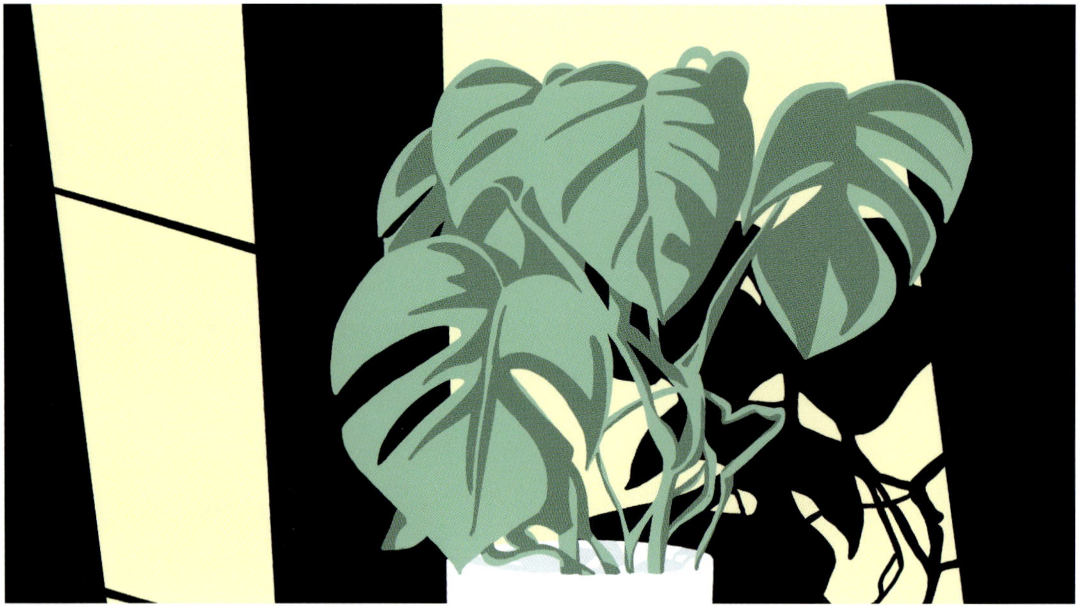

5

Zeichne nun die Schatten auf der Pflanze und im Topf ein. Erstelle hierfür jeweils eine eigene Ebene und stelle diese als Schnittmaske auf die Ebene ein, die du mit einem Schatten versehen möchtest. Wähle für den Schatten der Blätter ein dunkles Grün und für den Schatten des Topfes einen hellen Grauton.

SO KLAPPT'S

- Achte darauf, für jede Farbe eine eigene Ebene zu erstellen.
- Die Ebene mit dem Schatten sollte direkt vor der Hintergrund-Ebene liegen.
- Wenn du dir nicht sicher bist, wo die Farben am besten gesetzt werden sollten, dupliziere die jeweilige Ebene und behalte das Original als Backup – so kannst du experimentieren und trotzdem jederzeit zum vorherigen Stand zurückkehren.

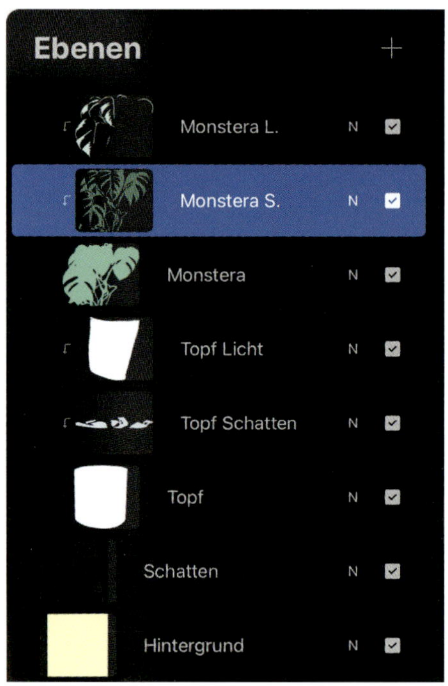

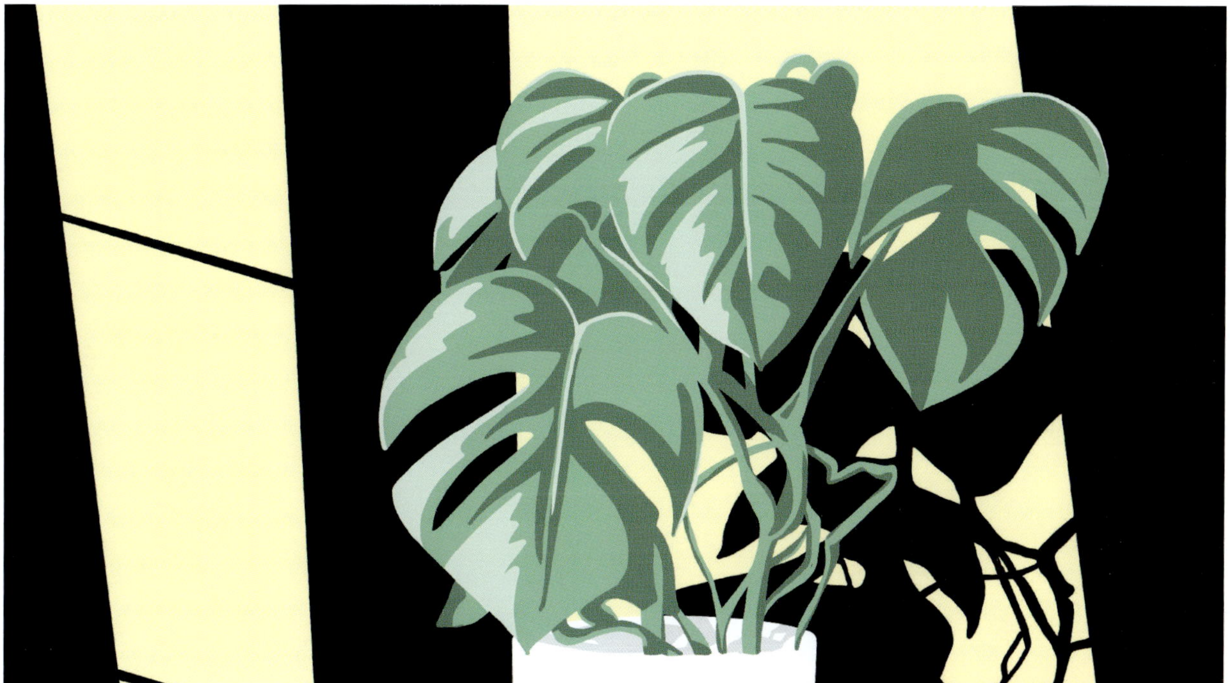

6

Im letzten Schritt fügst du Lichtreflexe in deine Zeichnung ein. Da das Licht von links auf die Pflanze trifft, malst du die Highlights dementsprechend nur auf die links befindlichen Teile der Blätter.

Du möchtest das Motiv lieber analog gestalten? Kein Problem! Orientiere dich hierfür gern an den anderen analogen Übungen in diesem Buch, die du bereits gemacht hast.

TULPEN Buntstiftzeichnung

Ein farbenfroher Strauß Tulpen auf dem Tisch sorgt für Frühlingsgefühle. Wie wäre es, diese Gefühle auch in deiner ersten Buntstiftzeichnung einzufangen?

WAS DU BRAUCHST

- Material zum analogen Abpausen
- Bleistift und Papier
- Buntstifte in Gelb, Hellgrün, Dunkelgrün, Rosa, Dunkelrot, Dunkelgrau
- evtl. Farbe, z. B. Aquarell, Acryl oder Marker
- ausgedruckte oder digitale Vorlage

Kreiere mit diesem Übungsprojekt deine erste klassische Buntstiftzeichnung! Du benötigst nicht viele Farben, da du diese durch Schraffuren mischen kannst. Für die Zeichnung empfehle ich dir sechs Buntstifte in den unten dargestellten Farbtönen. Zum Abpausen nutzt du am besten ein Lightpad.

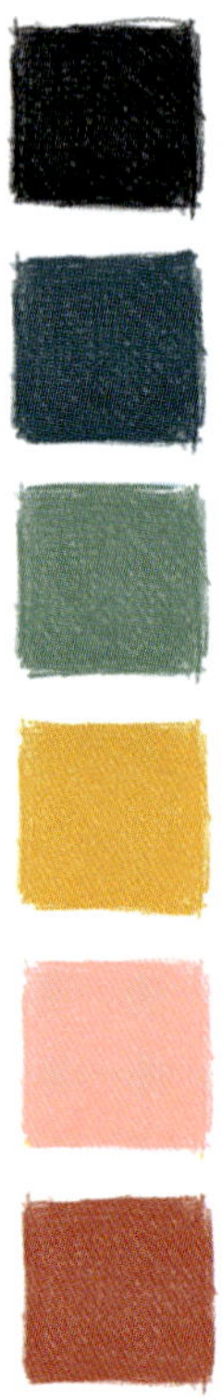

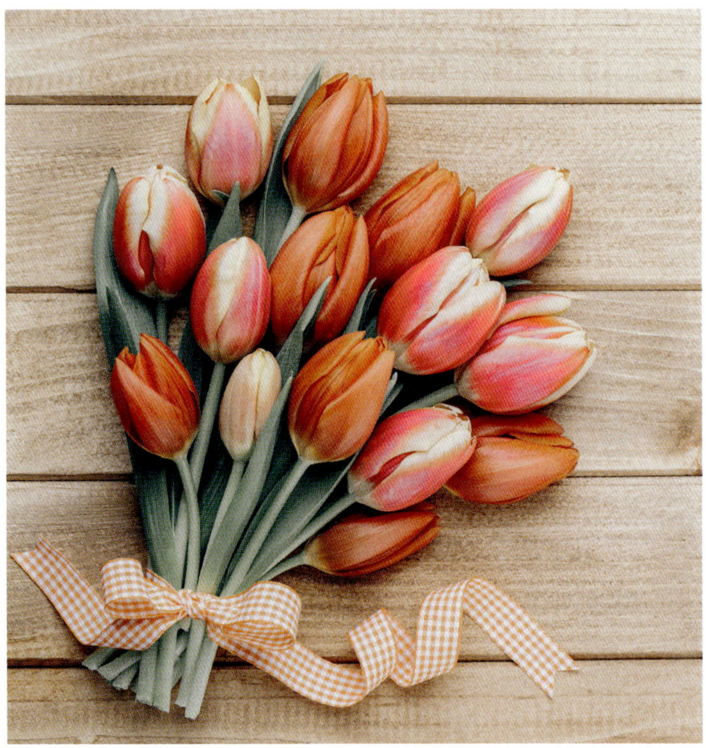

1

Beginne damit, die Umrisse des Motivs mit Buntstiften auf das Zeichenpapier über deiner Vorlage zu zeichnen. Verwende hierbei jeweils eine andere Farbe für Schleifenband, Stängel und Blütenknospen. Nutze für die Schleife Gelb, für die Stängel ein helles Grün und für die Blüten ein helles Rosa.

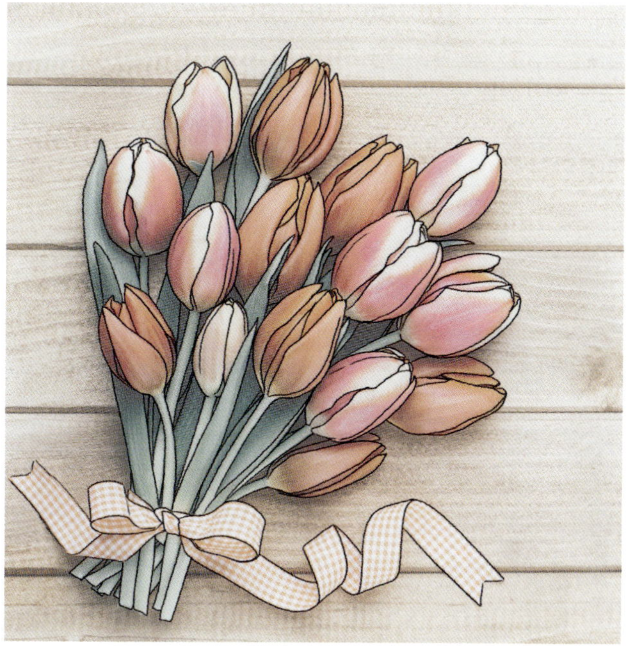

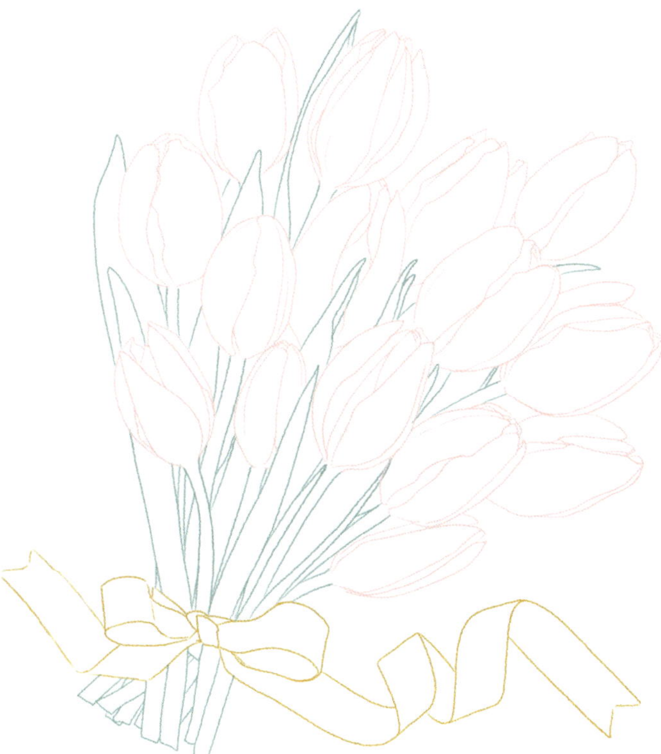

Beginne mit den groben Umrissen des Blumenstraußes und arbeite dich von dort aus in die Details vor. Versuche, nicht zu fest aufzudrücken, damit du die hellsten Stellen später einfacher darstellen kannst. Am Ende sollte deine Vorzeichnung der Outlines dreifarbig sein.

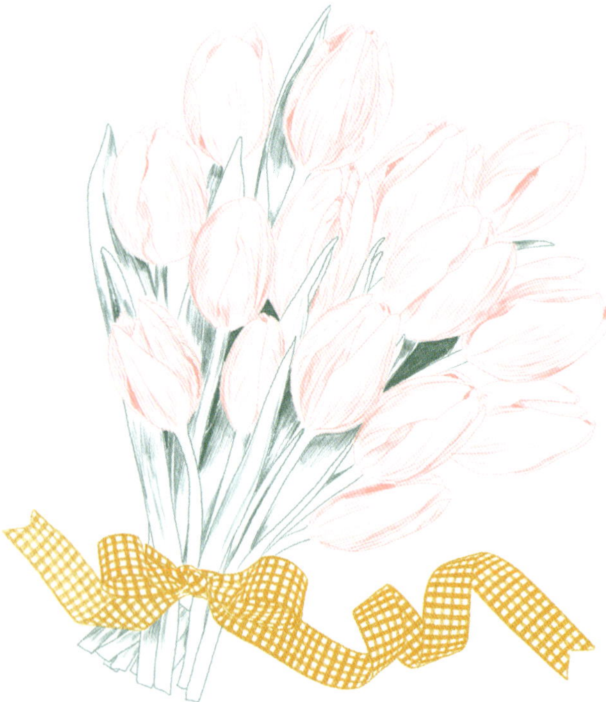

2

Im nächsten Schritt beginnst du mit dem Kolorieren deiner Vorzeichnung. Nutze hierfür die jeweils gleichen Buntstifte, die du bereits für die Outlines verwendet hast. Starte damit, das Karomuster der Schleife abzupausen. Du kannst hier ruhig etwas fester aufdrücken, um einen kräftigen Farbauftrag zu erhalten.

Setze dann Schraffuren auf Blüten und Stängel. Hier solltest du wiederum nicht so fest aufdrücken, da du bei der Schraffur mit mehreren Schichten arbeiten wirst. Achte ebenfalls auf die Laufrichtung der Oberflächenstruktur der Blütenblätter, um eine realistische Optik zu erzeugen.

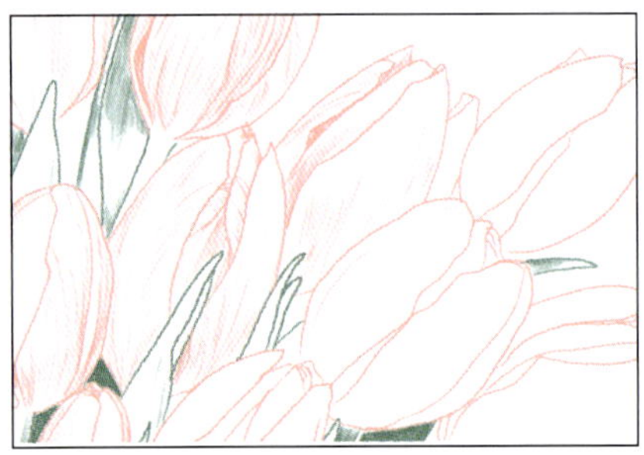

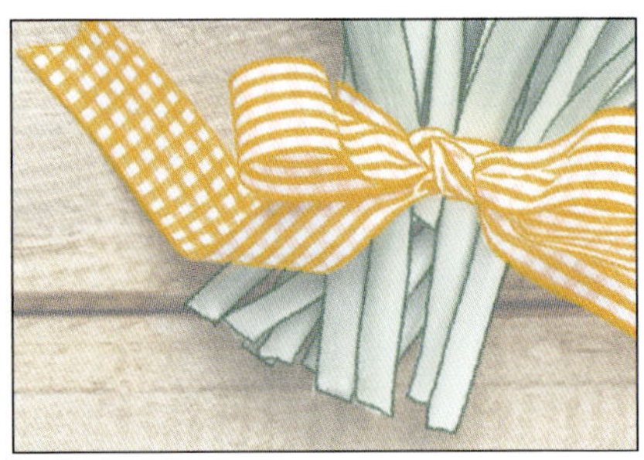

3

Trage im nächsten Schritt mittels Schraffur eine weitere Schicht Farbe auf Blüten und Stängel auf. Verdichte die Farbe an den dunkelsten Stellen der Vorlage, indem du sie fast deckend aufträgst. Dies erreichst du durch Kreuzschraffur und einen stärkeren Farbauftrag. Nutze erneut die bereits verwendeten Farben.

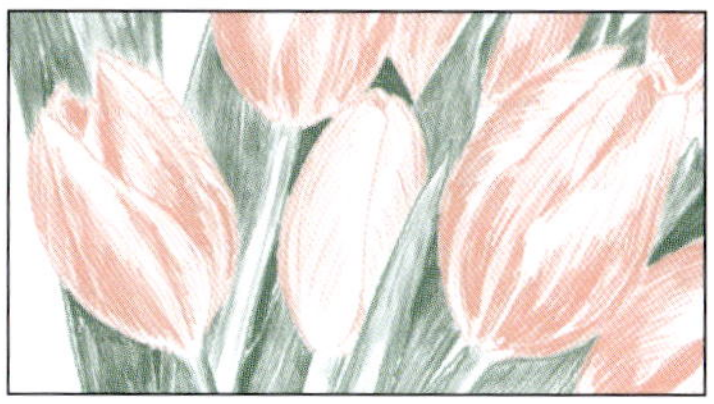

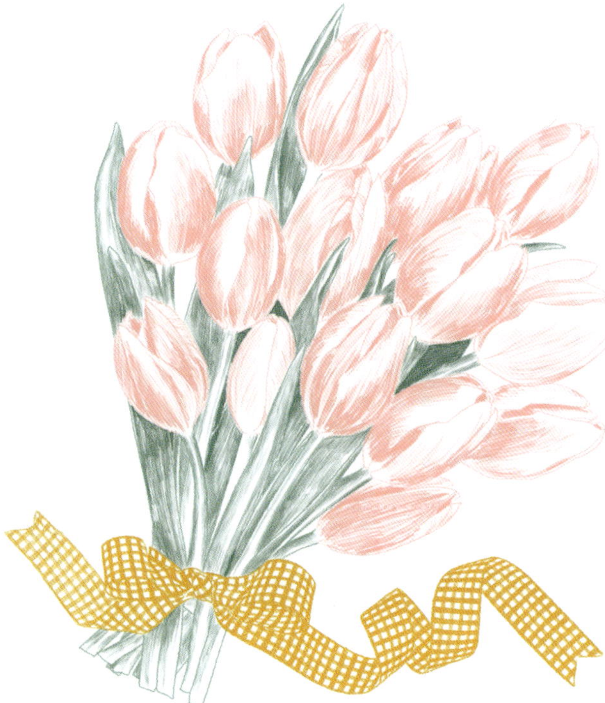

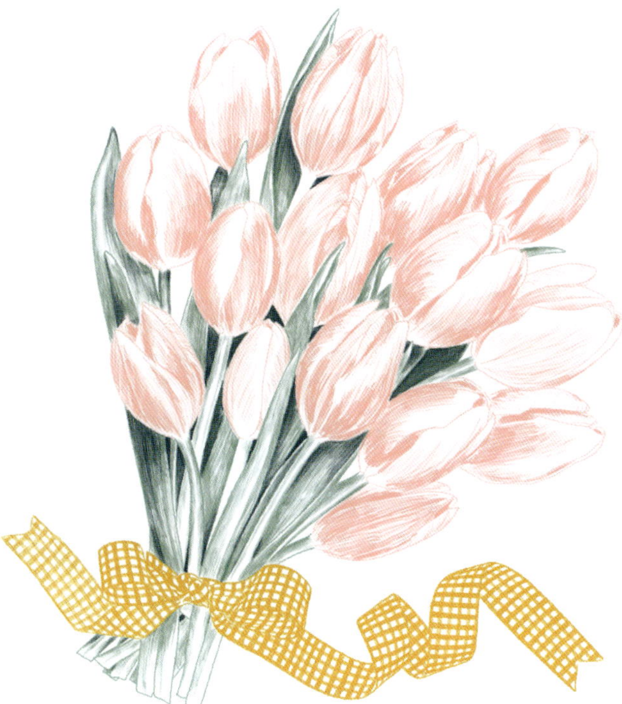

4

Nun kannst du zum dunkelgrünen Buntstift greifen. Nutze diesen, um eine weitere Farbschicht auf die Stängel aufzutragen – an den dunkelsten Stellen der Vorlage fügst du Schatten ein. Beachte hierbei die Struktur der Stängel und versuche, diese durch Schraffuren in Wuchsrichtung darzustellen.

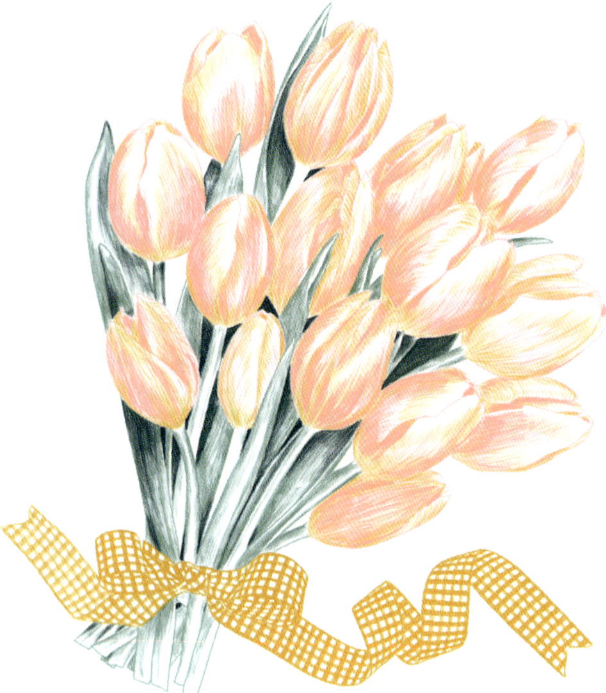

5

Nimm nun den gelben Buntstift zur Hand und zeichne vorsichtig farbige Details in die Blütenblätter ein. Achte darauf, nicht die kompletten Blüten zu schraffieren und lasse unbedingt die hellsten Stellen im Bild weiß stehen. Die hier befindlichen Lichtreflexionen sind wichtig, um Bildtiefe und ein realistisches Aussehen zu erzeugen.

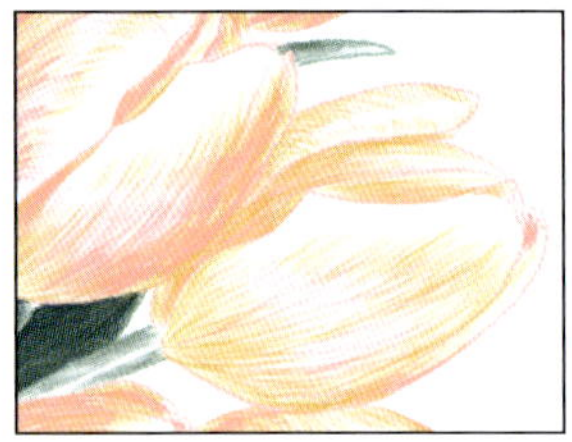

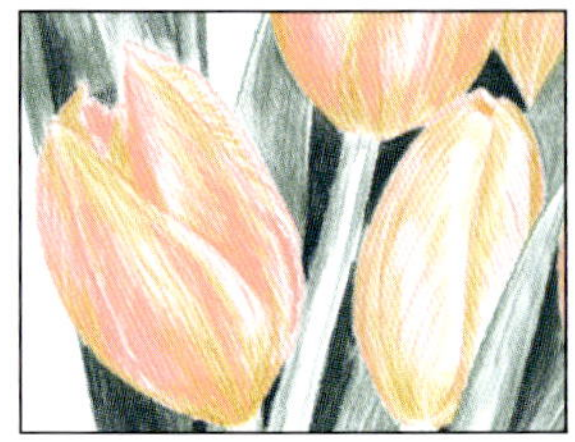

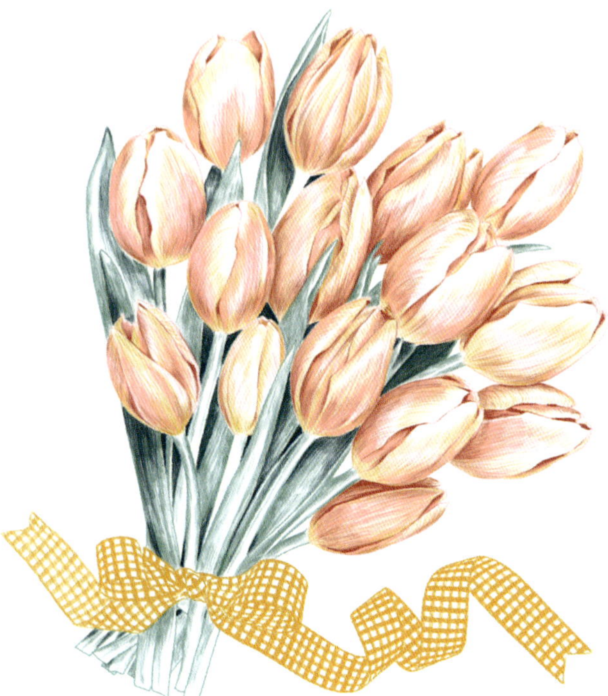

6

Im nächsten Schritt zeichnest du mit dem dunkelroten Buntstift an den Rändern und in den Zwischenräumen der Blütenblätter dunkle Details ein. Diese sind feine Schatten und lassen die Blütenköpfe dreidimensional erscheinen.

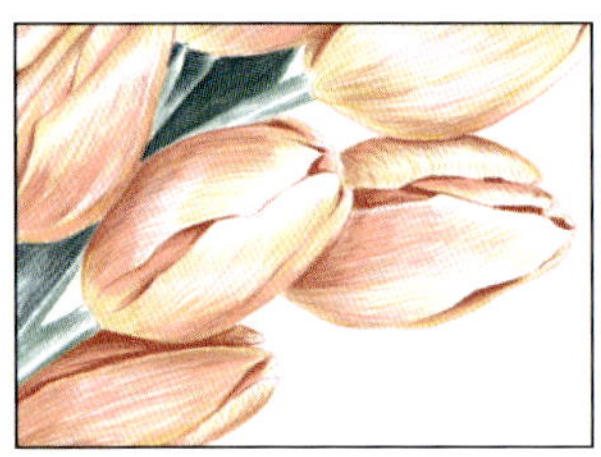

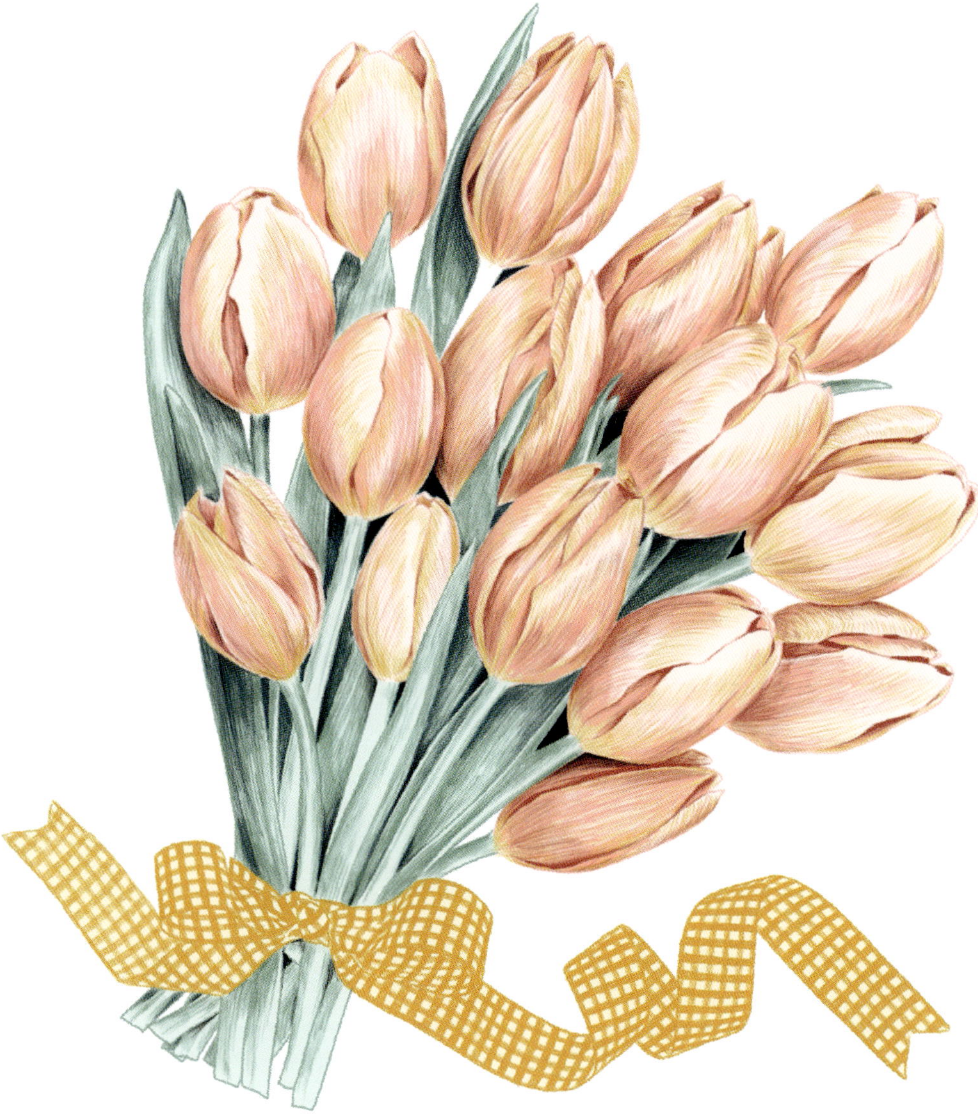

7 Zeichne im letzten Schritt mit dem dunkelgrauen Buntstift zwischen Stängeln und Blüten noch dunklere Schatten ein. Achte hierbei auf einen vorsichtigen und sparsamen Farbauftrag, da sonst schnell zu dunkle Flächen entstehen können, welche die Zeichnung überzeichnet und weniger lebendig wirken lassen. Um deine Kolorierung weicher und harmonischer erscheinen zu lassen, kannst du mit einem sehr hellen Marker oder mit Aquarellfarben in einem ähnlichen Farbton lasierend über die bereits kolorierten Flächen malen.

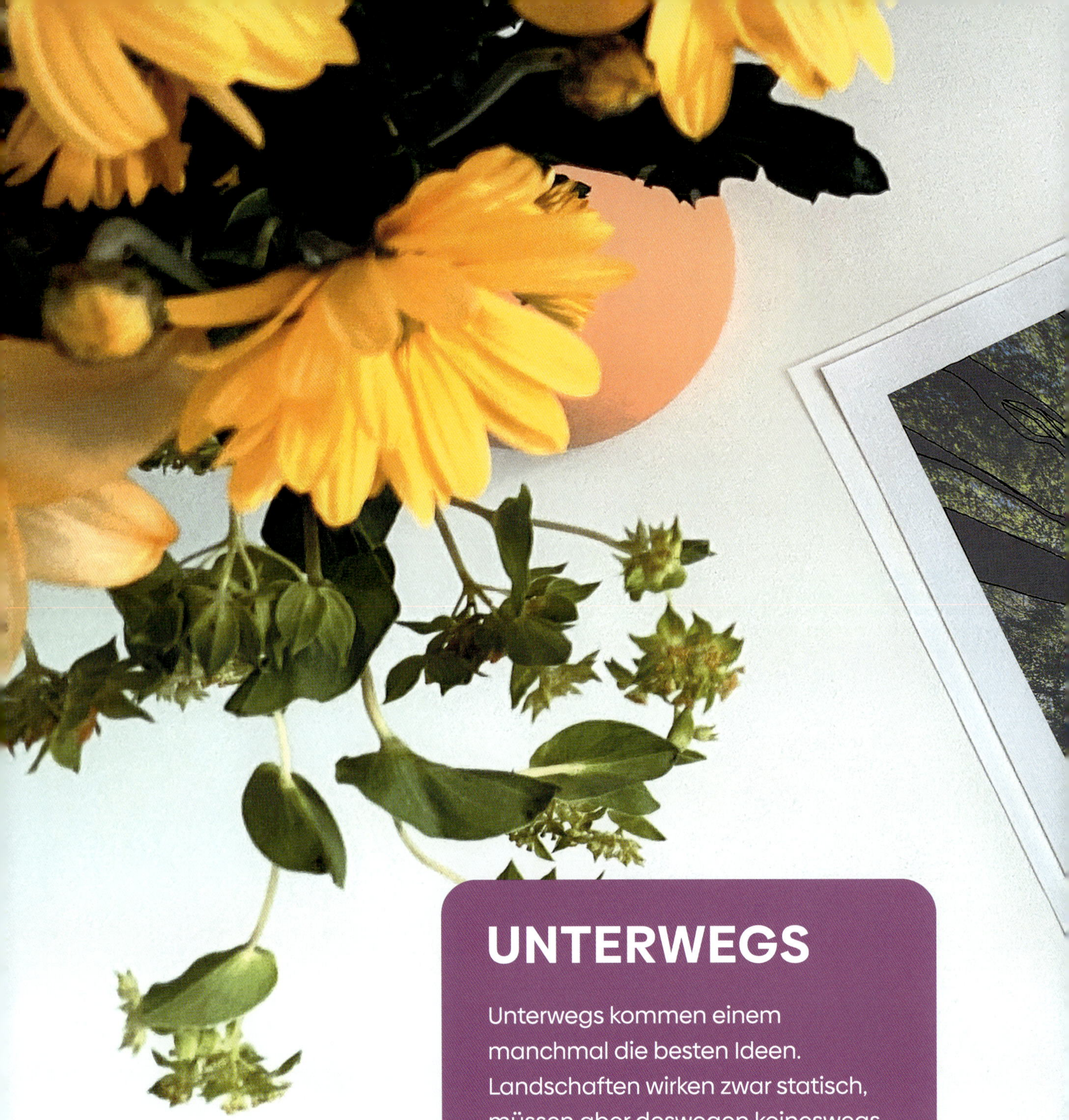

UNTERWEGS

Unterwegs kommen einem manchmal die besten Ideen. Landschaften wirken zwar statisch, müssen aber deswegen keineswegs langweilig sein! In diesem Kapitel lernst du, was Perspektive bedeutet und wie du komplexe Vorlagen durch abstrahiertes Stilisieren in schlichte Zeichnungen verwandelst.

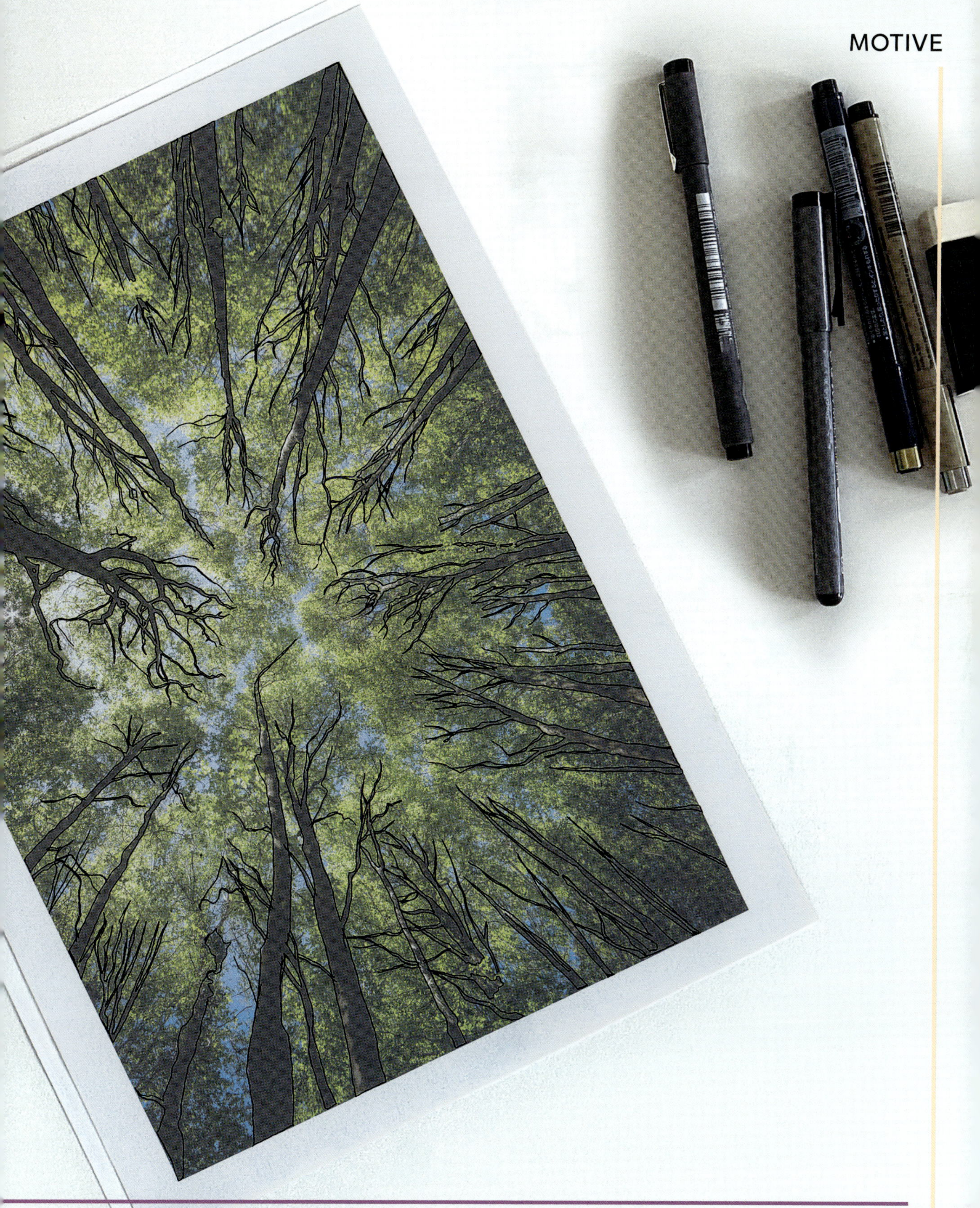

EIFFELTURM One-Line

Das Wahrzeichen von Paris ist schon mit wenigen Linien und in stark abstrahierter Form gut zu erkennen. Als One-Line-Zeichnung macht der Eiffelturm daher eine besonders gute Figur!

WAS DU BRAUCHST

- Material zum Abpausen
- Fineliner in Schwarz und Rot
- Farbe, z. B. Aquarell, Acryl oder Marker
- ausgedruckte oder digitale Vorlage

Bei diesem Motiv kombinierst du dein bisher erworbenes Können im One-Line-Stil mit einem frei gezeichneten Detail. Du kannst dadurch eine kleine Geschichte erzählen – und was würde sich für die Stadt der Liebe mehr anbieten als das Symbol der Liebe selbst?

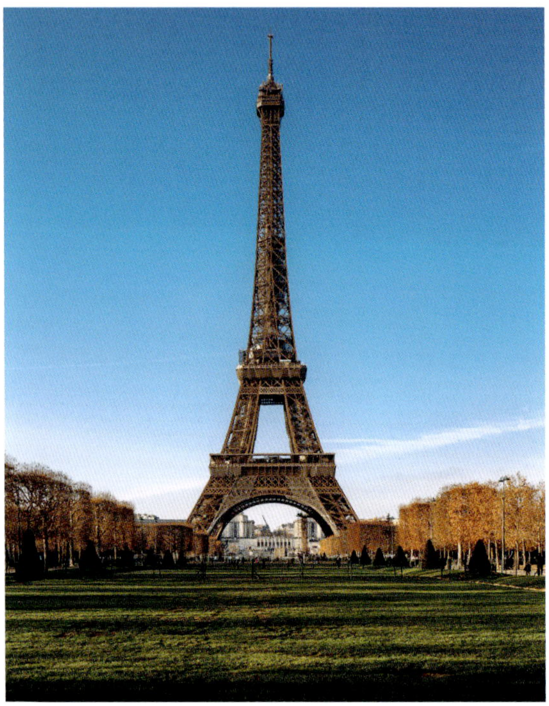

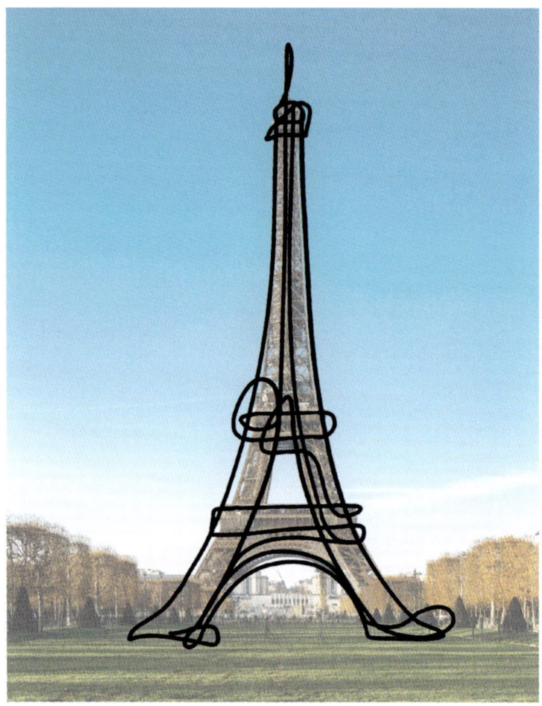

1

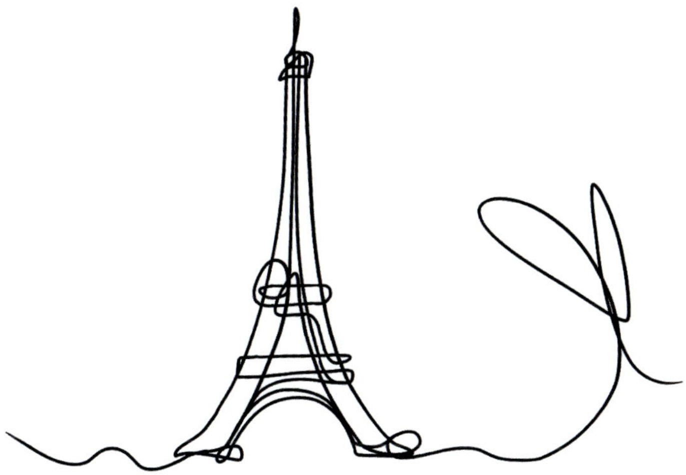

Beginne damit, die Umrisse des Eiffelturms mit Fineliner auf das Zeichenpapier über deiner Vorlage zu zeichnen. Versuche dabei, besonders die äußersten Linien, den Bogen und die einzelnen Stockwerke zu betonen – diese sind besonders charakteristisch für das Aussehen des Eiffelturms.

Füge nun am Fuße des Turms in Höhe des Horizonts weitere Linien als Start- und Endpunkt deiner One-Line-Zeichnung ein. Achte darauf, die Linien optisch miteinander verschmelzen zu lassen. Lasse die rechte Linie einem stilisiert gezeichneten Herz – als Symbol der Liebe – enden.

2

Im letzten Schritt kannst du deine Zeichnung mit etwas Farbe aufpeppen. Zeichne dafür mit einem farbigen Fineliner eine zweite One-Line-Zeichnung locker über die erste. Um das Herz besonders zur Geltung zu bringen, malst du die One-Line an dieser Stelle mit der gleichen Farbe flächig aus.

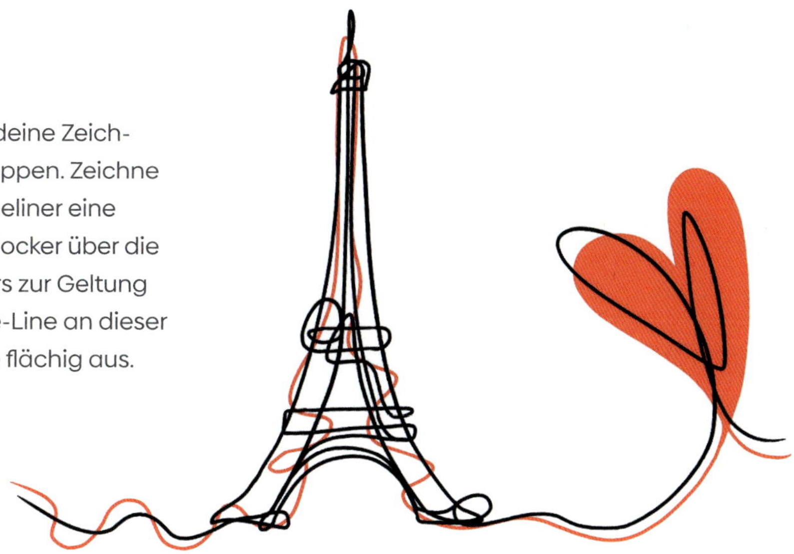

PERSPEKTIVE EXKURS

Alles ist eine Frage der Perspektive – auch das Zeichnen. Dabei ist mit Perspektive nicht nur der Punkt gemeint, von dem aus du eine Szene darstellen willst, sondern sie bestimmt viele weitere Parameter der Gestaltung eines Bildes.

Je nach Perspektive verändern sich Größe, Form, Anordnung und Farbe von Bildelementen. Deine Zeichnung wird stark davon profitieren, wenn du weißt, welche Effekte durch verschiedene Perspektiven erzielt werden können.

LUFT- UND GRÖSSENPERSPEKTIVE

Die Luftperspektive besagt, dass Objekte, die weiter entfernt sind, blasser wirken als Objekte im Vordergrund – dies kannst du durch eine entsprechende Farbauswahl in deiner Zeichnung umsetzen. Für die Größenperspektive gilt, dass weiter entfernt liegende Objekte beim Betrachten eines Bildes kleiner erscheinen – auch, wenn sie eigentlich die gleiche Größe haben. Dieses Prinzip kannst du nutzen, wenn du bestimmten Bildelementen eine besondere Bedeutung zukommen lassen willst.
Indem du Objekte absichtlich unterschiedlich groß darstellst, kannst du den Effekt einer Bedeutungsperspektive erzeugen.

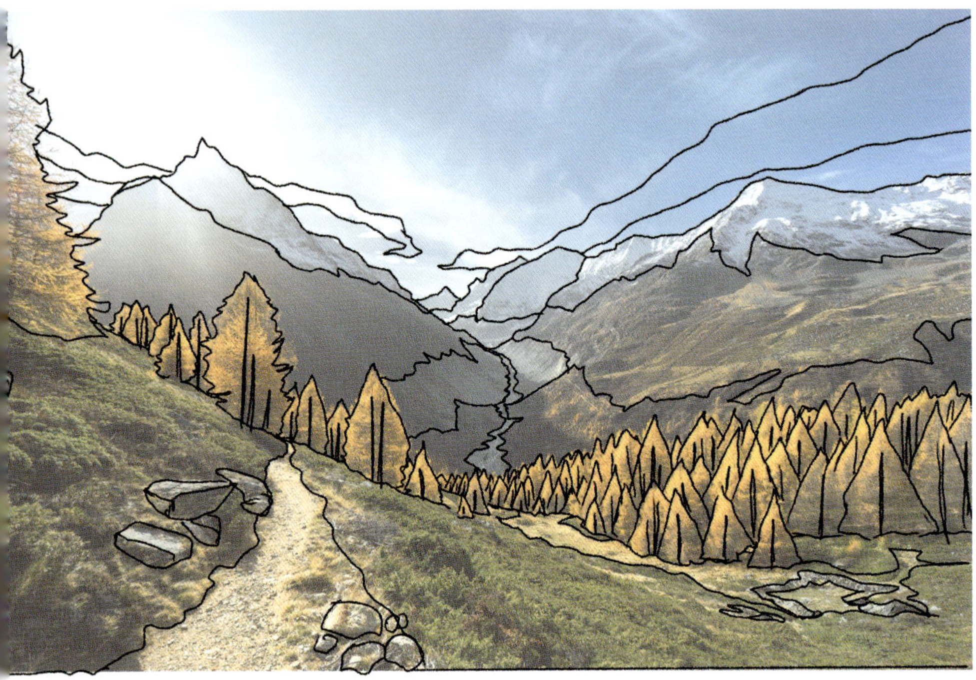

Beachte auch die perspektivische Verkürzung, die entsteht, wenn sich ein Objekt perspektivisch in der Flucht in Richtung Horizont von dir fortbewegt.

HORIZONTLINIE UND FLUCHTPUNKT

Die lineare Perspektive hilft, mittels Horizontlinie und Fluchtpunkt Objekte auf einer zweidimensionalen Fläche so abzubilden, dass eine Raumtiefe entsteht. Die Horizontlinie liegt dabei auf der Augenhöhe der Betrachtenden. Wenn der Horizont im Bild nicht direkt ersichtlich ist, kannst du ihn ganz einfach ermitteln, indem du die Fluchtlinien von Objekten einzeichnest – dort, wo sie sich treffen, befindet sich ein Fluchtpunkt auf der Horizontlinie.

Je nachdem, auf welcher Höhe sich die Horizontlinie im Bild befindet, verändert sich die Wahrnehmung der Perspektive. Von unten wahrgenommene Bildelemente befinden sich oberhalb der Horizontlinie, von oben wahrgenommene darunter.

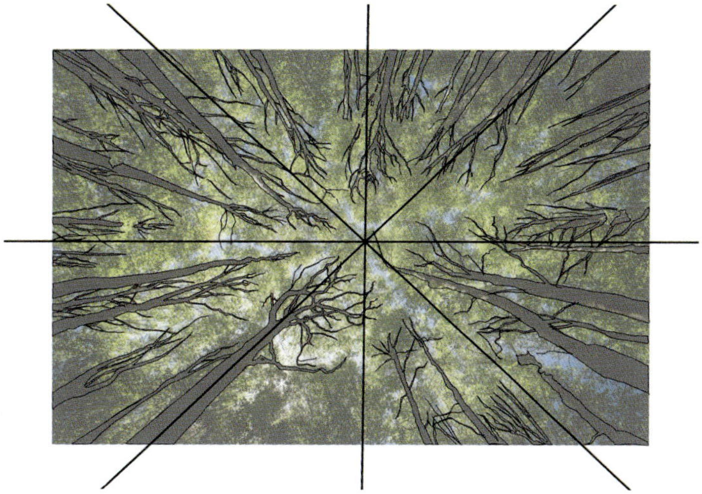

In diesem Beispiel (s. Seite 60ff.) liegt der Horizont in den Baumkronen. Die Fluchtlinien der Baumstämme treffen sich in einem mittig liegenden Fluchtpunkt.

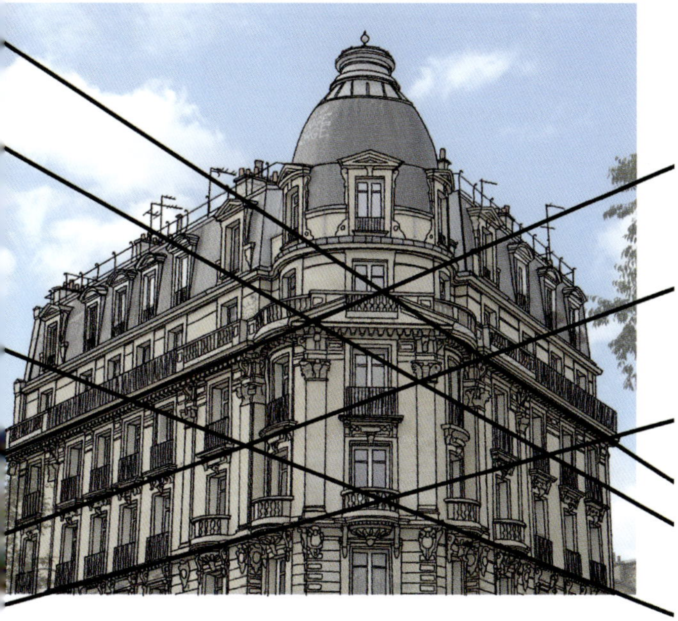

MEHRERE FLUCHTPUNKTE

Perspektiven mit nur einem Fluchtpunkt wirken häufig unnatürlich und konstruiert, da man selten frontal auf ein Objekt blickt. Sobald man seitlich auf ein Motiv schaut, ergeben sich weitere Fluchtpunkte, die visuelle Dynamik erzeugen. In diesem Beispiel (s. auch Seite 68ff.) sind die Fluchtpunkte und die Horizontlinie nicht mehr auf dem Foto sichtbar. Sie müssen erdacht werden und würden sich in diesem Fall unterhalb des Bildes befinden.

Achte beim Zeichnen auf die richtigen Fluchtlinien. Liegen sie außerhalb des Vorlagenfotos, sollten sie sich auf deiner Zeichnung nirgends kreuzen, damit kein Bruch in der Perspektive entsteht.

WALDBLICK Line-Art ●●○

Bei einem Spaziergang im Wald kann man viel entdecken. Ein Blick nach oben, in die Kronen der Bäume, eröffnet eine völlig neue Perspektive. Probiere doch mal, diese zeichnerisch umzusetzen!

WAS DU BRAUCHST

- Material zum Abpausen, analog oder digital
- Bleistift
- Fineliner und Marker in Schwarz
- ausgedruckte oder digitale Vorlage

Die Strukturen von Blättern darzustellen kann auf den ersten Blick sehr herausfordernd wirken. Bei diesem Motiv im Line-Art-Stil lernst du, deinen Blick für eine neue Perspektive zu schärfen und gleichzeitig die Blätter der Bäume zeichnerisch zu abstrahieren.

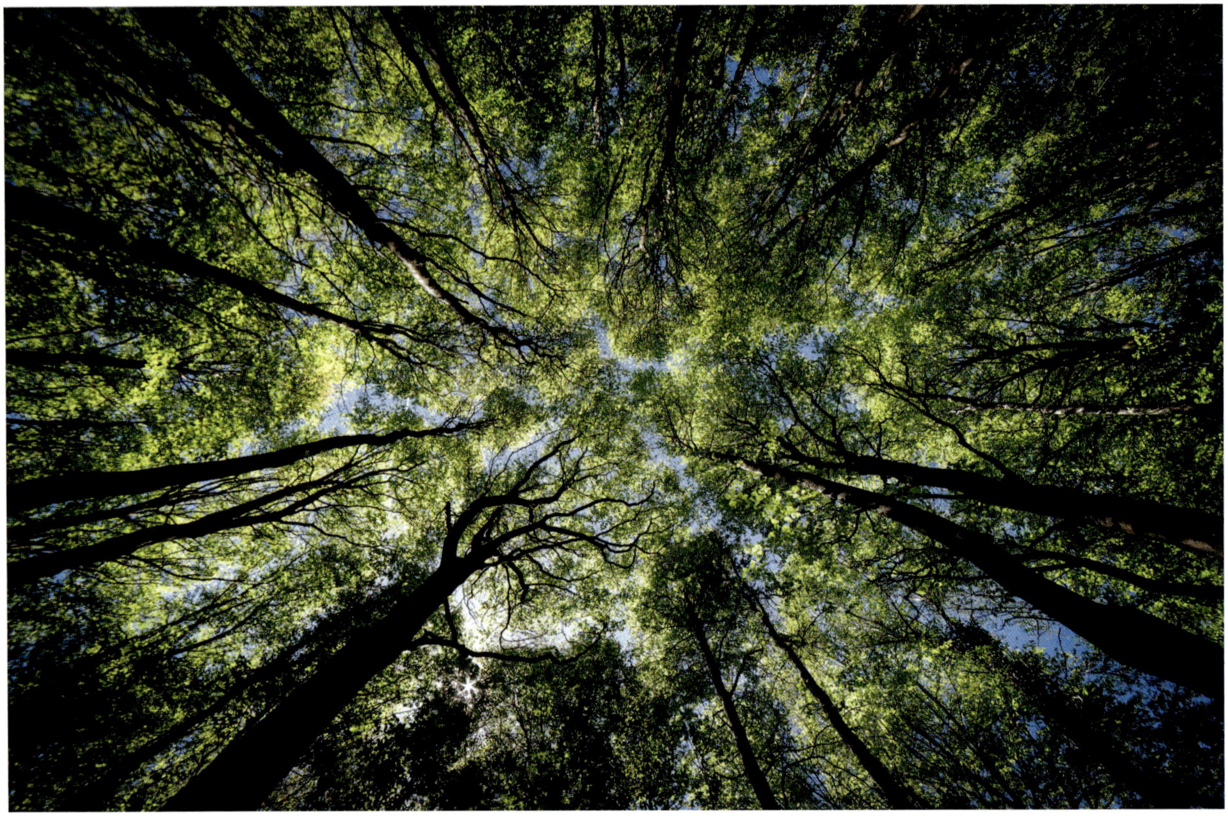

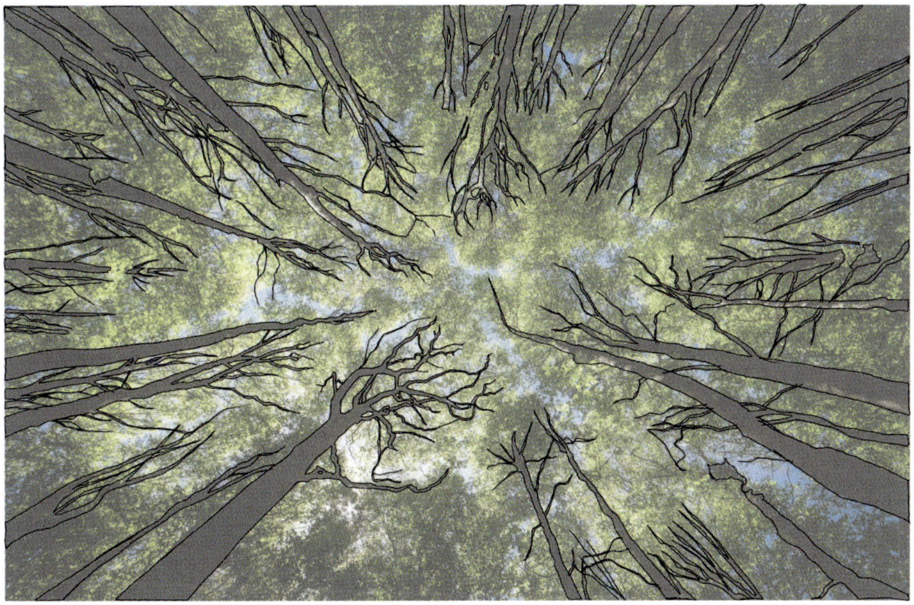

1

In diesem Übungsprojekt zeichnest du im ersten Schritt direkt mit einem schwarzen Fineliner. Diesen nutzt du, um die Umrisse der Baumstämme abzupausen. Achte hierbei auf die Wuchsrichtung: Alle Baumspitzen sollten sich perspektivisch in einem Fluchtpunkt ungefähr in der Mitte des Bildes treffen. Beachte zudem die Verjüngung der Stämme – sie werden zum Fluchtpunkt hin dünner, weshalb du dort auch feinere Linien zeichnen solltest. Zeichne zunächst eher weniger Zweige, da das Bild ansonsten schnell überfrachtet wirken kann. Wenn nötig, kannst du später noch weitere Linien nachträglich hinzufügen.

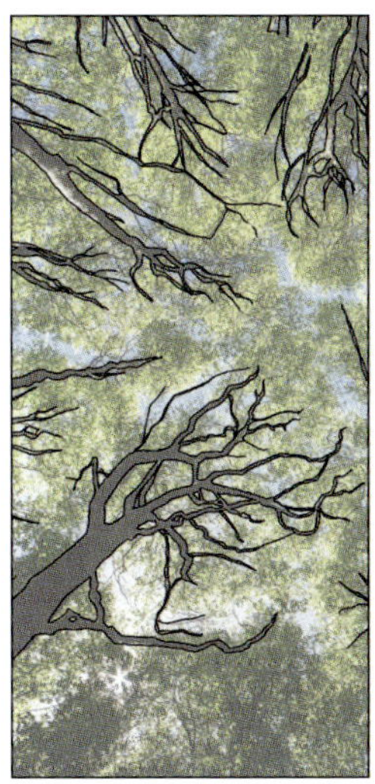

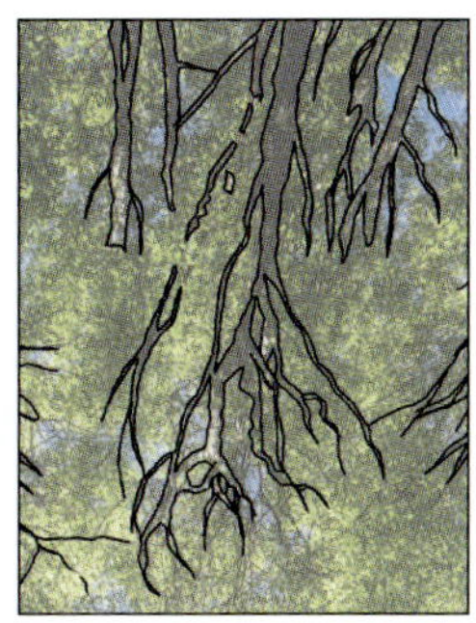

2

Erfasse alle Baumstämme mit ihren Outlines.

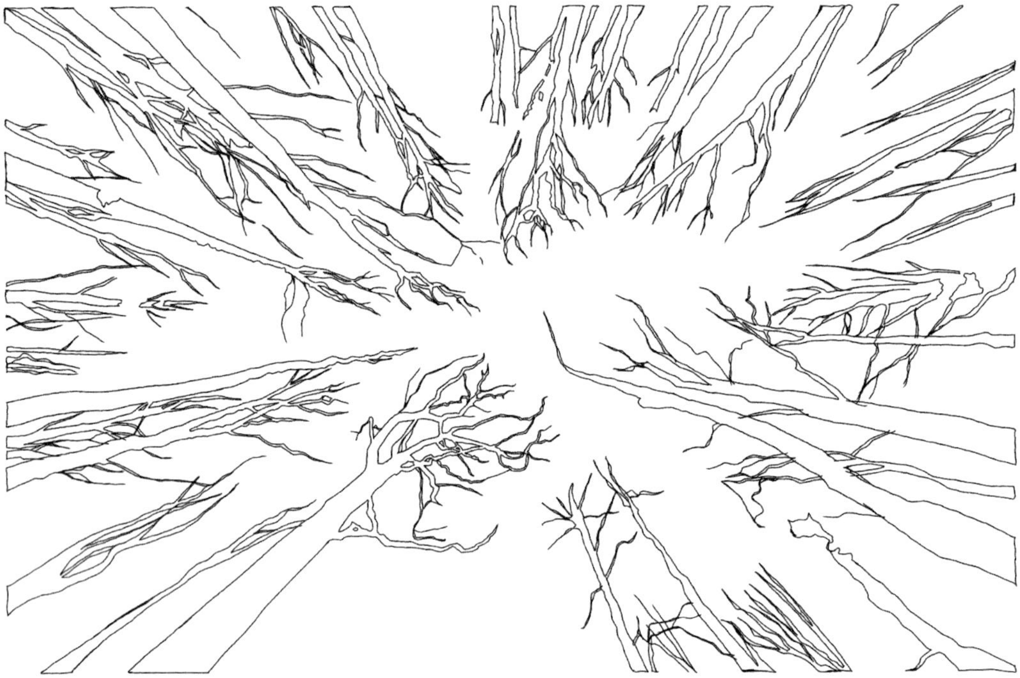

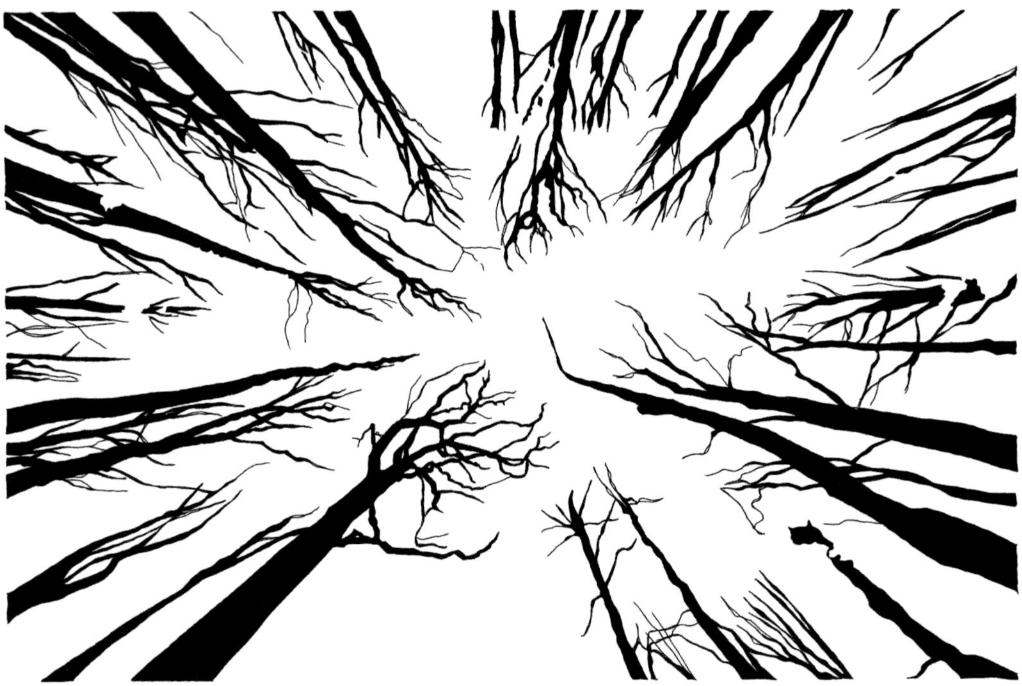

Male anschließend die Flächen der Baumstämme mit dem Fineliner oder einem schwarzen Marker deckend aus.

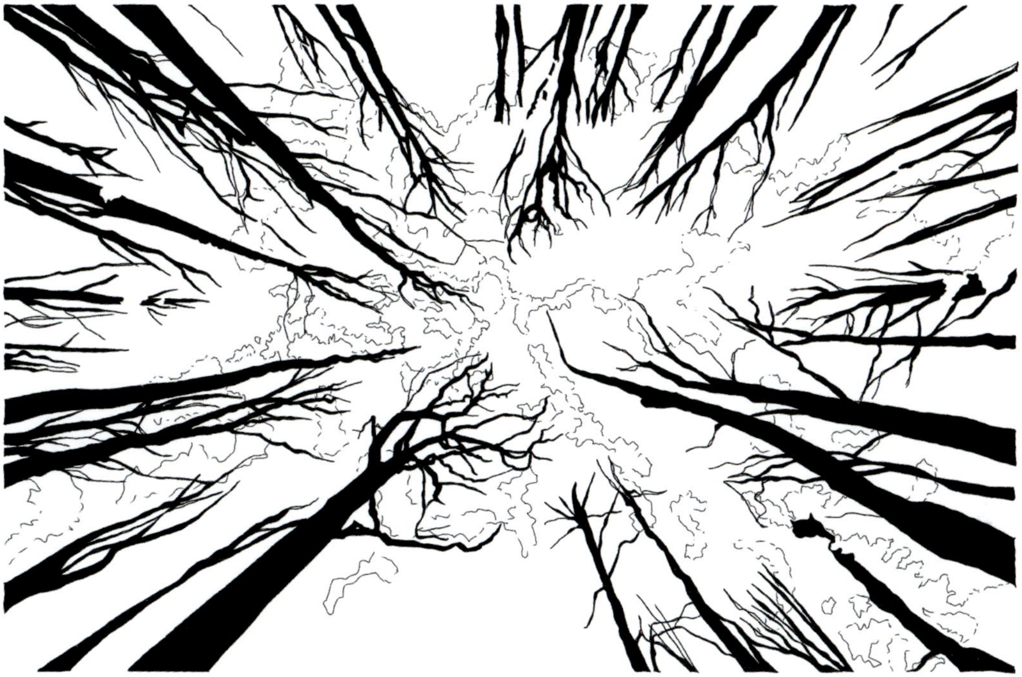

3

Nun benötigst du einen Bleistift, um die Kronen der Bäume einzuzeichnen. Pause hierfür die Stellen im Bild ab, an denen der Himmel durch die Blätter scheint. Sei hier gern großzügig mit den Linien und lasse mehrere Freiflächen für den Himmel als Weißraum entstehen.

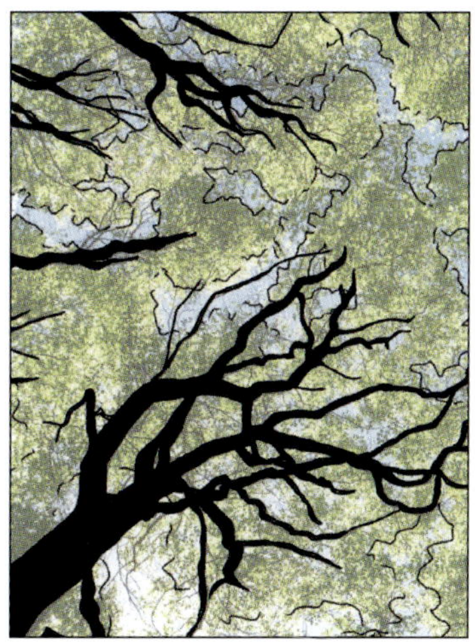

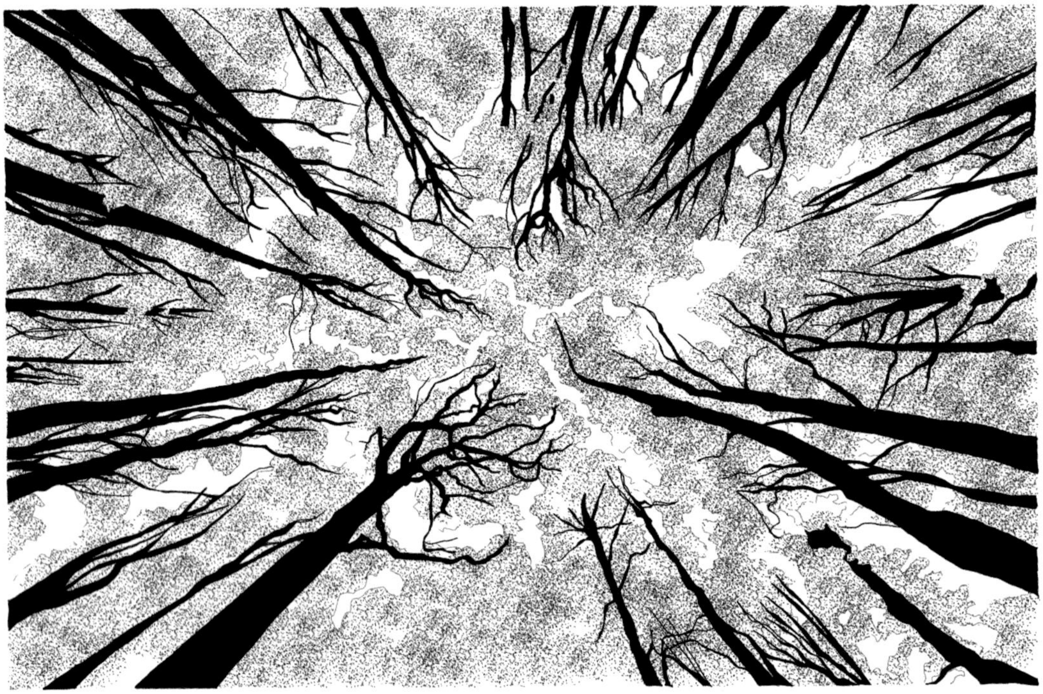

4

Im nächsten Schritt zeichnest du mit dem Fineliner Punkte – viele Punkte. Mit dieser Technik, dem Dotwork (s. Seite 17), kannst du einen Effekt erzielen, der den Eindruck vermittelt, in rauschende Baumkronen zu blicken. Um den Effekt zu verstärken, solltest du die Punkte unregelmäßig setzen und an unterschiedlichen Stellen verdichten. Betrachte hierfür die Vorlage genau: An den Rändern erscheinen die Blätter tendenziell dunkler.

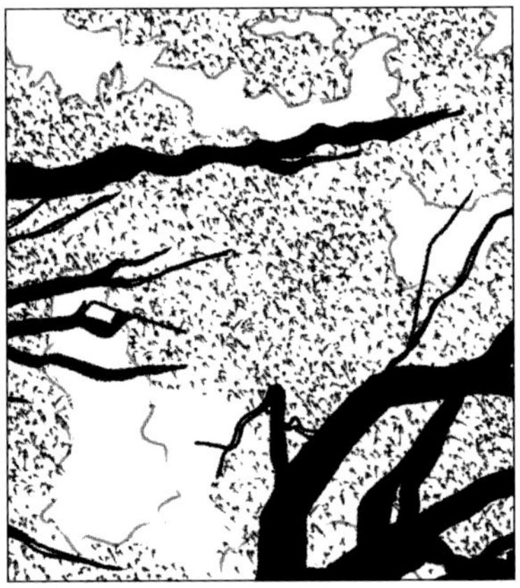

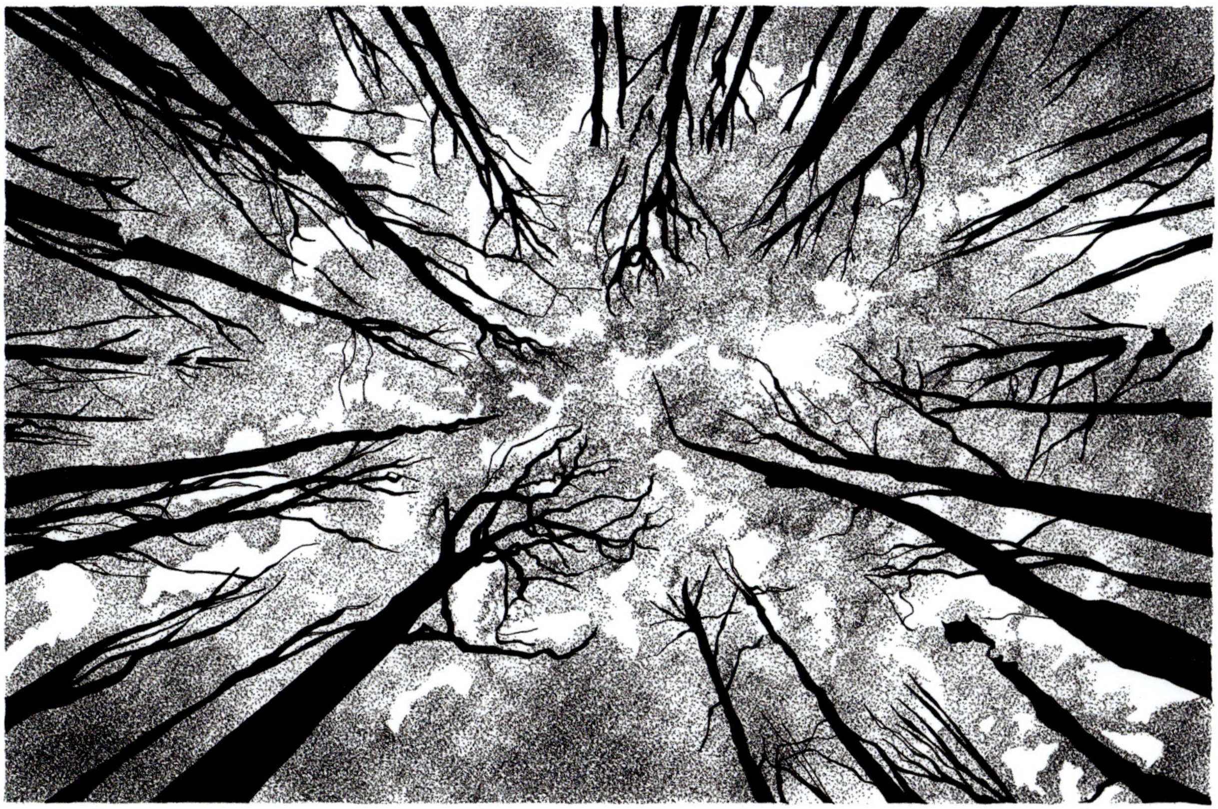

5 Füge im letzten Schritt noch mehr Punkte ein, um den Eindruck von Verdichtung weiter zu verstärken. Am Ende entfernst du vorsichtig mit einem Radiergummi die Bleistiftlinien, die du zuvor zur Orientierung eingezeichnet hattest.

TIPP

Das Dotwork kann – wie in diesem Motiv – eine echte Fleißarbeit sein. Lege deinen Stift unbedingt nieder, wenn deine Hand zu schmerzen beginnt oder du merkst, dass deine Konzentration schwindet. Gönn dir dann etwas Ruhe und setze die Arbeit zu einem späteren Zeitpunkt fort.

STILISIERUNG EXKURS

Stilisierung bedeutet, komplexe Formen in einfache und verständliche Darstellungen zu übersetzen. Stilisierung ist gewissermaßen also die Kunst des Abstrahierens oder – einfacher ausgedrückt – des Weglassens.

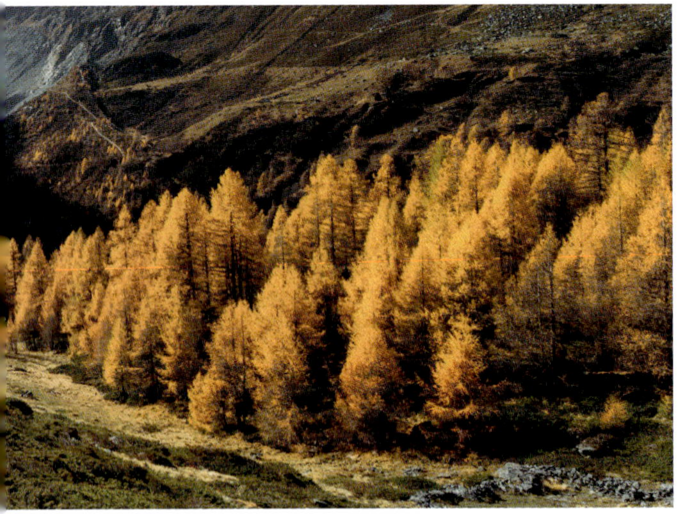

Herbstlicher Nadelwald, Foto

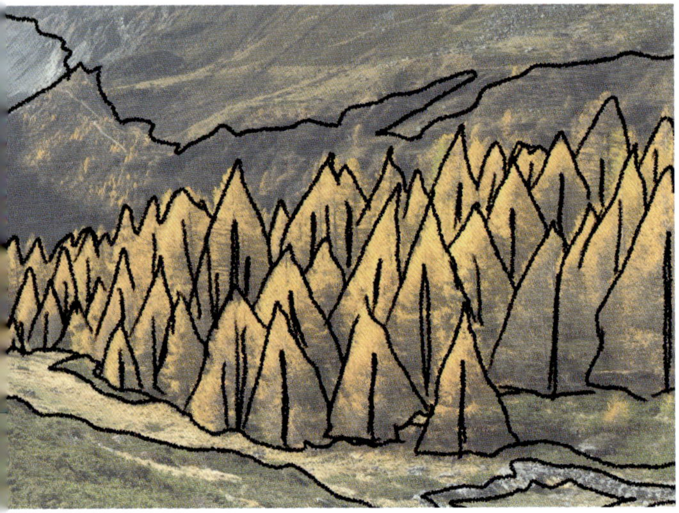

Nadelwald, stilisierte Darstellung

Bekannte Beispiele einer Stilisierung sind Piktogramme. Sie stellen in reduziertester Form einen komplexen Sachverhalt dar, sodass dieser universell und schnell begriffen werden kann. Das Prinzip der Stilisierung, die Reduzierung auf das Wesentliche, ist beim Zeichnen sehr hilfreich. Wenn du dir zudem klar machst, dass eine Zeichnung nicht fotorealistisch aussehen muss, um verstanden zu werden, kann dir das eine gehörige Portion Druck nehmen.

ABSTRAKTION VON KOMPLEXEN BILDELEMENTEN

Die größte Herausforderung beim Stilisieren besteht darin, spezifische Bildelemente trotz starker Abstraktion als das erkennbar zu lassen, was sie sind. Im hier gezeigten Beispiel wurden die Nadelbäume des Fotos auf ihre spitze Grundform heruntergebrochen, Details wurden nicht übernommen und lediglich vereinzelte Baumstämme eingezeichnet. Auch die Bergwiese im Hintergrund ist stilisiert dargestellt: Steine und vereinzelte Bäume des Fotos fehlen. Um der Wiese trotzdem eine Struktur zu geben, wurde eine grobe Linie eingezeichnet, die den Schatten markiert, um diesen bei der späteren Kolorierung als Tiefe erzeugendes Bildelement berücksichtigen zu können.

STILISIERUNG IST IMPROVISATION

Wenn du dich nun fragst, wie du Formen am besten stilisieren kannst, empfehle ich dir, zunächst deinen Blick zu schärfen und die Vorlage genau zu betrachten. Am Beispiel des Motivs „Poolparty" (s. Seite 76ff.) kannst du dir dabei folgende Fragen stellen: Wie sehen die Lichtreflexionen an der Wasseroberfläche aus? Kann man Formen zusammenfassen, um sie vereinfacht darzustellen? Wie viele Farben sehe ich? Bei analogen Buntstiftzeichnungen ist allein die begrenzte Farbauswahl eine Form der Stilisierung. Weniger unterschiedliche Farben zu verwenden, schafft Klarheit. Versuche, dich auf eine geringe Anzahl verschiedener Farben zu beschränken und erschaffe stattdessen durch Farbmischungen harmonische Zwischentöne.

Routinierte Stilisierung erfordert – genau wie das Zeichnen selbst – Übung und einen geschulten Blick. Je öfter du dich damit beschäftigst, desto einfacher wird es dir fallen. Letzten Endes ist Stilisierung vor allen Dingen eines: Improvisation.

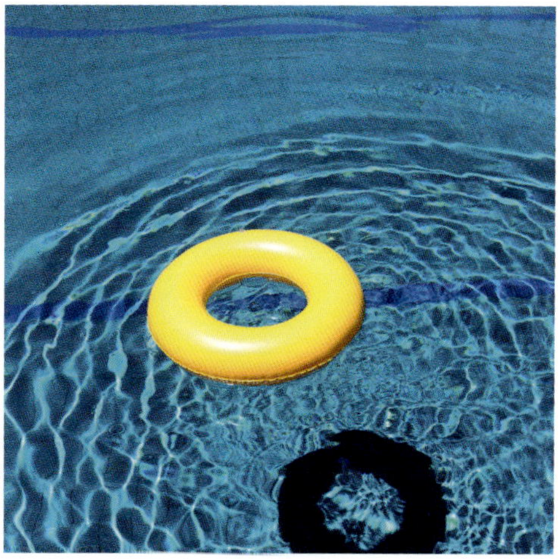

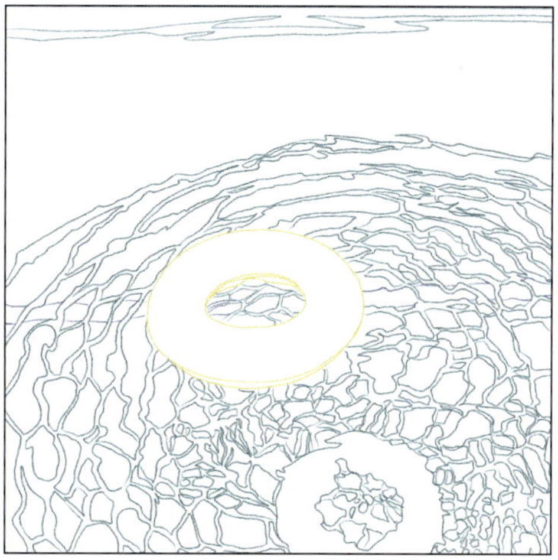

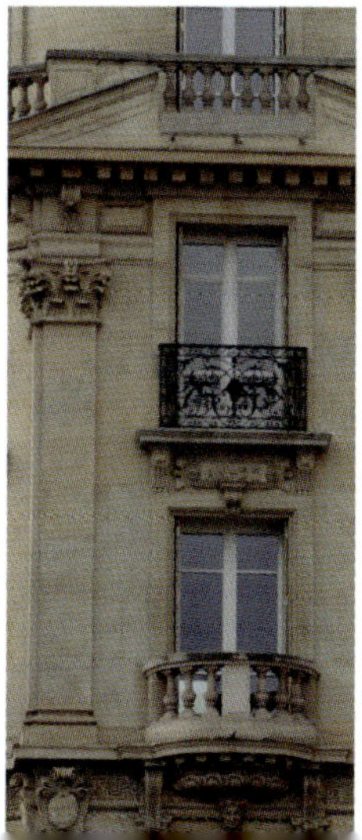

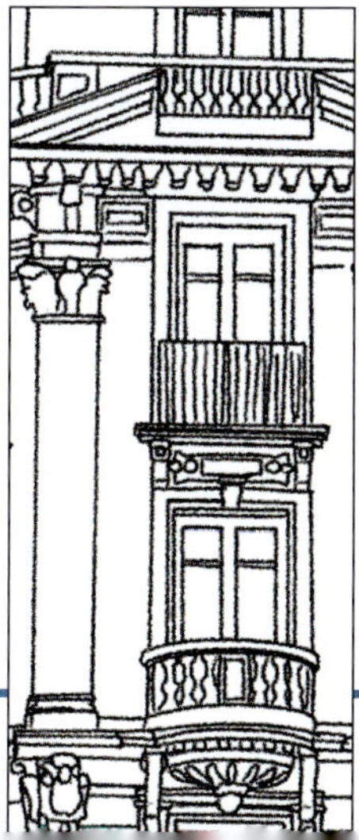

TIPP

Im Motiv „Fassade" auf der folgenden Seite wirst du dein neues Wissen ideal anwenden können. Da alle Details, die das Gebäude schmücken, zeichnerisch kaum darstellbar sind, musst du die Methode der Stilisierung anwenden, um mit deiner Zeichnung voranzukommen.

FASSADE Comic-Style ●●●

Dieses Gebäude ist in einem für Paris typischen Architekturstil erbaut worden. Die Details auf der Häuserfassade sind nicht nur schön anzusehen, sondern eignen sich auch hervorragend dazu, das Zeichnen von Gebäuden zu üben.

WAS DU BRAUCHST

- Material zum Abpausen, analog oder digital
- Bleistift, Zeichenpapier und Lineal
- Fineliner und Marker in Schwarz
- Farbe, z. B. Aquarell, Acryl oder Marker
- ausgedruckte oder digitale Vorlage

Da die Vorlage sehr detailliert ist, ist es wichtig, die vorhandenen Formen in der Zeichnung zu stilisieren. Dieses Übungsprojekt hilft dir, den Blick auf das Wesentliche einer Vorlage zu schärfen.

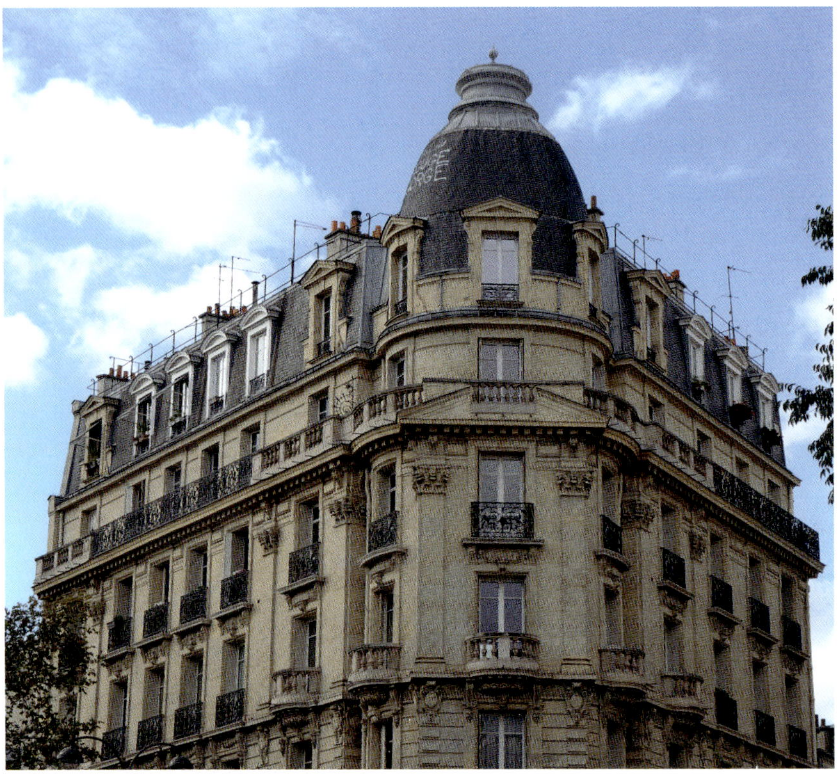

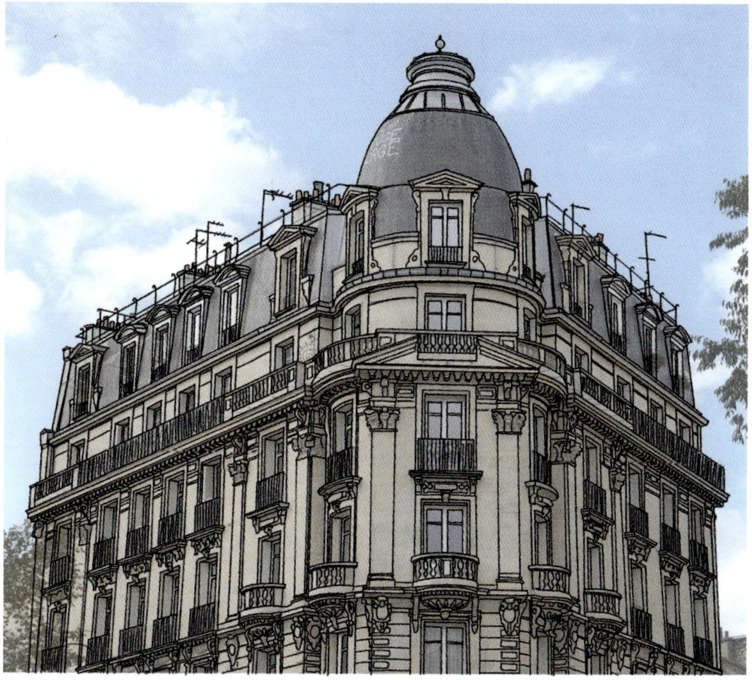

1

Beginne im ersten Schritt damit, die Umrisse des Gebäudes mit dem Bleistift abzupausen. Arbeite dich am besten von Stockwerk zu Stockwerk vor. Bei den geraden Linien in der Flucht kannst du ein Lineal zur Hilfe nehmen. Achte darauf, nicht zu detailliert zu werden. Beispielsweise kannst du die Geländer abstrahieren, indem du ihre Muster und Verzierungen nur andeutest.

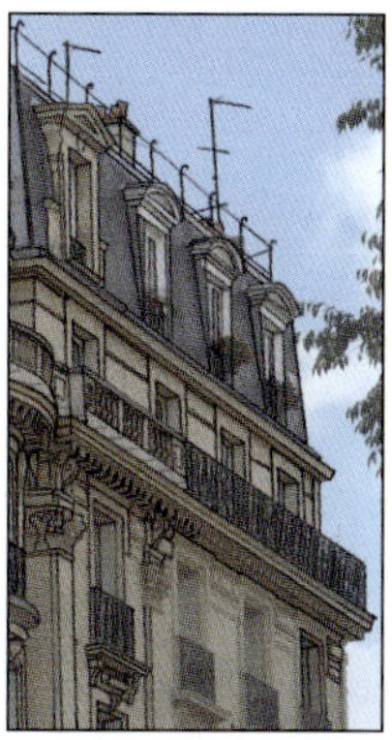

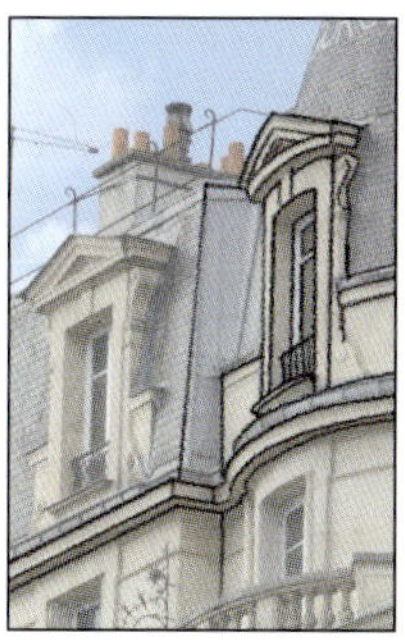

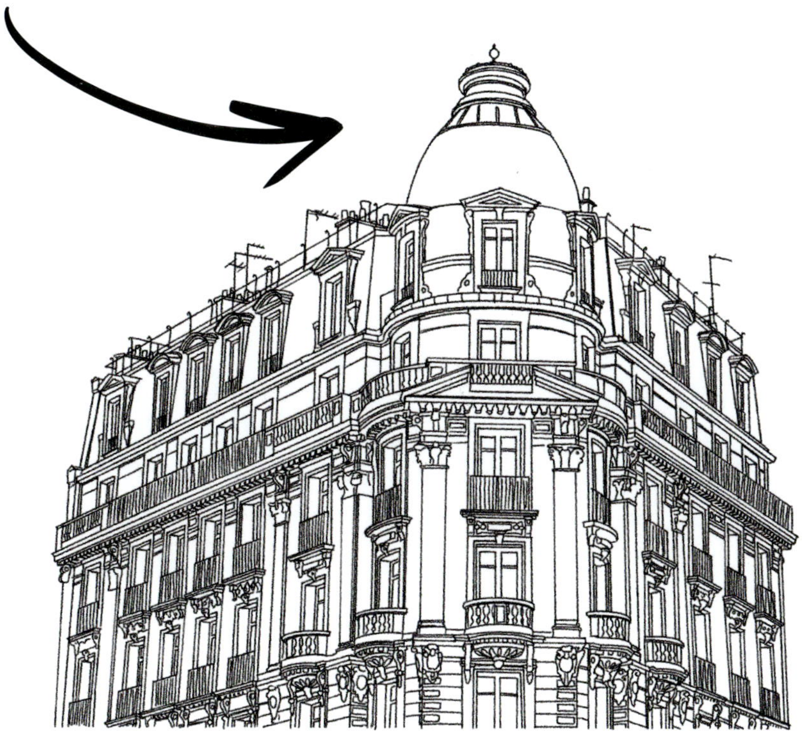

2

Zeichne nun die Outlines deiner Skizze mit dem schwarzen Fineliner nach. Arbeite wieder von Stockwerk zu Stockwerk.

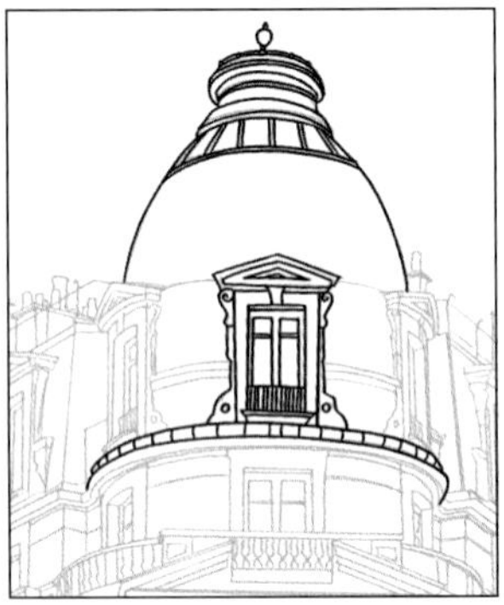

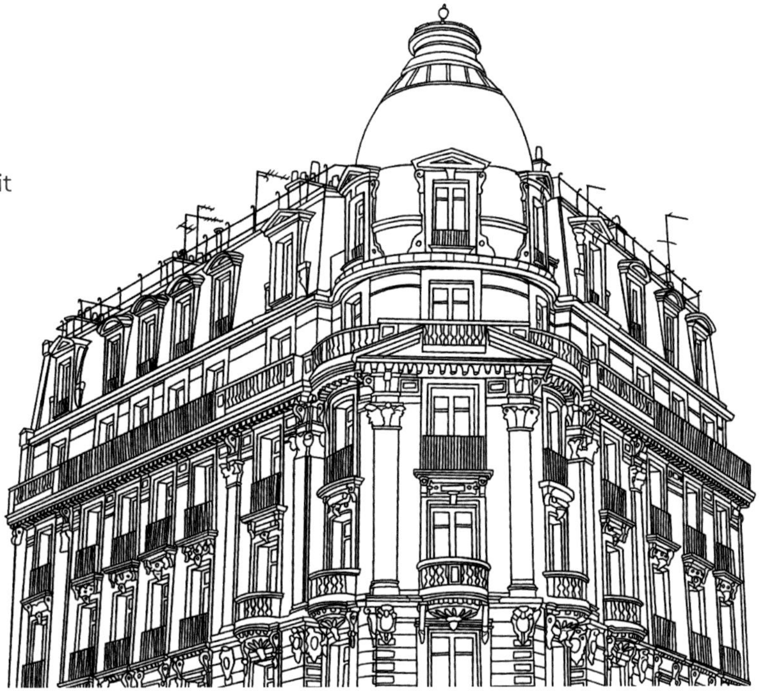

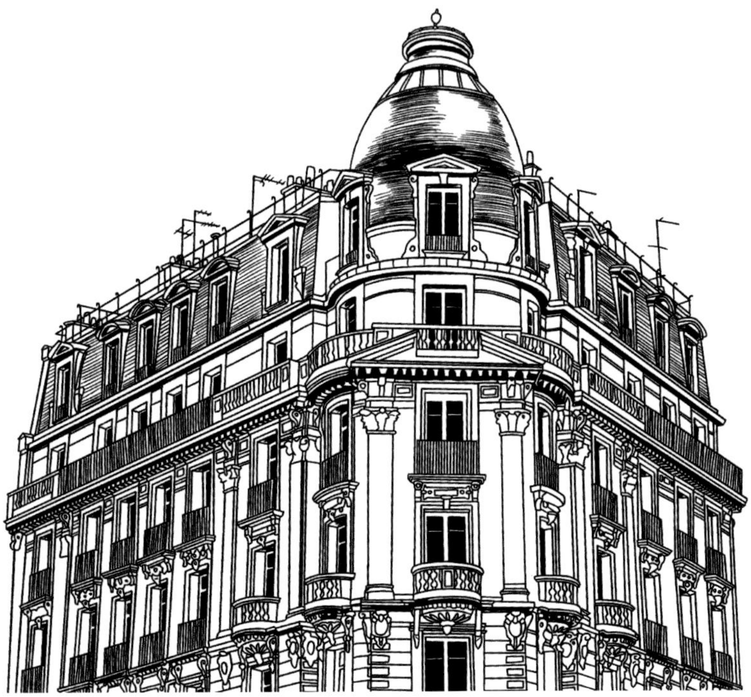

3

Zeichne im nächsten Schritt mit dem Fineliner Schatten und Strukturen ein. Da das Licht von links oben auf das Gebäude trifft, erscheinen Flächen auf der linken Seite und unter Vorsprüngen dunkler. Zeichne sie mit dem Fineliner schwarz nach. Die Fenster wirken optisch dunkler als der Rest. Um das auf einfache Weise darzustellen, malst du die Scheiben flächig schwarz aus. Die Struktur des Daches gelingt dir mit feinen, horizontalen Linien.

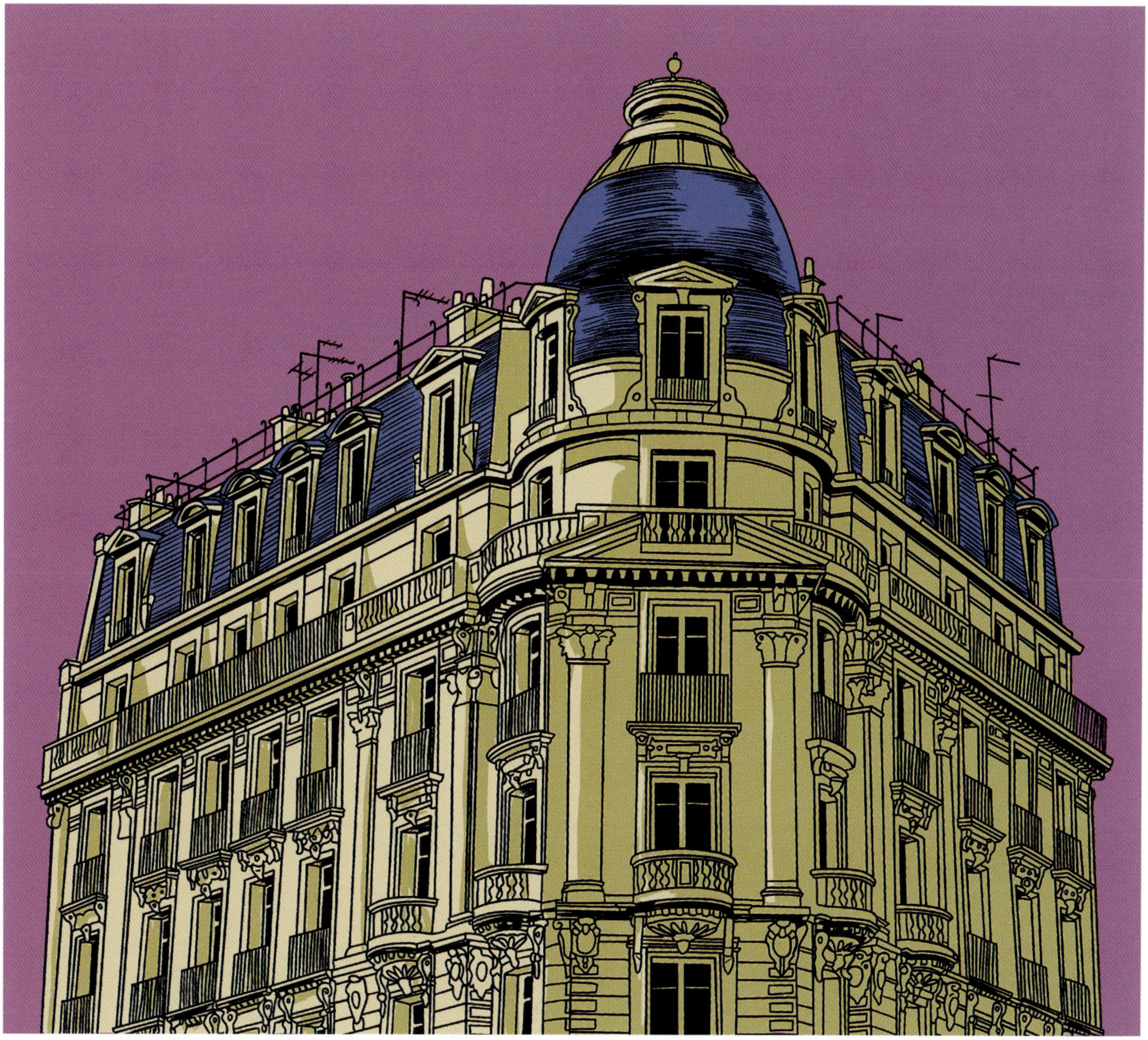

4

Im letzten Schritt kannst du deiner Illustration durch Kolorieren eine spannende Wirkung verleihen. Male mit Farben deiner Wahl, beispielsweise mit Markern, die Outlines aus. Du brauchst hierfür keine realistischen Farben zu wählen. In meiner Illustration ist der Himmel beispielsweise pink. Dadurch entsteht ein Simultankontrast (s. Seite 99) zur Fassade und das Gebäude tritt optisch hervor.

BERGLANDSCHAFT

Flat-Art ●○○

Urlaub in den Bergen oder am Meer? Das ist eine Frage, die viele Reisende jedes Jahr beschäftigt. Beim Zeichnen ist jedoch schnell klar: Berglandschaften sind die spannenderen Zeichenmotive.

WAS DU BRAUCHST

- Hardware zum digitalen Abpausen
- digitales Zeichenprogramm
- digitale Vorlage

Landschaftszeichnung bedeutet nicht zwingend, ein klassisches Gemälde anfertigen zu müssen. Landschaften kannst du auch prima im abstrakten und einfachen Flat-Art-Stil zeichnen, wodurch eine sehr moderne Wirkung entstehen kann!

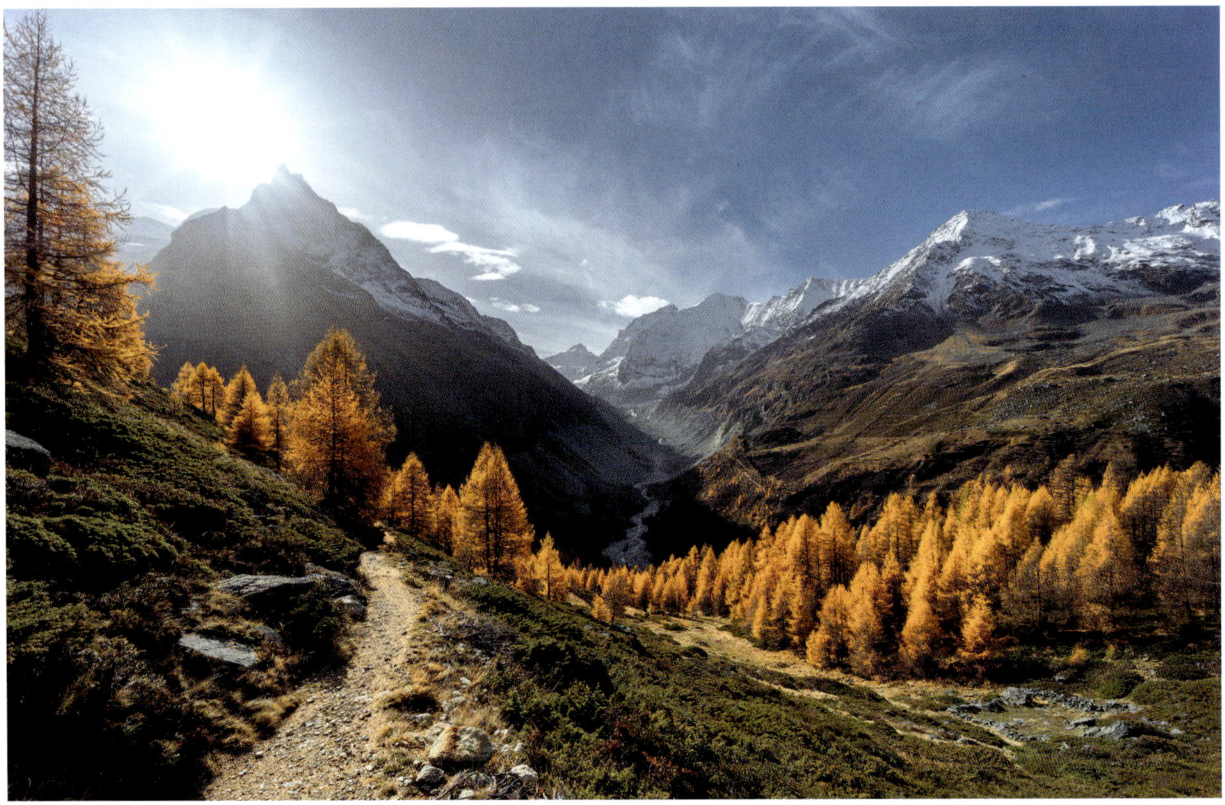

1

Erstelle eine neue Ebene und platziere diese über der Vorlage. Stelle die Deckkraft der Vorlage auf 50% Transparenz, um besser zu sehen, was du zeichnest. Zeichne im ersten Schritt die Outlines nach. Achte hierbei darauf, die einzelnen Bildebenen klar voneinander zu trennen. Der Wald, der in der Vorlage den Vorder- vom Hintergrund optisch voneinander trennt, hilft dir, den Überblick zu behalten.

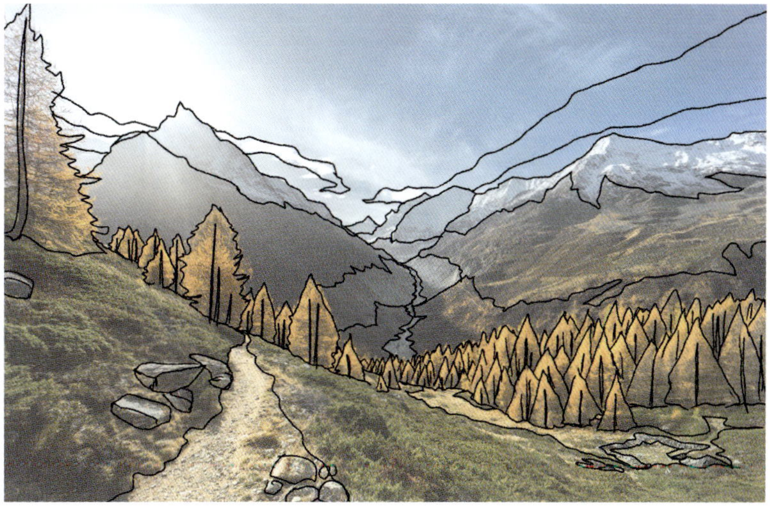

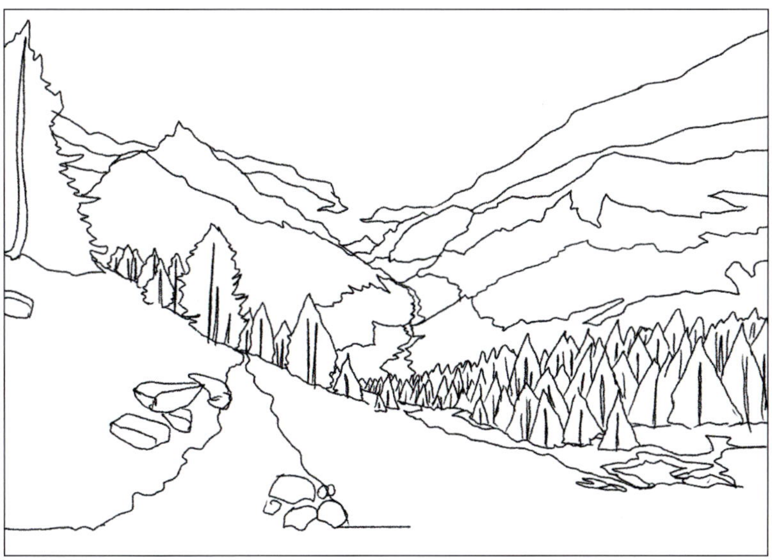

Abstrahiere die Formen stark und achte darauf, nicht zu viele Details einzuzeichnen. Blende zum Schluss die Ebene mit der Vorlage aus, um zu sehen, wie du die Outlines getroffen hast.

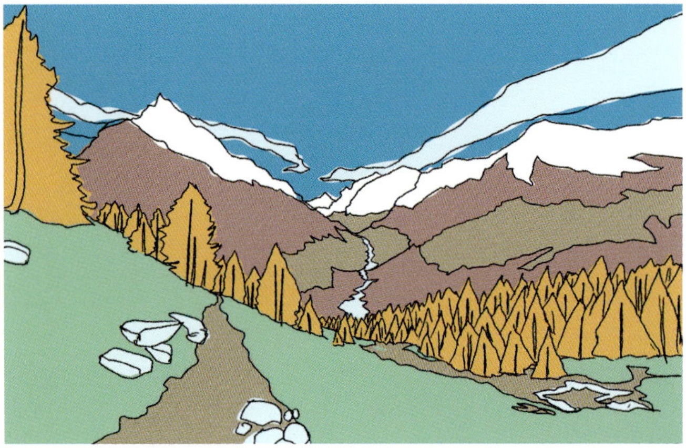

2

Ändere die Sichtbarkeit der Outline-Ebene auf ca. 50% Transparenz. Nun folgt die Kolorierung. Erstelle unter der Vorzeichnung für jede Farbe eine neue Ebene. Auf diesen Ebenen zeichnest du die Farben mit Hilfe der Outlines deckend ein. Achte hierbei auf die Reihenfolge der Ebenen.

3

Wenn du alle Farben gezeichnet hast, blendest du die Ebene der Vorzeichnung aus. Kleine Lücken zwischen den einzelnen Ebenen kannst du nun einfacher korrigieren.

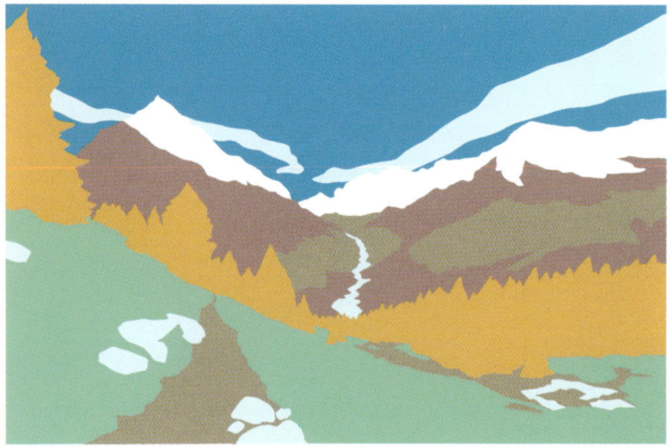

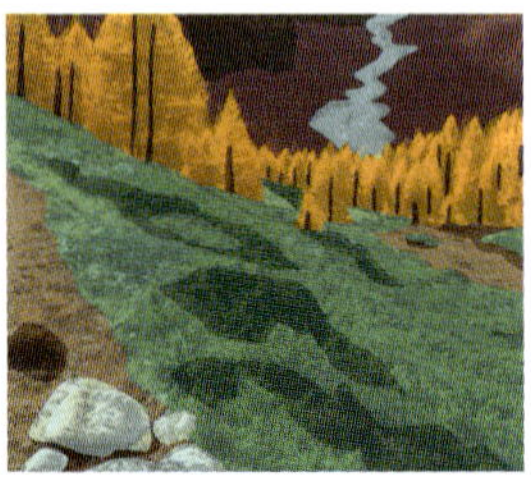

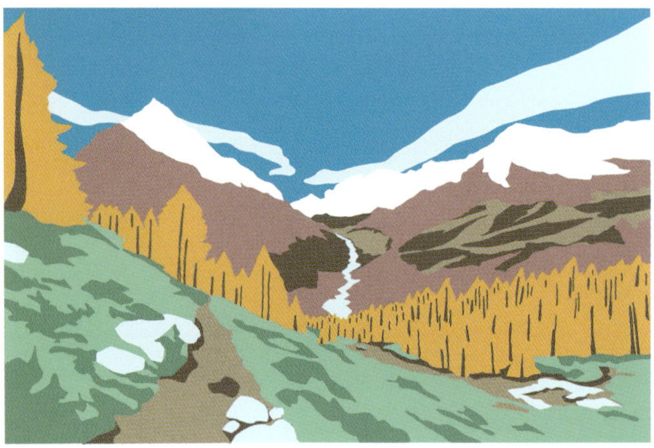

4

Im nächsten Schritt fügst du Schatten und Details wie die Baumstämme der Nadelbäume in deine Zeichnung ein. Du kannst hierfür die Vorlage zur Hilfe erneut einblenden – schiebe sie über alle anderen Ebenen und stelle ihren Ebenenmodus auf „Multiplizieren", damit sie durch deine bereits gezeichneten Farben durchscheint.

5

Im letzten Schritt kannst du weitere Schatten und Highlights setzen. Nutze hierfür einen Pinsel mit Airbrush-Optik. Erstelle für jede Farbe eine eigene Ebene und platziere sie als Schnittmaske auf der Farbebene, auf die du sie beziehen möchtest. Platziere die Ebene mit den Schatten beispielsweise direkt über die Ebene der Bergmassive. Die Highlights auf den Bäumen sollten sich über der Ebene der Bäume befinden.

TIPP

Nutze für die Highlights auf den Bäumen und die Baumstämme jeweils eine eigene Schnittmaske.

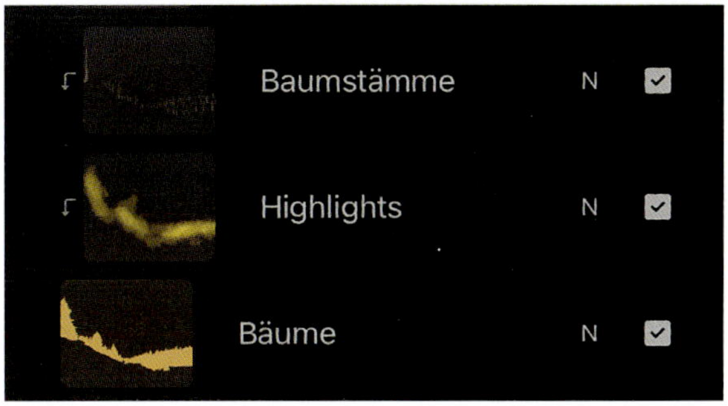

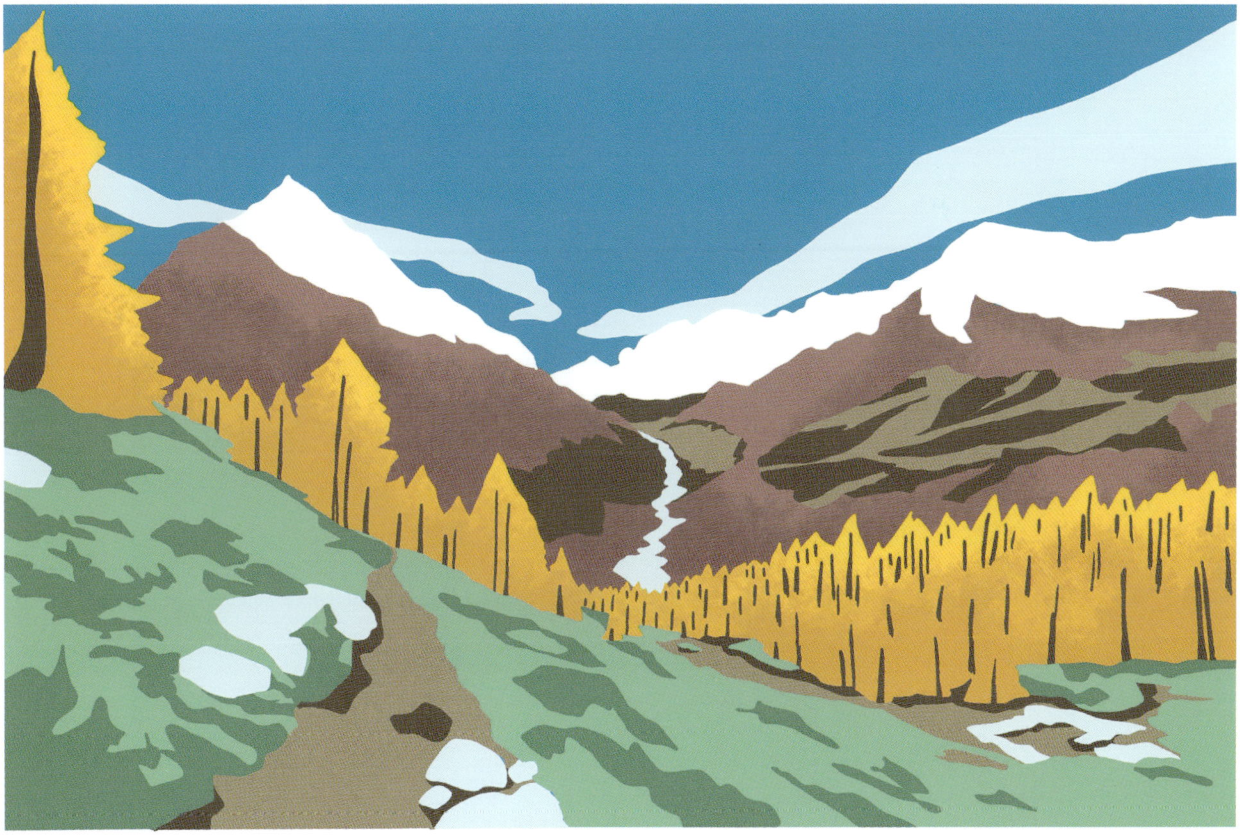

POOLPARTY

Buntstiftzeichnung ●●●

Durch Lichtreflexe im Wasser können spannende Strukturen entstehen. Hol dir den Sommer auf den Schreibtisch – mit diesem Motiv eines Schwimmrings im Swimmingpool!

WAS DU BRAUCHST

- Material zum analogen Abpausen
- Papier
- Buntstifte in Gelb, Orange, Türkis mittel, Türkis dunkel, Hellblau, Dunkelblau , Weiß
- evtl. Gelstift in Weiß
- ausgedruckte oder digitale Vorlage

In diesem Übungsprojekt vertiefst du deine Kenntnisse in der Buntstiftzeichnung. Die starken Kontraste der Vorlage bieten einen idealen Einstieg in eine etwas realistischer wirkende Zeichnung. Zum Abpausen nutzt du am besten ein Lightpad.

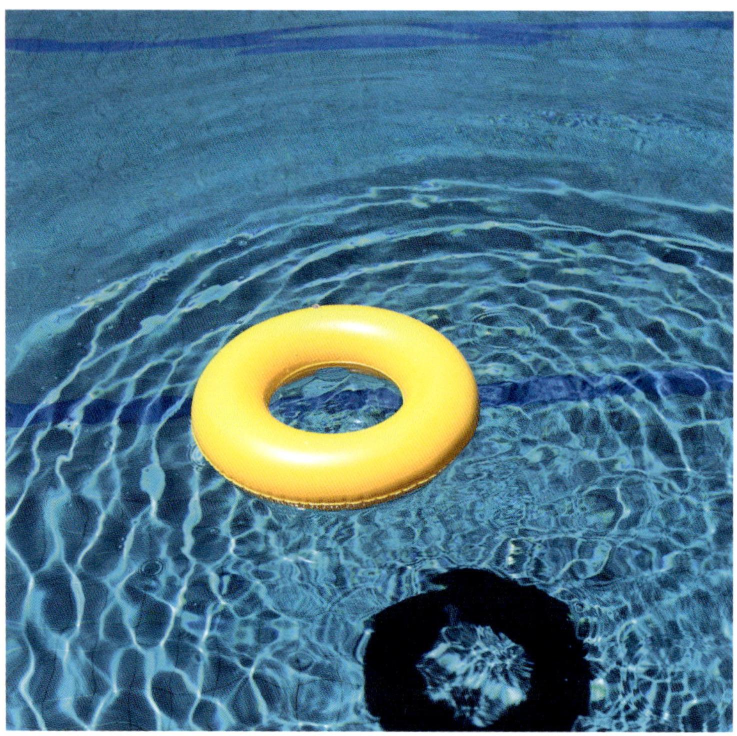

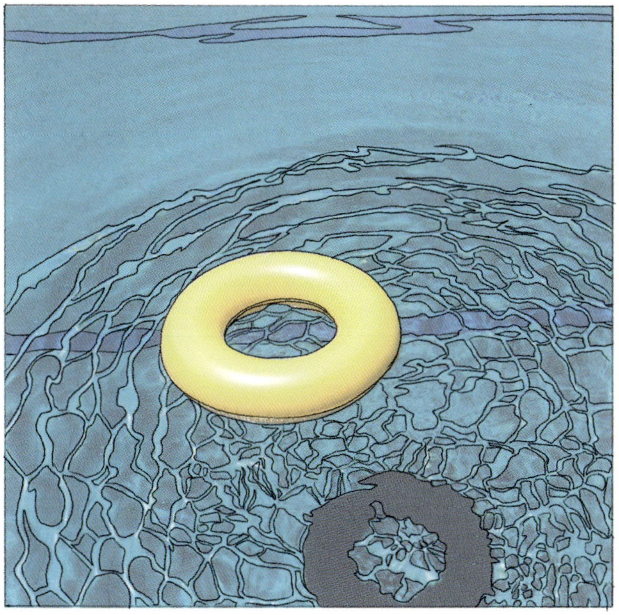

1

Beginne damit, die Umrisse des Motivs mit Buntstiften auf das Zeichenpapier über deiner Vorlage zu zeichnen. Verwende jeweils eine andere Farbe für den Schwimmring und die Bewegungen des Wassers. Nutze für den Schwimmring ein knalliges Gelb und für das Wasser ein mitteldunkles Türkis.

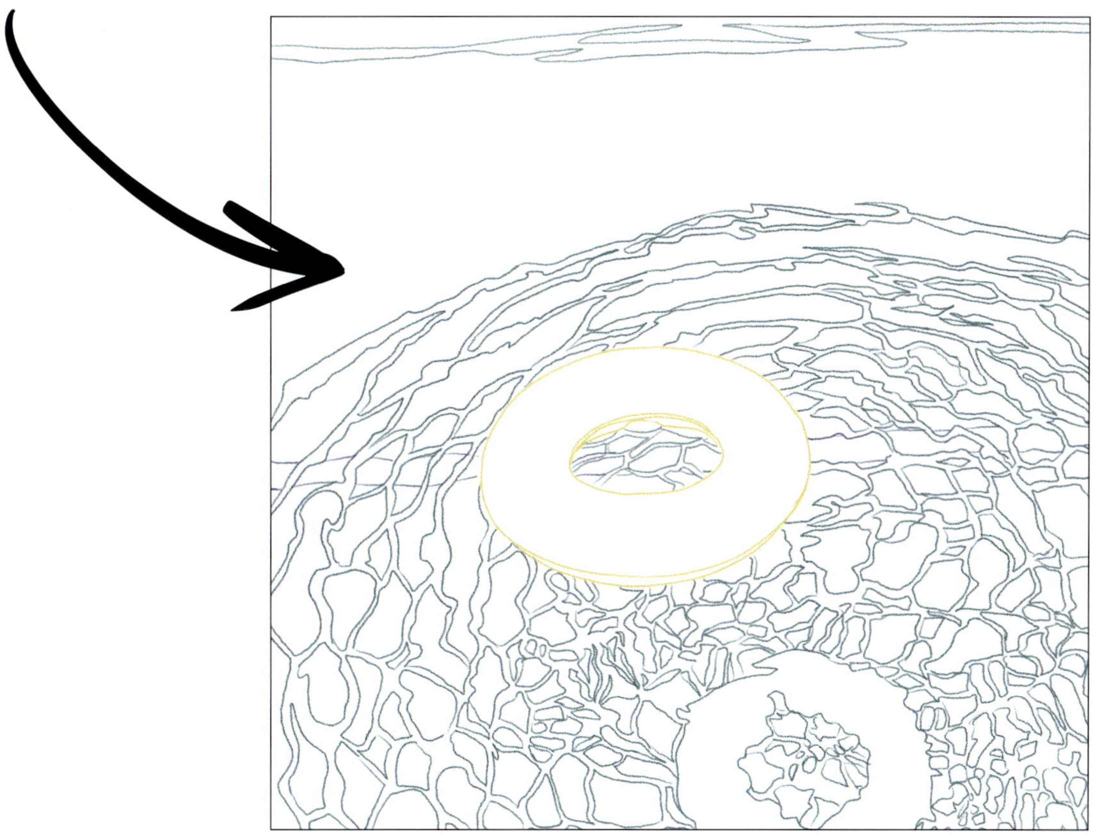

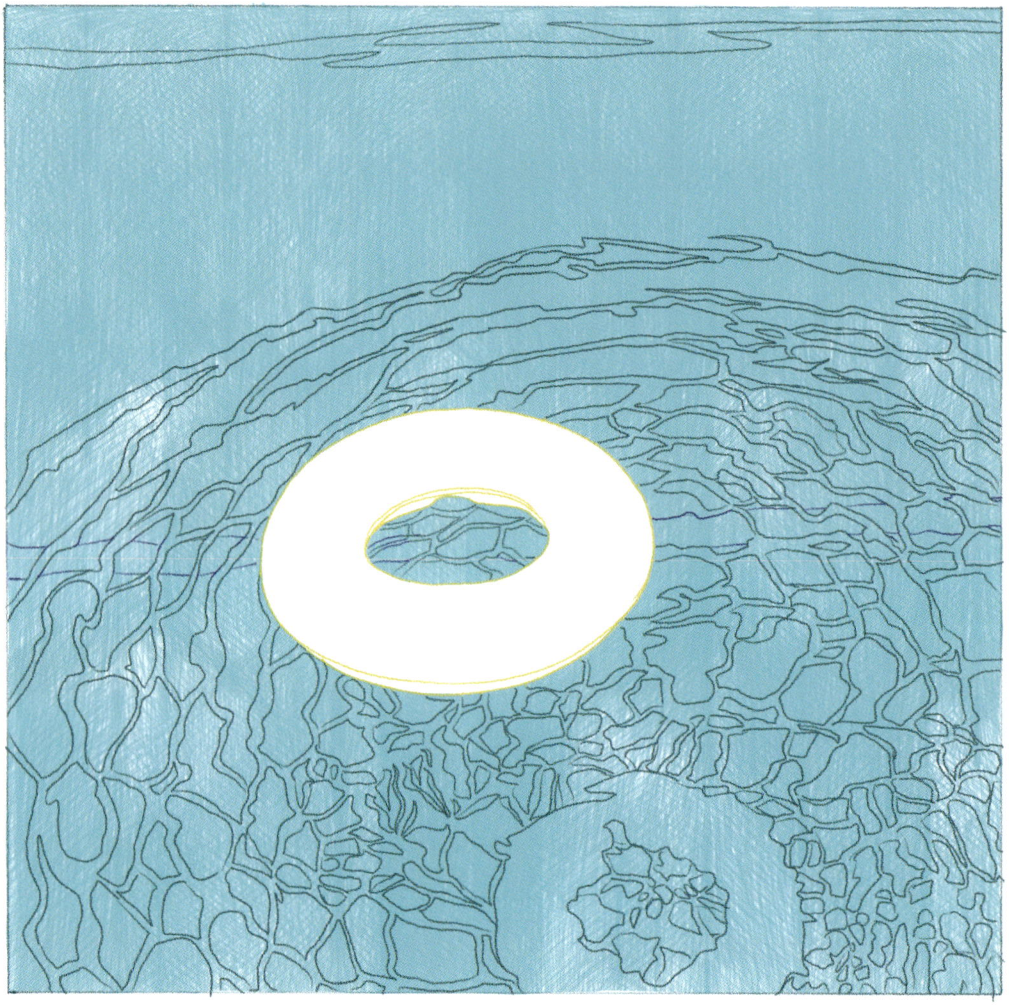

2

Beginne im nächsten Schritt damit, deine Vorzeichnung zu kolorieren. Starte mit dem Wasser: Nutze hierfür einen hellblauen Buntstift und schaffiere damit den gesamten Bereich des Wassers. Achte darauf, durch Kreuzschraffuren eine möglichst harmonische Fläche zu erzeugen. Vereinzelte weiße Stellen im Bild sind nicht schlimm und geben der Zeichnung das charakteristisch Aussehen einer Buntstiftzeichnung.

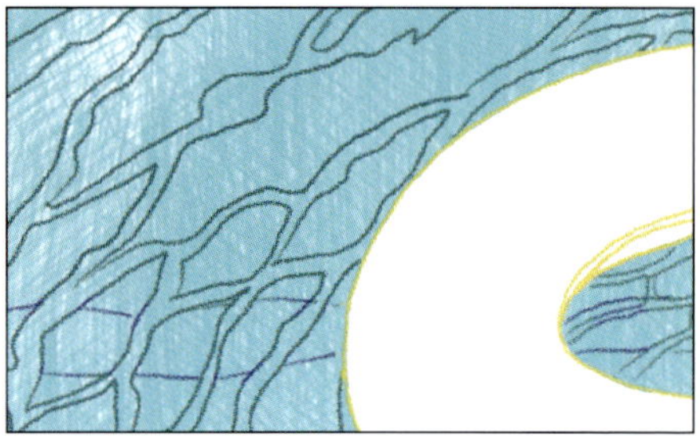

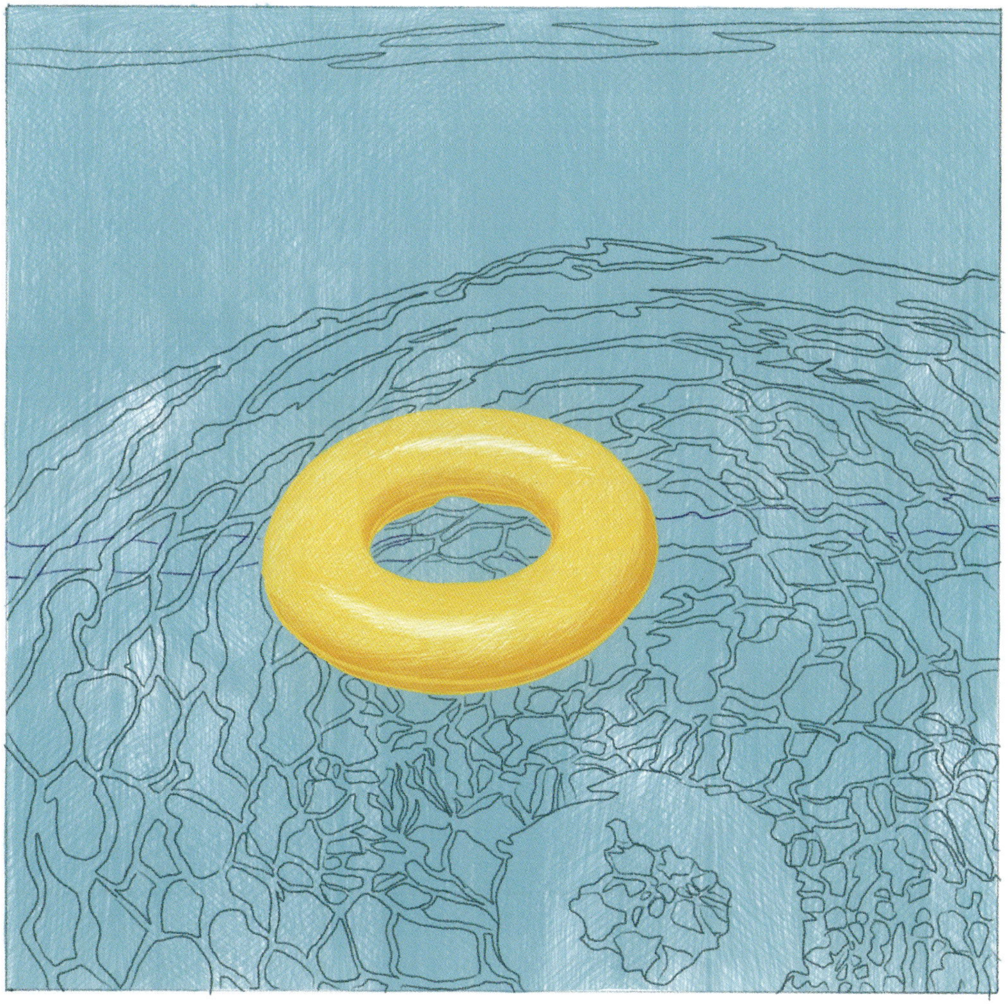

3 Koloriere nun auch den Schwimmring. Nutze hierfür den gleichen Buntstift, den du bereits für die Outline verwendet hast. Schraffiere die Fläche deckend, aber spare zwei helle, längliche Stellen auf der Oberfläche aus – diese wirken weiß, da sich hier die Lichtreflexe der Sonne befinden. Zeichne anschließend mit einem orangefarbenen Buntstift Schatten an den dunkelsten Stellen des Schwimmrings ein.

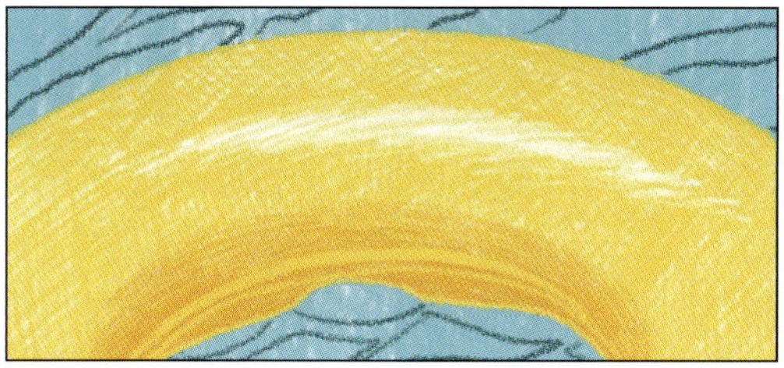

SO KLAPPT'S

Für die Lichter auf dem Schwimmring kannst du auch einen weißen Stift, beispielsweise einen Gelstift, als Highlighter verwenden.

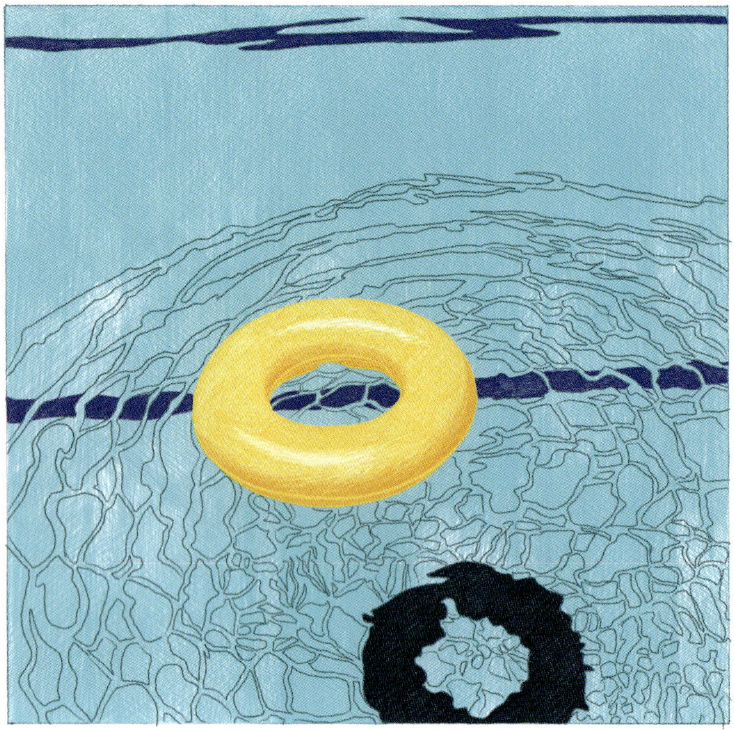

4

Koloriere nun die Markierung auf dem Beckenboden und den Schatten des Schwimmrings. Verwende einen dunkelblauen Buntstift für die Markierung und einen dunklen, türkisfarbenen Buntstift für den Schatten.

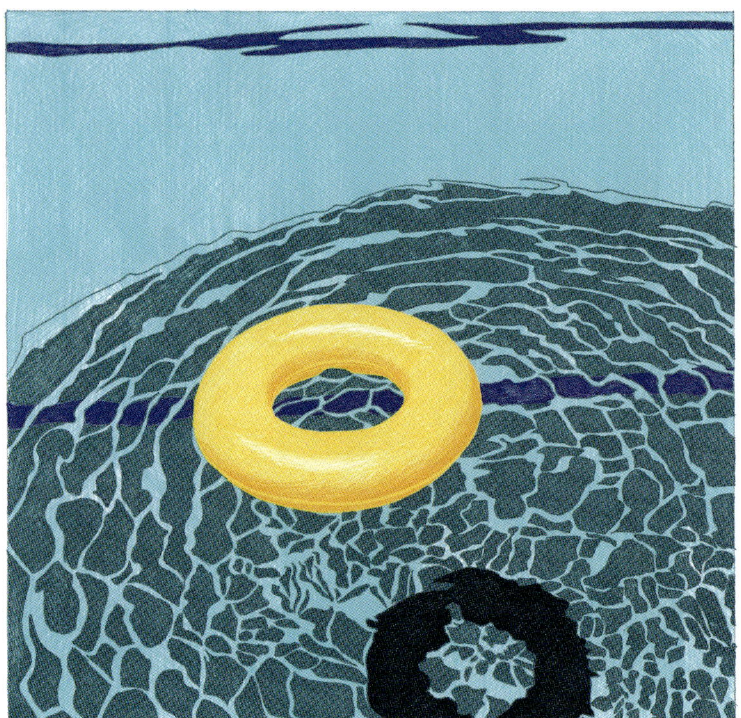

5

Im nächsten Schritt kolorierst du das bewegte Wasser. Nutze hier wieder den gleichen Buntstift, den du bereits für die Outline verwendet hast.

6

Trage nun mit dem gleichen Buntstift mittels Schraffur eine zweite Schicht Farbe auf der Wasseroberfläche am Rand des soeben kolorierten Bereichs auf. Diese Farbschicht erzeugt einen weichen Übergang von den dunkleren, bewegten Stellen im Wasser zum ruhigeren Bereich im oberen Drittel des Bildes, das dadurch heller erscheint. Du erreichst diesen Übergang durch Kreuzschraffur und einen sanften Farbauftrag.

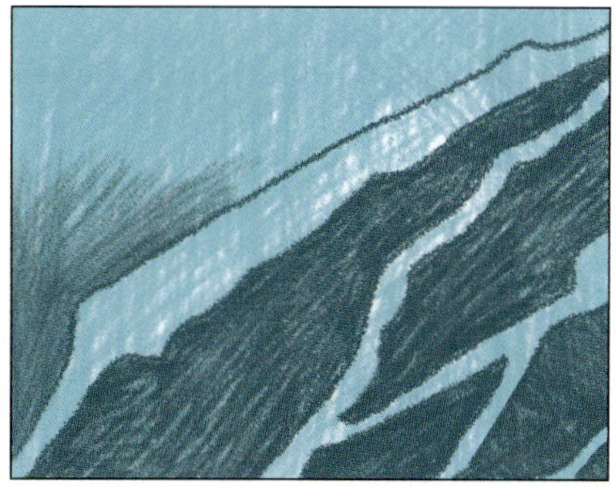

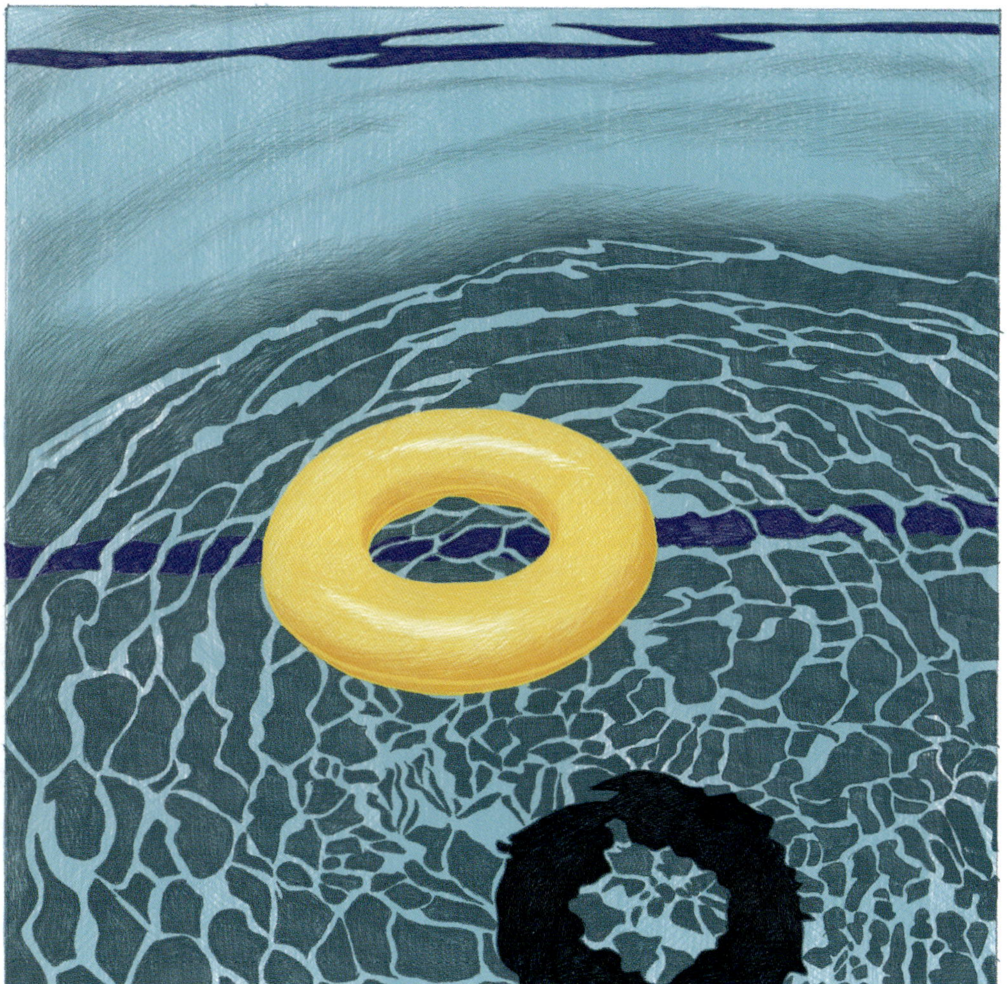

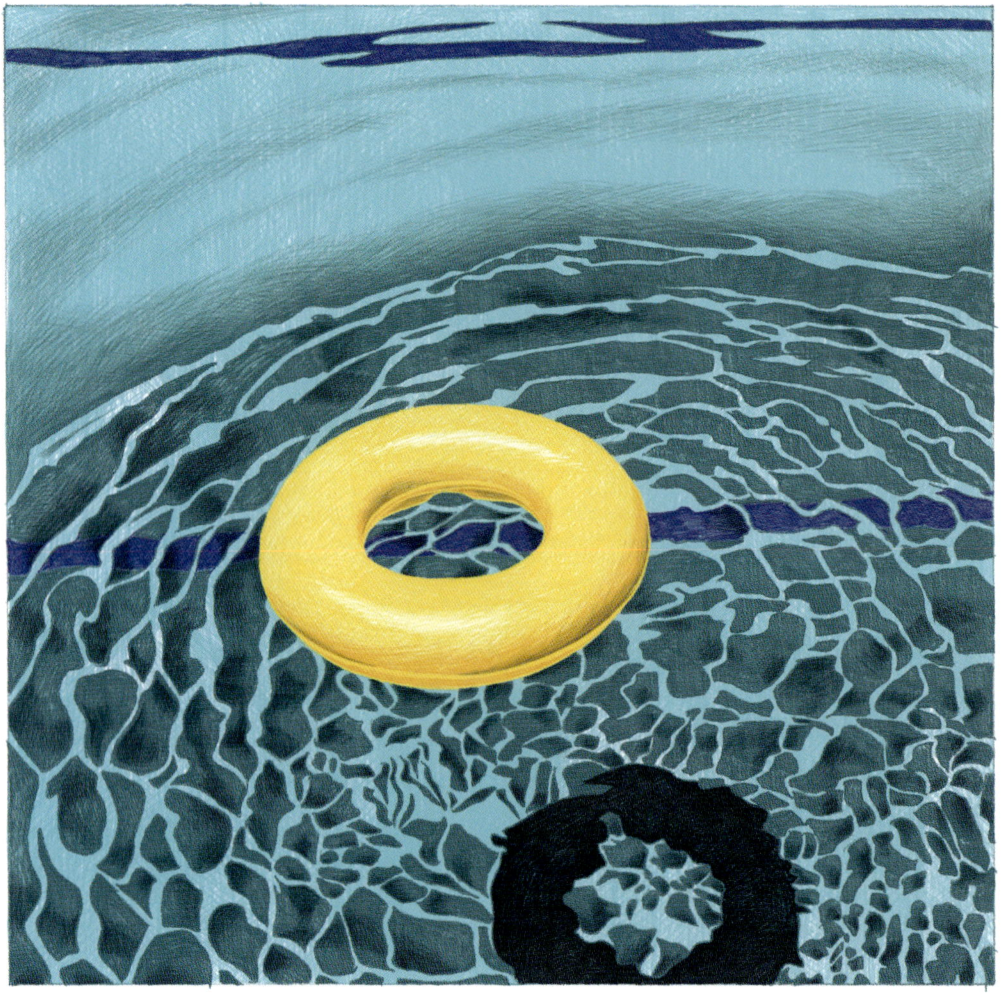

7

Nun kannst du zu deinem dunklen, türkisfarbenen Buntstift greifen. Nutze diesen, um eine weitere Farbschicht auf die dunkelsten Stellen im Wasser aufzutragen, und um weitere Schatten auf dem Schwimmring einzuzeichnen. Indem du deiner Illustration diese Schatten hinzufügst, erzeugst du eine dreidimensionale Wirkung.

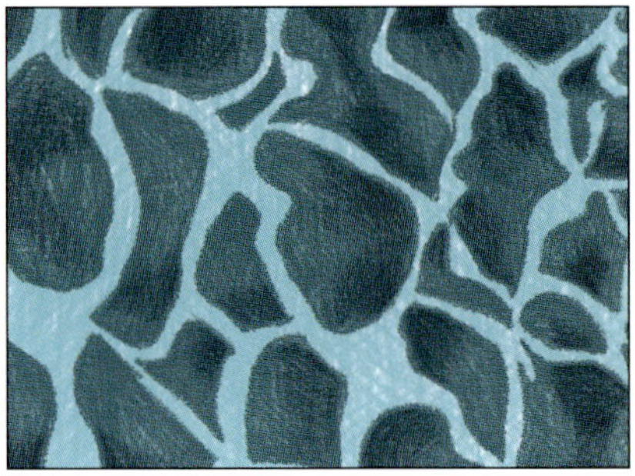

8

Im letzten Schritt setzt du mit einem weißen Bunt- oder Gelstift Highlights im Wasser und auf dem Schwimmring, um den Eindruck der Lichtreflexe zu verstärken. Dies lässt deine Zeichnung lebendig wirken und hilft dabei, deine Illustration dreidimensional erscheinen zu lassen.

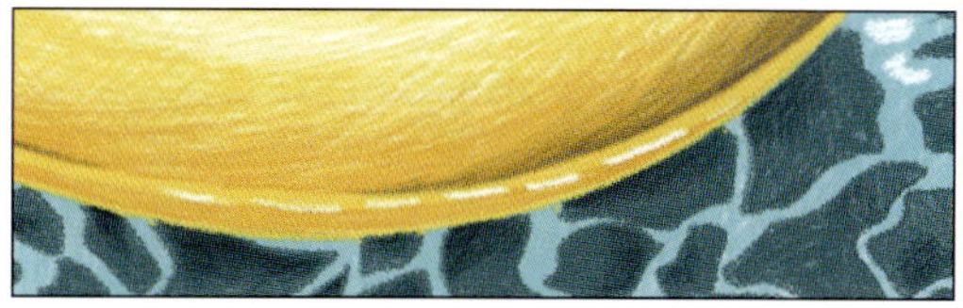

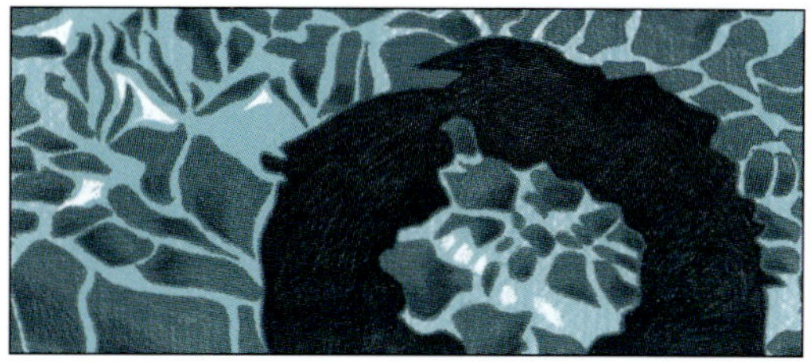

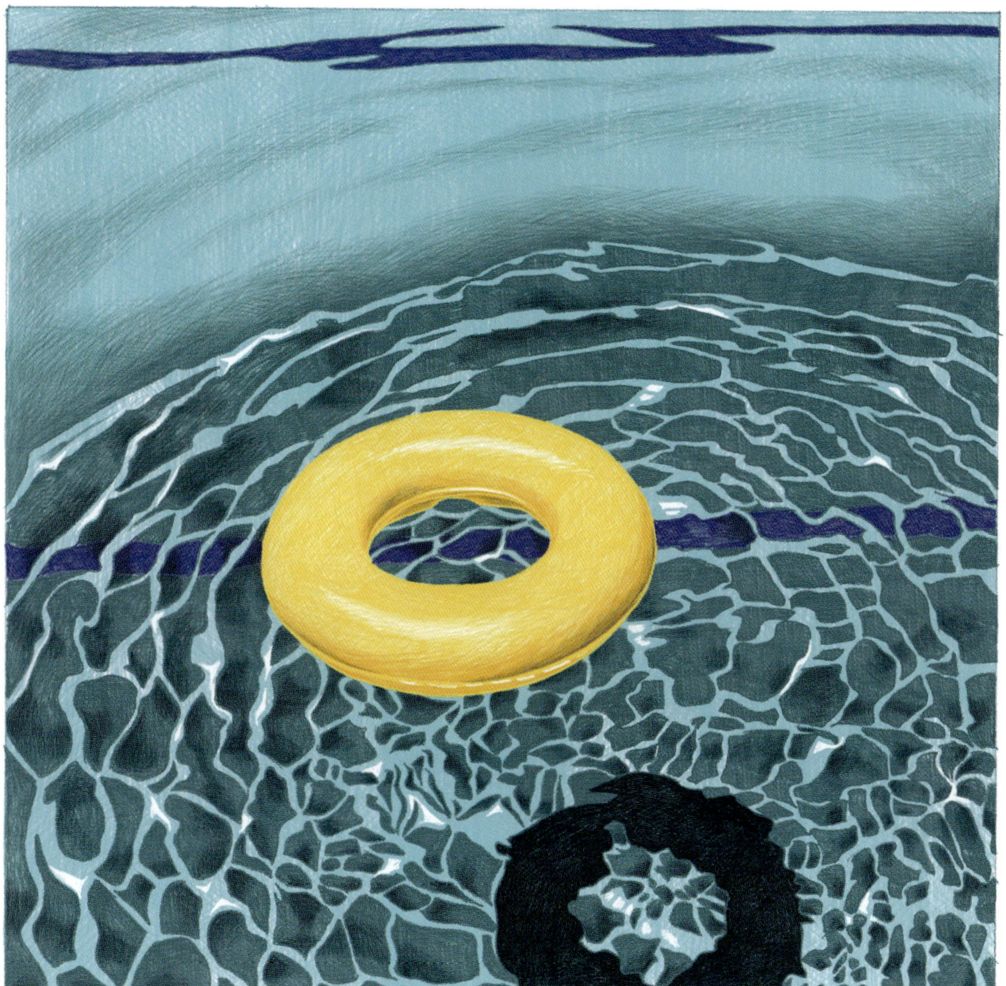

TIERE

Im Tierreich geht es bunt zu und Farben dienen hier als wichtiges Medium der Kommunikation. In diesem Kapitel tauchst du mit Hilfe von tierischen Weggefährten in die fantastische Welt der Farben ein – und lernst, wie du diese gezielt einsetzen kannst.

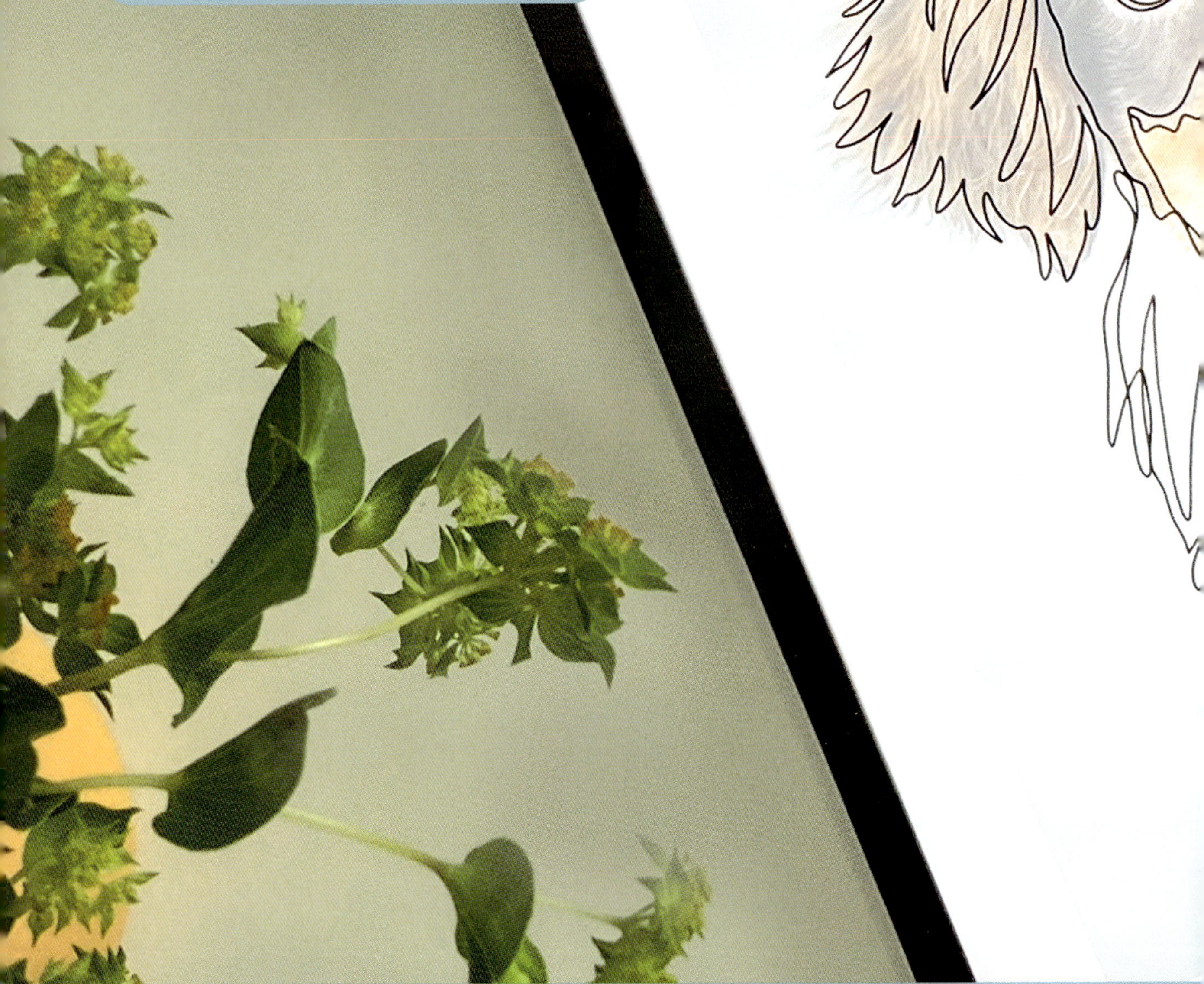

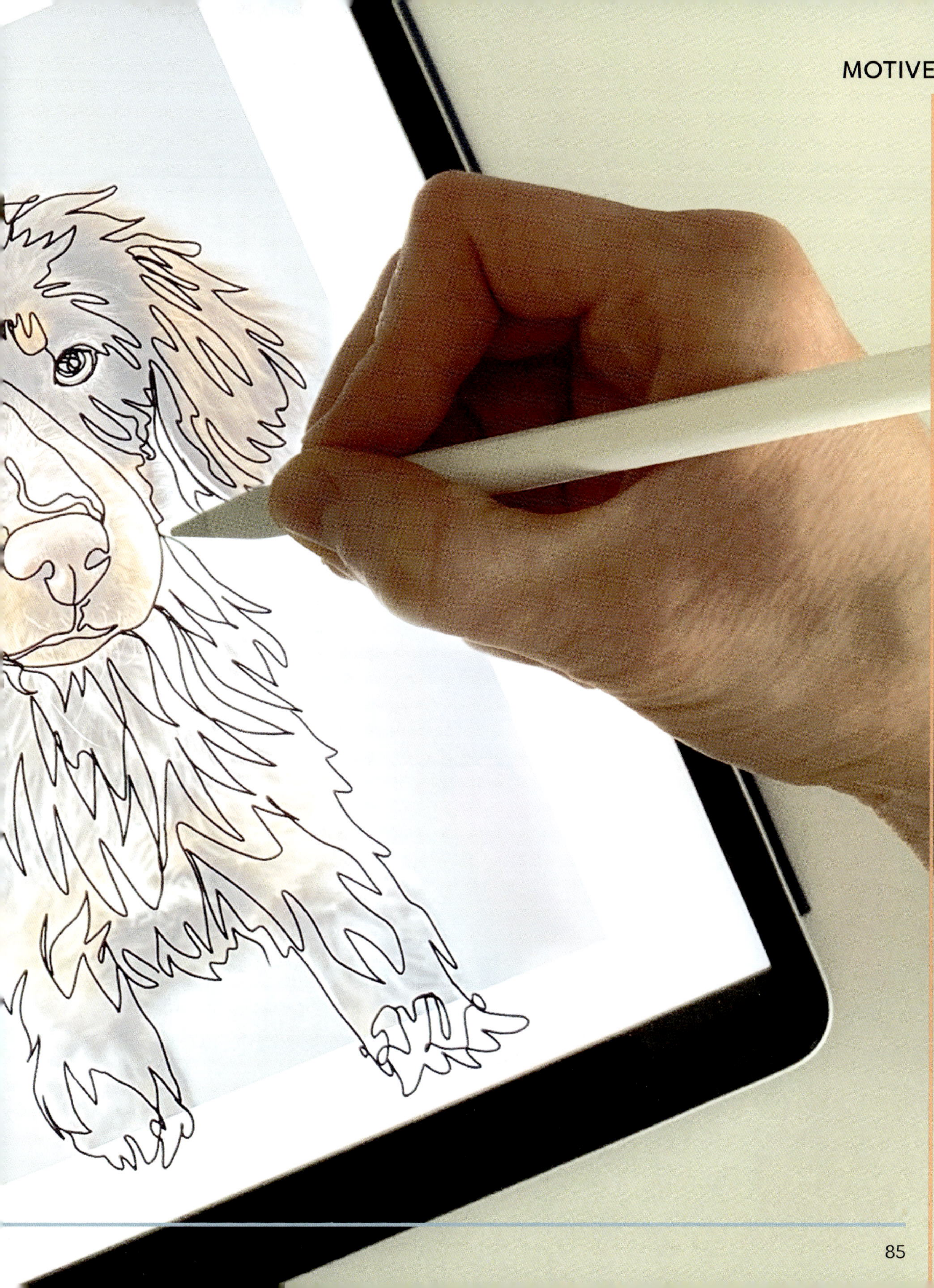

HUND One-Line

Es fällt schwer, den niedlichen Knopfaugen dieses Hundes zu widerstehen. Zum Glück musst du das auch nicht – du kannst ihn ja einfach zeichnen!

WAS DU BRAUCHST

- Material zum Abpausen, analog oder digital
- Fineliner
- Farben, z. B. Aquarell, Acryl oder Marker
- ausgedruckte oder digitale Vorlage

Zeichne in diesem Übungsprojekt das Porträt eines Hundes im One-Line-Stil. Besonders spannend wird es, dabei durch verworrene Linien die Fellstruktur darzustellen. Lerne außerdem, deine Zeichnung um „Unsichtbares" zu ergänzen!

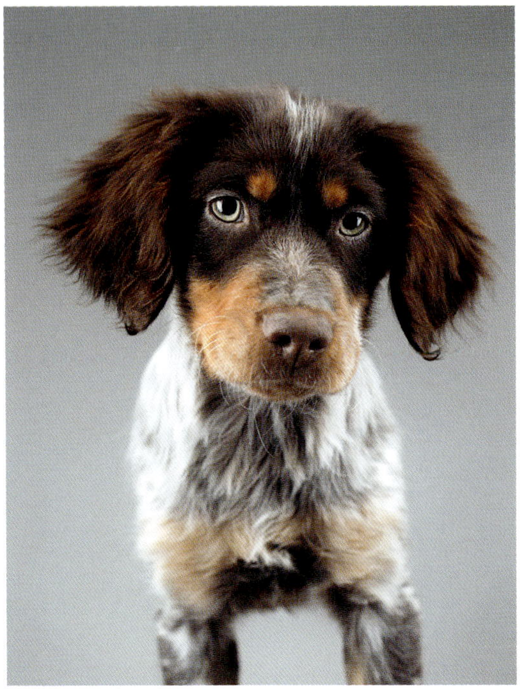

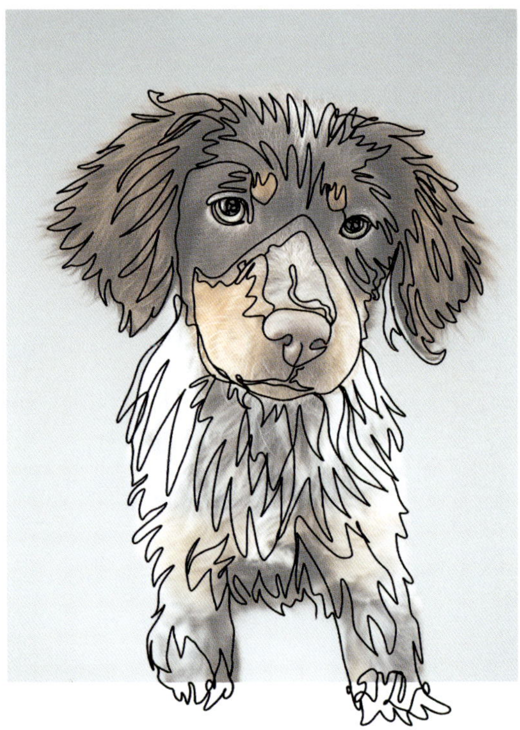

1

Beginne damit, die Umrisse des Hundes mit Fineliner auf das Zeichenpapier über deiner Vorlage zu übertragen. Die für den One-Line-Stil charakteristischen, offenen Enden der Linien sollten sichtbar sein. In meiner Zeichnung befinden sie sich zentral in der Mitte der Zeichnung an der Schnauze des Tieres. Diese Stelle eignet sich besonders gut dafür, weil die Linien hier weniger dicht verlaufen. Auch wenn die Spitzen der Hundepfoten auf dem Vorlagenfoto nicht zu sehen sind, solltest du sie trotzdem einzeichnen, um deiner Linie treu zu bleiben. Improvisiere einfach – dafür bietet sich dieser Stil geradezu an!

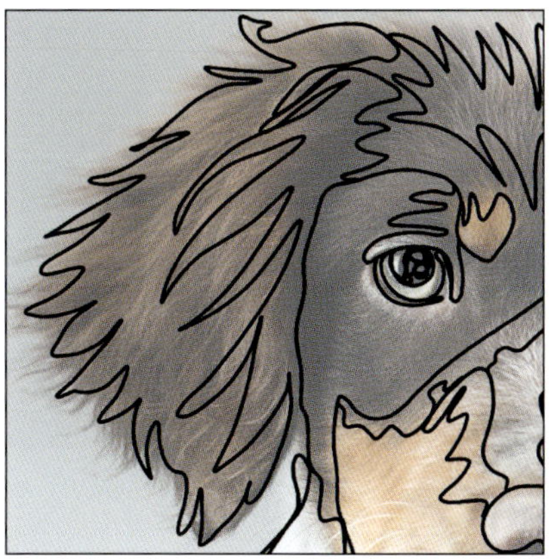

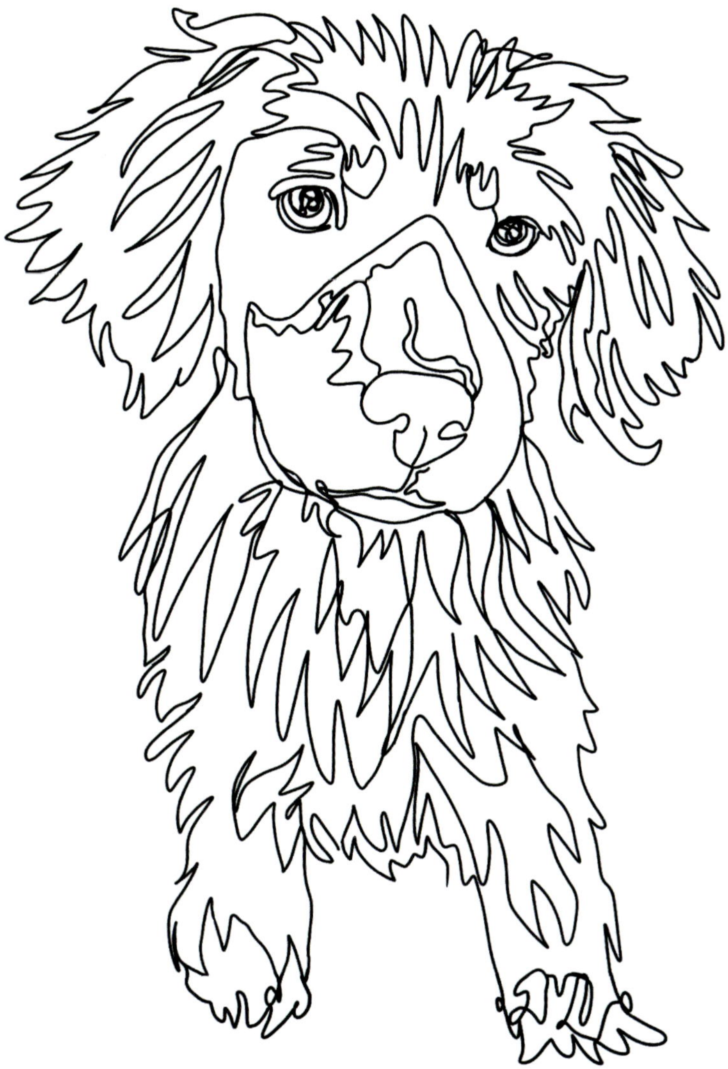

2

Im nächsten Schritt darfst du weiter improvisieren! Stell dir vor, der Hund freut sich, weil er dich sieht – natürlich würde er dann mit dem Schwanz wedeln, oder? Der Schwanz des Hundes ist auf der Vorlage jedoch nicht sichtbar. Kein Problem – zeichne ihn einfach über dem Kopf des Hundes ein.

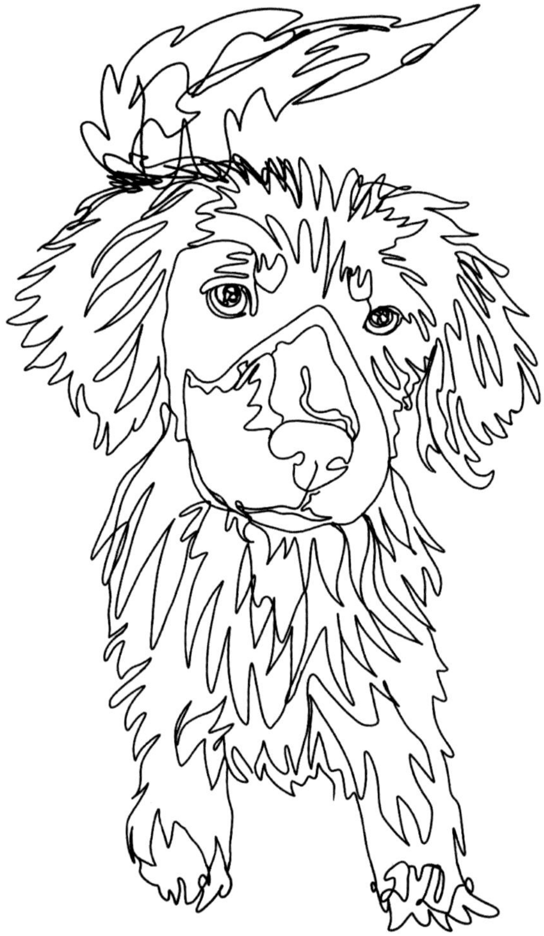

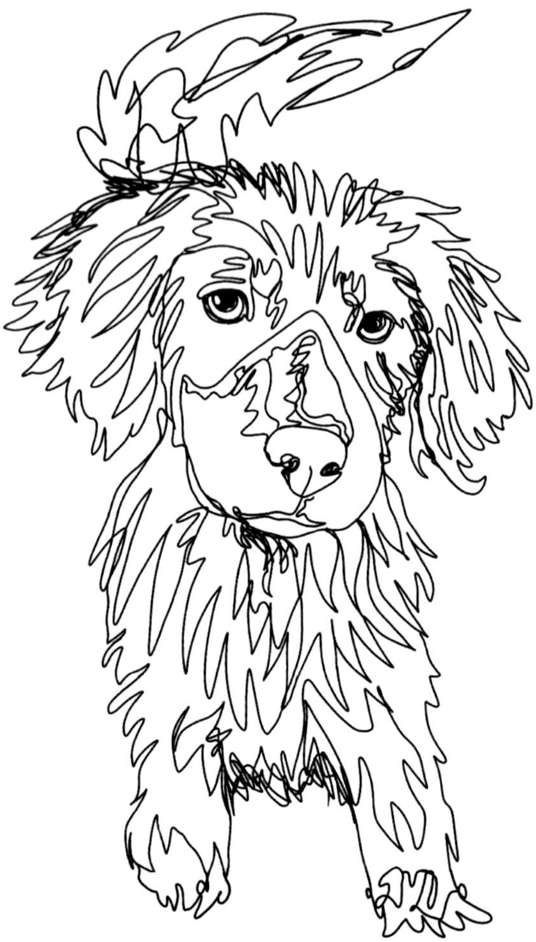

3

Füge nun Schatten in deine Zeichnung ein, indem du weitere Linien zeichnest, um durch Verdichtung dunkle Bereiche zu erzeugen. Zeichne Linien im Bereich des Bauches, unter der Schnauze und dort, wo das Ohr hinter dem Kopf verschwindet. Koloriere außerdem die Augen des Hundes schwarz, damit sie aus der Zeichnung herausstechen.

4

Im letzten Schritt kannst du dein Hundeporträt noch mit einem bunten Akzent verzieren. Male hierzu mit Farben deiner Wahl über die Zeichnung. Du kannst ganz locker und intuitiv vorgehen – die Outline muss nicht akkurat ausgemalt werden.

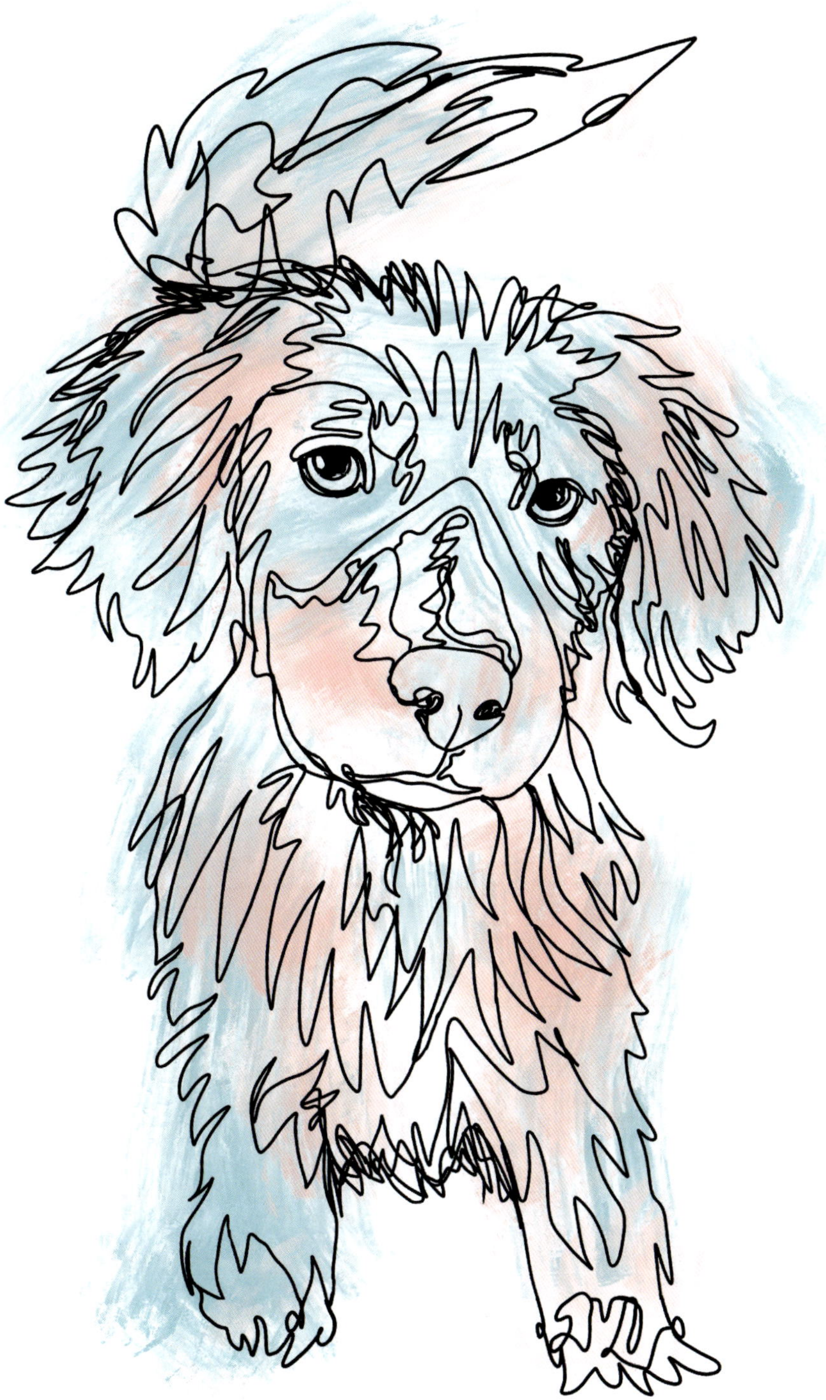

SCHMETTERLING

Line-Art

Schmetterlinge gibt es in unterschiedlichsten Farben und Formen. Der Schwalbenschwanz, den du in diesem Übungsprojekt zeichnest, ist einer der größten Tagfalter Mitteleuropas.

WAS DU BRAUCHST

- Material zum Abpausen, analog oder digital
- Bleistift
- Fineliner und Marker in Schwarz
- Gelstift in Weiß
- ausgedruckte oder digitale Vorlage

Die kontrastreiche Musterung des Schmetterlings eignet sich besonders gut für den ebenso kontrastreichen Line-Art-Stil. Lerne beim Zeichnen, wie du den farbenfrohen Schmetterling in eine spannende Schwarz-Weiß-Zeichnung verwandeln kannst.

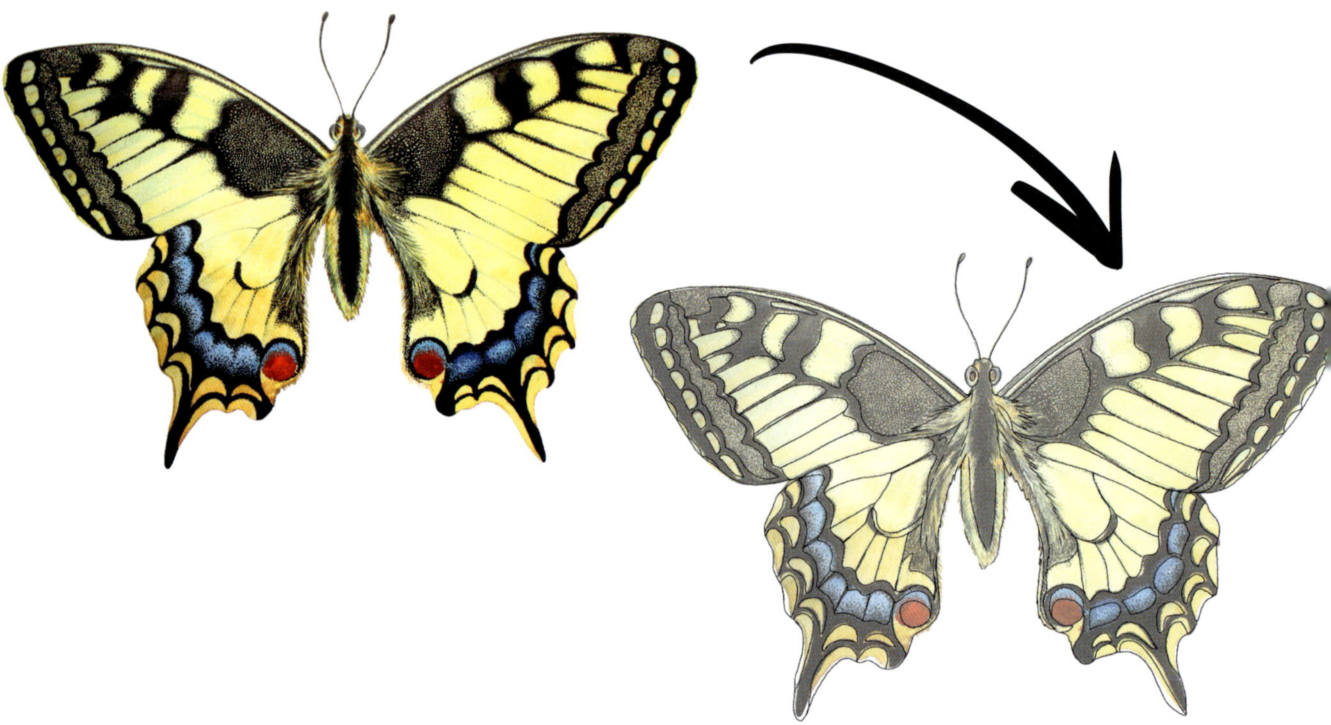

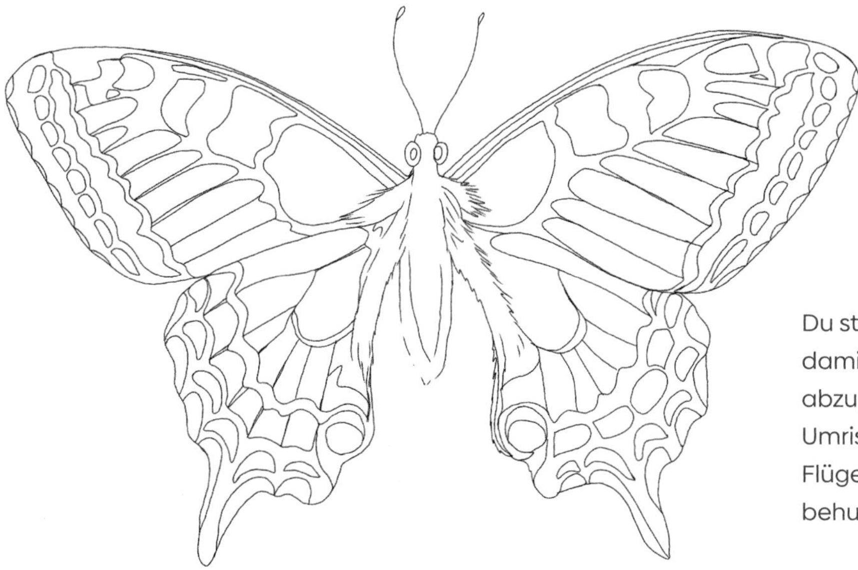

1

Du startest im ersten Schritt damit, den Schmetterling abzupausen. Beginne mit den Umrissen des Körpers und der Flügel und arbeite dich dann behutsam zur Musterung vor.

2

Zeichne nun die Bleistiftskizze mit deinem Fineliner nach. Entferne danach mit einem Radiergummi vorsichtig die Vorzeichnung. Schwärze im Anschluss die schwarzen Bereiche der Musterung auf den Flügeln mit dem Fineliner.

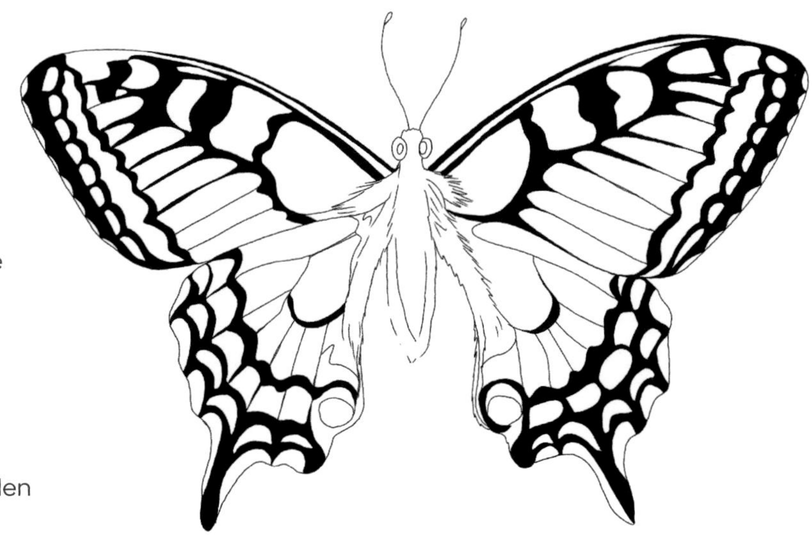

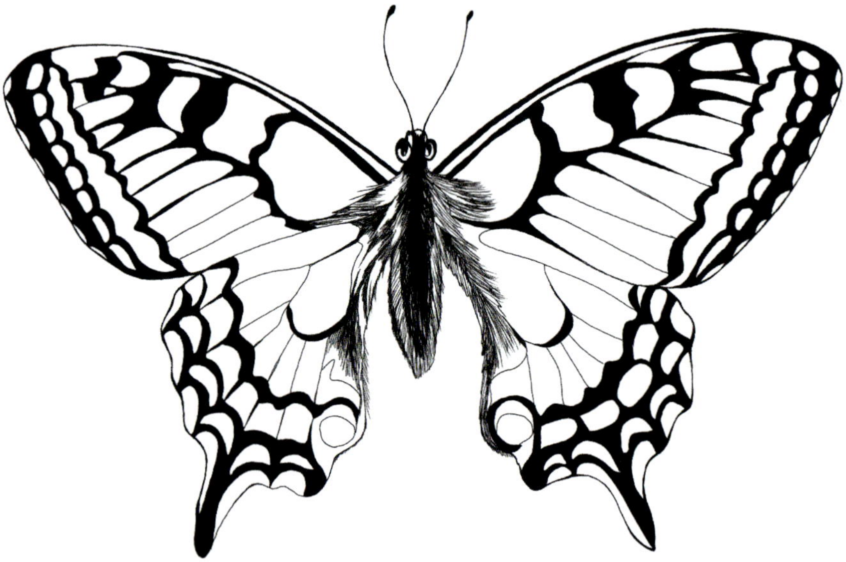

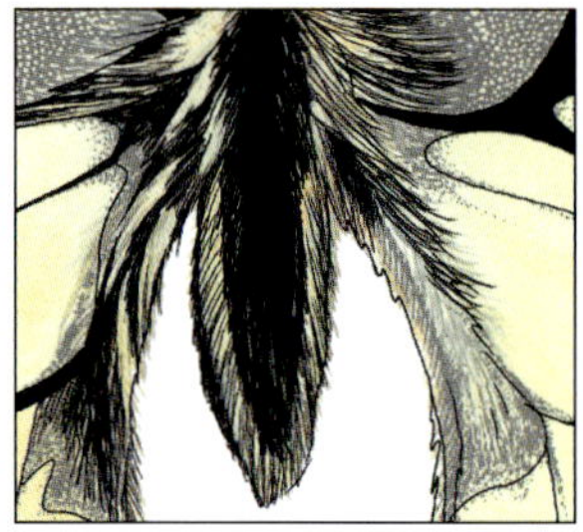

3

Beginne nun mit dem Schattieren und Einzeichnen von Details. Da der Körper des Schmetterlings behaart ist, kannst du diese Haare gut mit Schraffuren und feinen Linien in Wuchsrichtung darstellen.

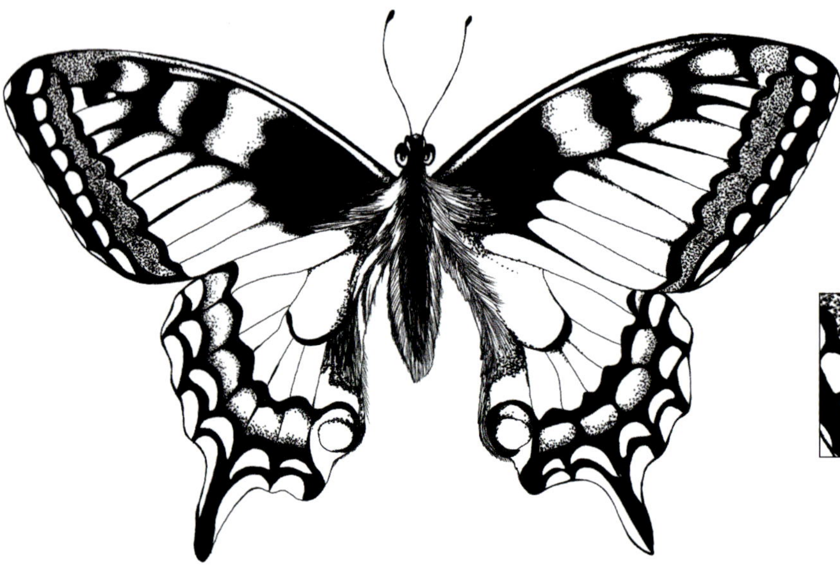

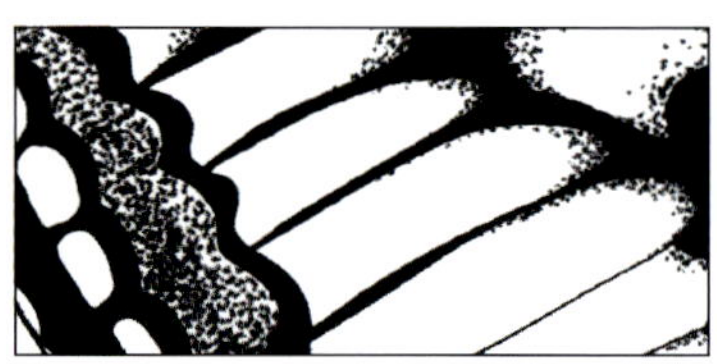

4

Widme dich nun dem Muster auf den Flügeln. Zeichne Punkte in die Bereiche ein, in denen die Flügel dunkel erscheinen. Die Bereiche am oberen Flügelrand, die fast schwarz wirken, schwärzt du zunächst vollständig.

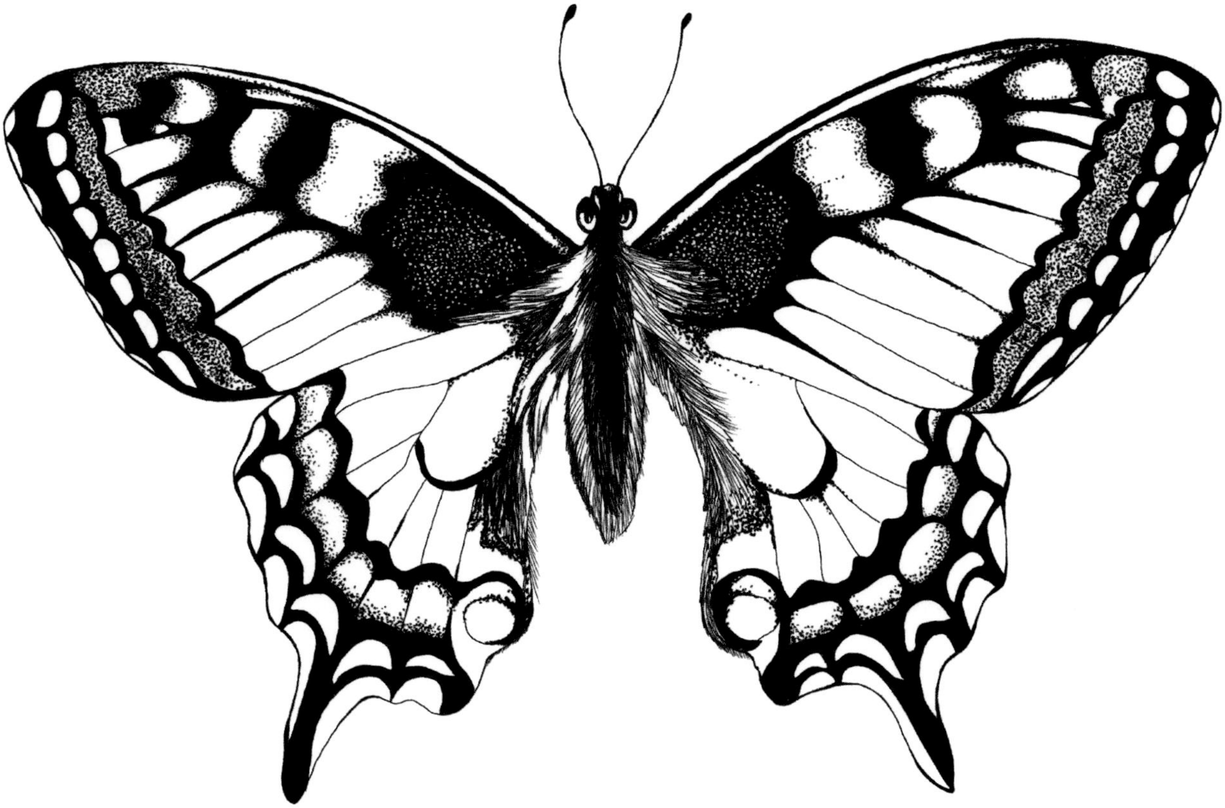

5

Im letzten Schritt zeichnest du die Struktur im soeben geschwärzten Bereich ein. Du arbeitest nun invertiert, das heißt, du zeichnest Punkte mit einem weißen Stift. Nutze hierfür beispielsweise einen weißen Gelstift.

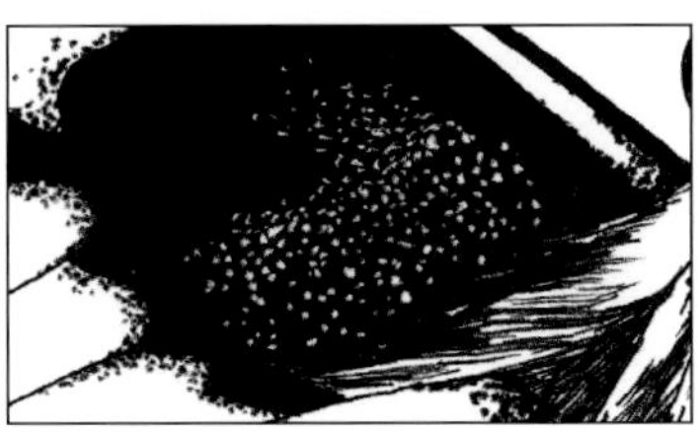

WELLENSITTICHE

Comic-Style

Wellensittiche können die verschiedensten Farbkombinationen aufweisen. Die Männchen haben jedoch, im Gegensatz zu vielen anderen Arten im Tierreich, kein farbenfroheres Gefieder als die Weibchen.

WAS DU BRAUCHST

- Material zum Abpausen, analog oder digital
- Bleistift
- Fineliner und Marker in Schwarz
- Farben, z. B. Aquarell, Acryl oder Marker
- ausgedruckte oder digitale Vorlage

Zeichne in diesem Übungsprojekt zwei Wellensittiche und bekomme auf diese Weise ein Gefühl dafür, wie Federn aussehen und wie du diese abstrahiert darstellen kannst. Lerne außerdem, wie du mit wenigen Farben eine bunte Wirkung erzielen kannst.

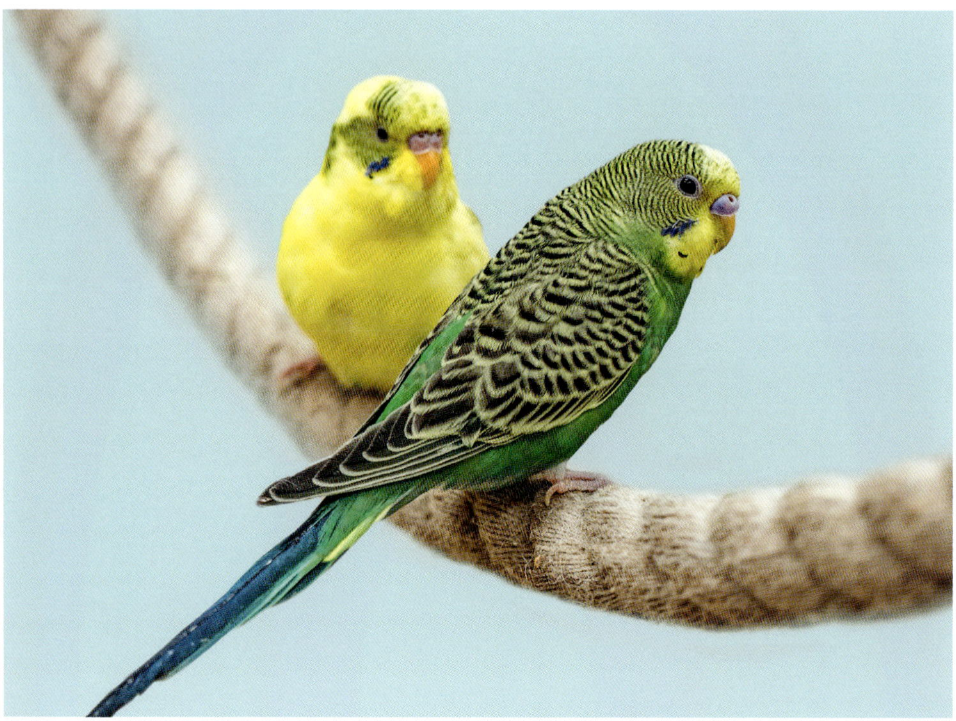

1

Beginne damit, die Umrisse der Wellensittiche mit einem Bleistift abzupausen. Achte darauf, nicht zu viele Linien des Gefieders abzunehmen, um deine Zeichnung nicht zu überfrachten. Konzentriere dich vor allem auf die Schnäbel und die Augen der Vögel.

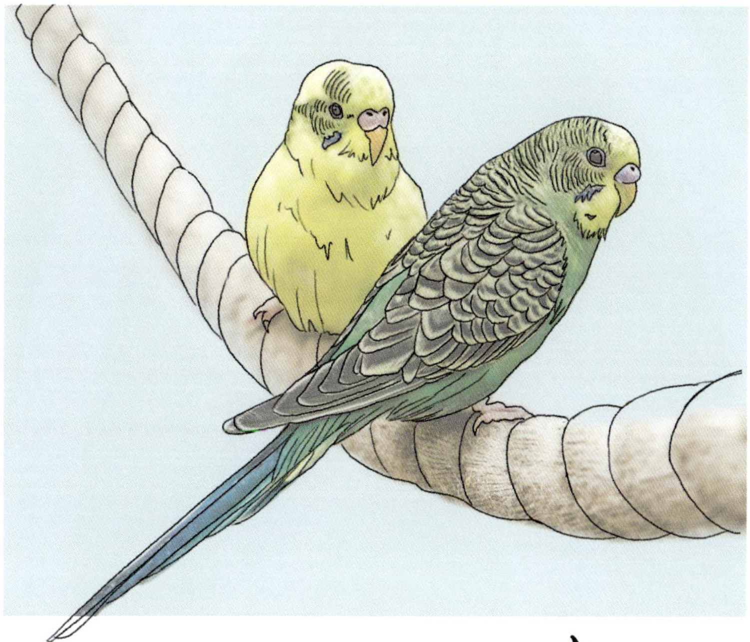

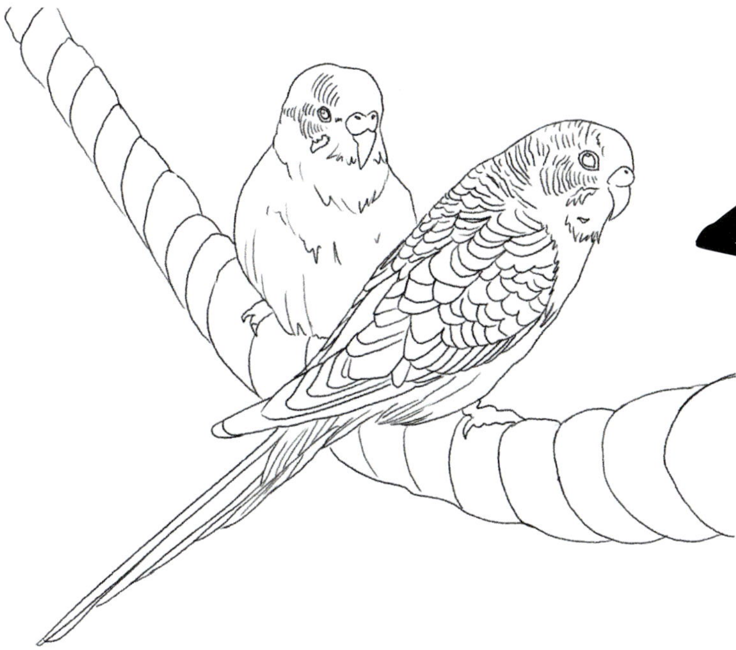

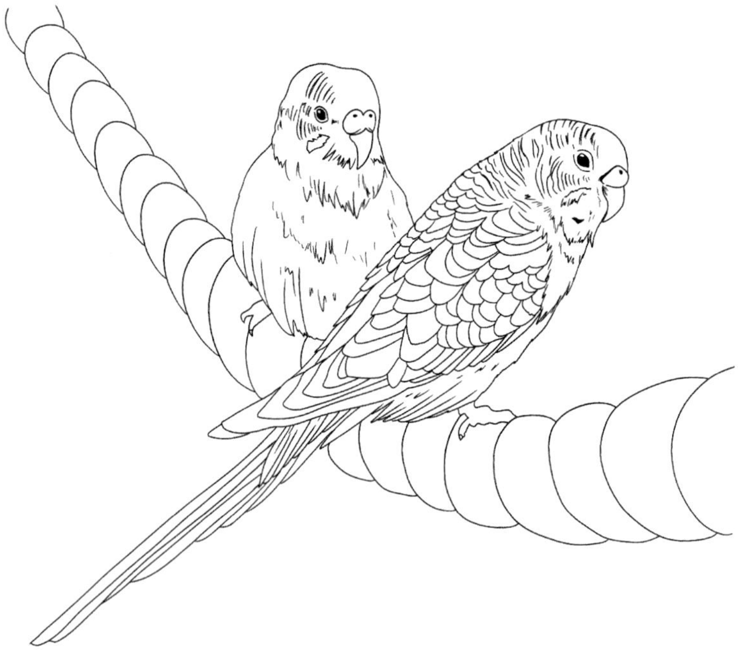

2

Fahre die Linien deiner Skizze mit einem schwarzen Fineliner nach. Entferne danach mit einem Radiergummi vorsichtig die Bleistiftlinien der Vorzeichnung.

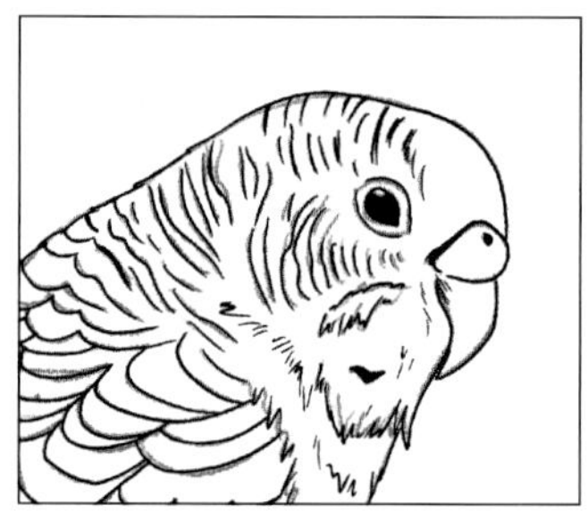

3

Im nächsten Schritt zeichnest du die Schatten ein. Achte dabei auf die Bereiche des Motivs, die besonders dunkel erscheinen und auch auf das Seil, auf dem die Vögel sitzen. Zeichne außerdem das kontrastreiche Muster des Gefieders ein.

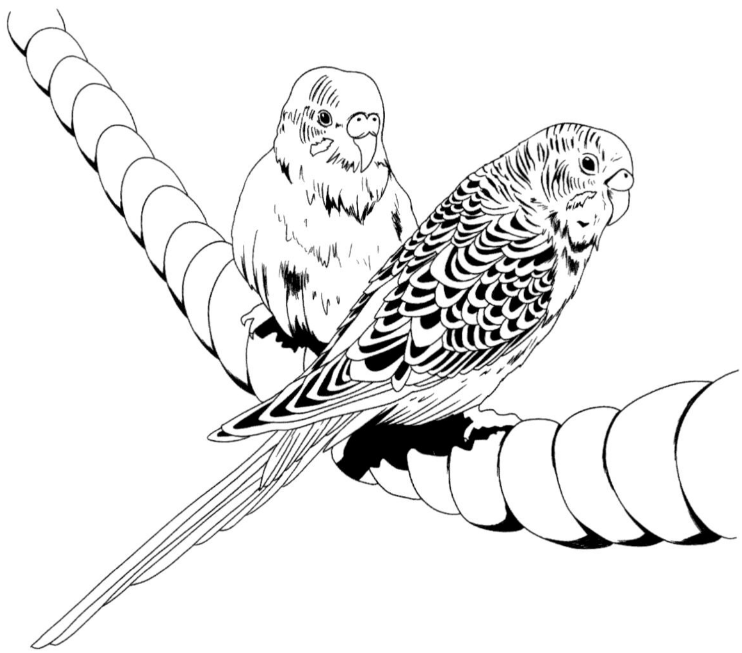

4 Jetzt ist es Zeit für die Farben. Wähle für die Vögel bunte Farben deiner Wahl, sie müssen nicht realistisch sein. Lichtreflexe erzeugst du, indem du die Farbe an den hellsten Stellen des Gefieders weglässt. Nutze zuletzt für den Hintergrund eine knallige Farbe, damit sich die Vögel optisch davon abheben.

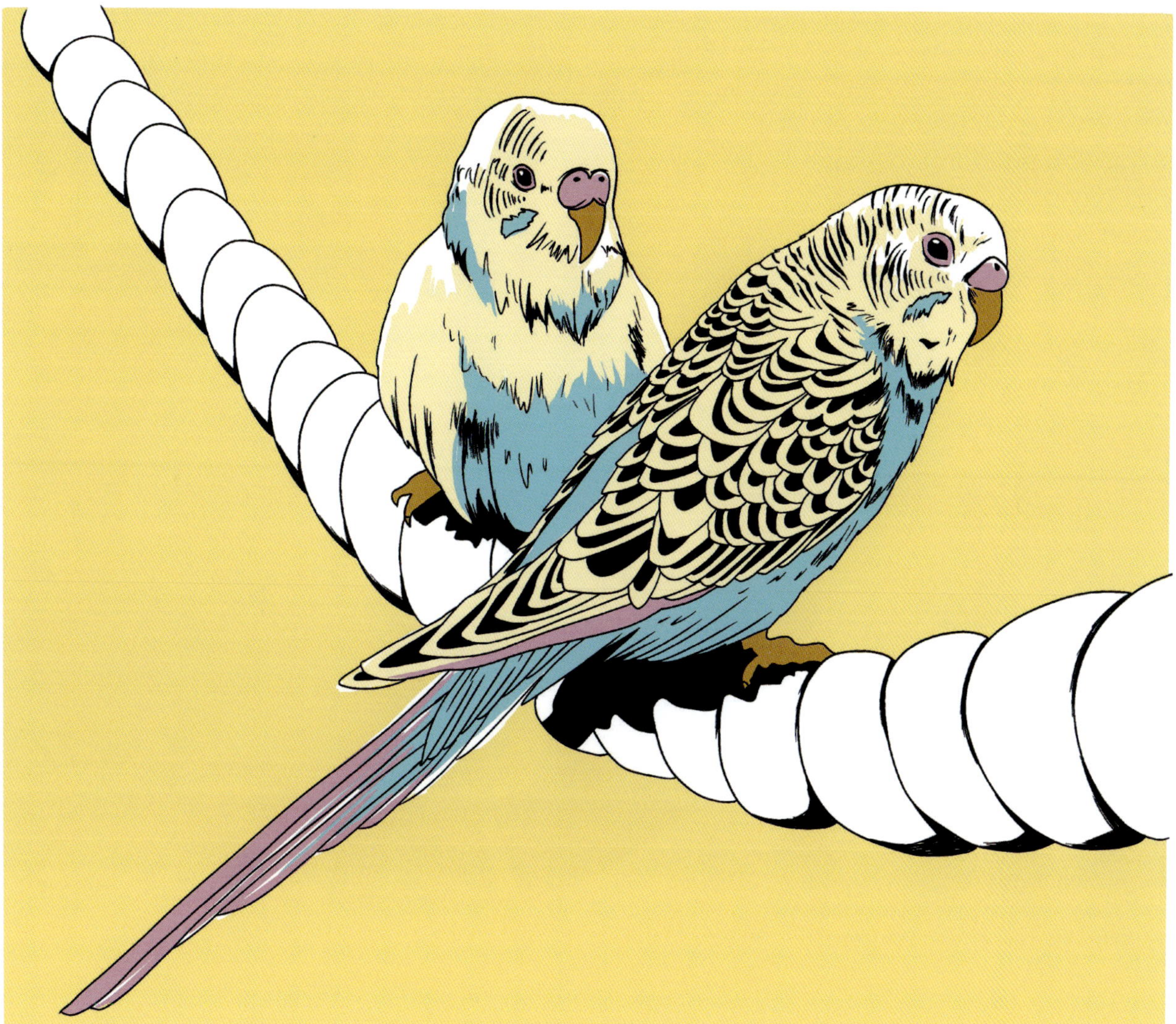

FARBE & KONTRAST EXKURS

Die richtige Farbauswahl kann besonders am Anfang deiner Zeichenreise eine ziemliche Herausforderung sein. Ein traditioneller, sechsteiliger Farbkreis soll dir helfen, den Überblick über Farben und Kontraste zu bewahren.

PRIMÄR- UND SEKUNDÄRFARBEN

Es gibt unendlich viele Farben. Alle Farbabstufungen basieren dabei auf einer Mischung aus den drei Grundfarben – auch Primärfarben genannt – Gelb, Rot und Blau. Mischst du je zwei Primärfarben zu gleichen Anteilen miteinander, erhältst du die Sekundärfarben Orange, Violett und Grün, die im klassischen Farbkreis dazwischen abgebildet sind.

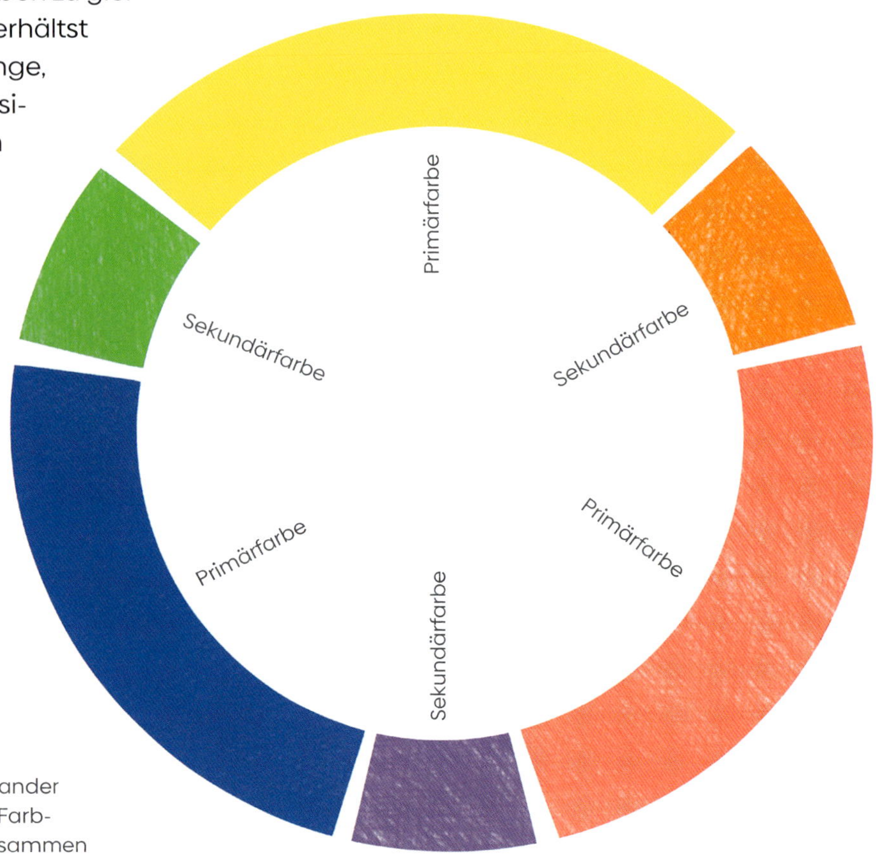

Je nachdem, wie du Farben miteinander mischst, erhältst du verschiedene Farbabstufungen. Alle Primärfarben zusammen ergeben einen gedeckten Braunton.

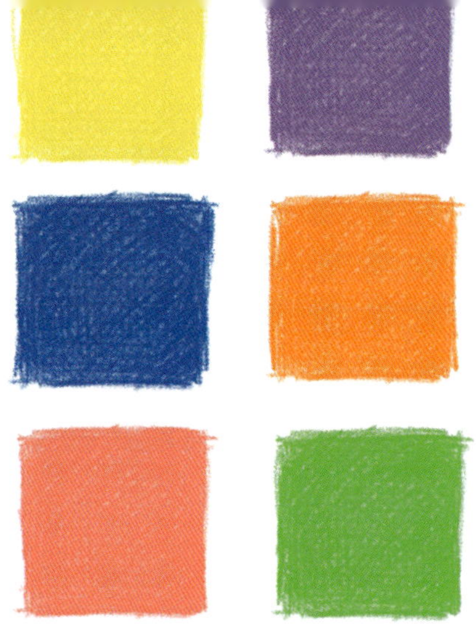

KOMPLEMENTÄRFARBEN

Farben, die sich im Farbkreis gegenüberliegen, nennt man Komplementärfarben. Gelb ist demnach die Komplementärfarbe von Violett, Blau die Komplementärfarbe von Orange, Rot die Komplementärfarbe von Grün.

KONTRASTE

Je nachdem, welche Farbkombination du wählst, entstehen durch Kontraste unterschiedliche Wirkungen. Die folgenden drei Kontraste solltest du kennen.

Komplementärkontrast

Wenn du Komplementärfarben in einem Bild gezielt nebeneinandersetzt, ergänzen und steigern sich diese gegenseitig in ihrer Farbwirkung. Komplementäre Farben in einem Bild wirken auf unser Auge besonders harmonisch.

Kalt-Warm-Kontrast

Die gezielte Verwendung von kalten und warmen Farben in einem Bild unterstützt die räumliche Wirkung und suggeriert Licht und Schatten. Warme Farbtöne sorgen dabei für das Empfinden von Licht, kalte Farbtöne für das Empfinden von Schatten.

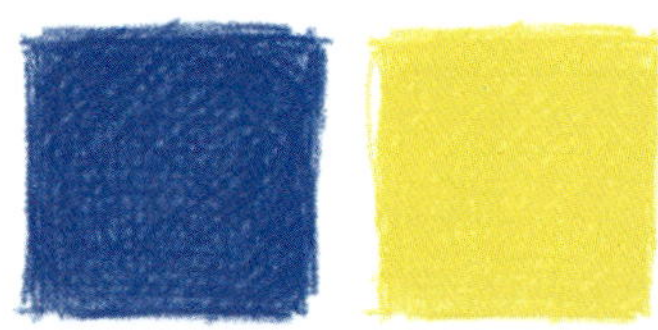

Simultankontrast

Der Simultankontrast besagt, dass derselbe Farbton in unterschiedlichen Farbumgebungen anders empfunden wird. So hat etwa Violett auf gelbem Grund eine andere Wirkung als auf blauem Grund. Du kannst die simultane Wirkung von Farben nutzen, wenn du etwas in deiner Zeichnung hervorheben möchtest.

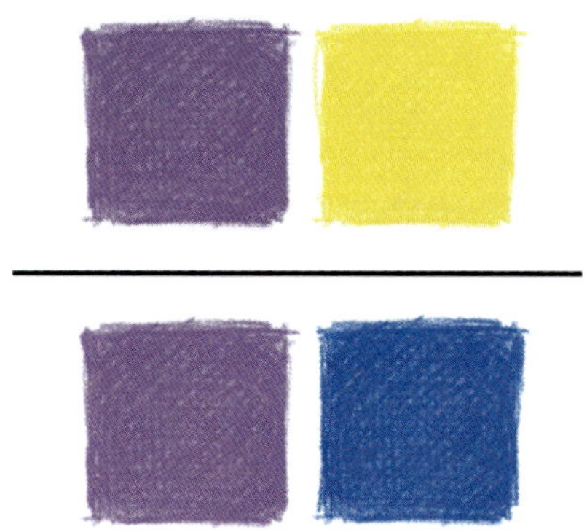

GIRAFFE Flat-Art

Die Giraffe ist mit ihren bis zu sechs Metern Körpergröße das höchste Tier der Erde. Trotz dieser beachtlichen Größe sieht sie mit ihren großen Knopfaugen und den wuscheligen Hornzapfen wenig bedrohlich aus.

WAS DU BRAUCHST

- Hardware zum digitalen Abpausen
- digitales Zeichenprogramm
- digitale Vorlage

Das charakteristische Fleckenmuster und die besondere Körperform der Giraffe machen sie zum idealen Modell für deine erste Tierillustration im Flat-Art-Stil. Freue dich bei diesem Übungsprojekt darauf, das Porträt einer Giraffe zu zeichnen!

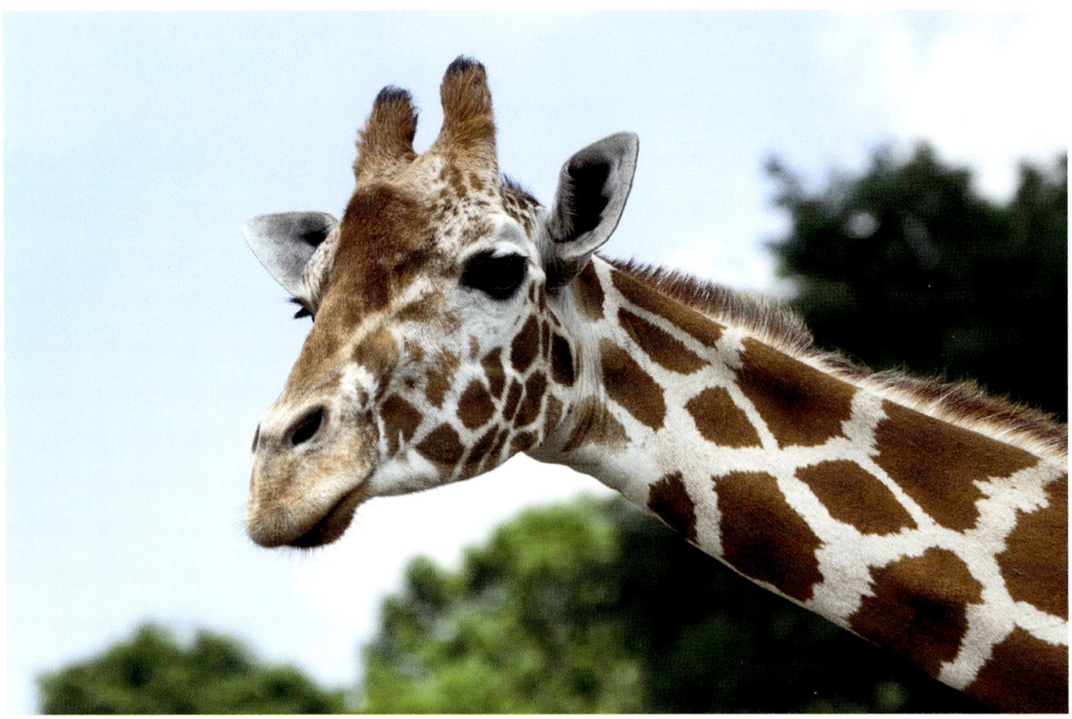

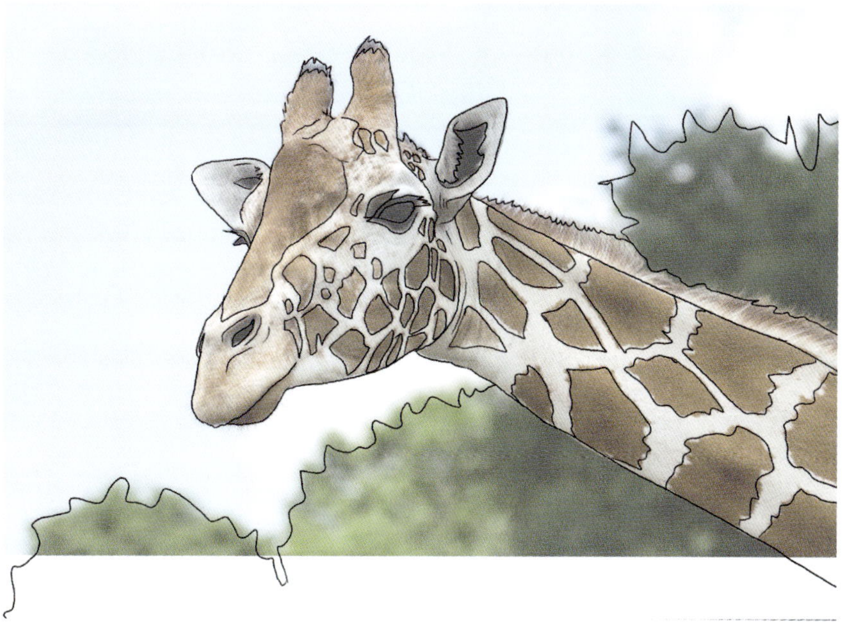

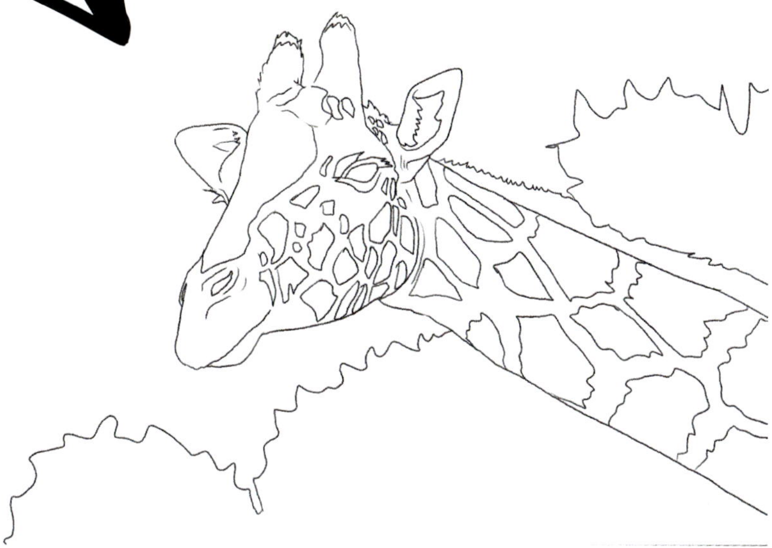

1

Erstelle eine neue Ebene und platziere diese über der Vorlage. Stelle die Deckkraft der Vorlage auf 50% Transparenz, um besser zu sehen, was du zeichnest. Zeichne im ersten Schritt die Outlines nach. Achte darauf, die Gesichtszüge der Giraffe genau zu treffen. Dies ist wichtig, um die Giraffe als solche zu erkennen, da du nur einen sehr kleinen Ausschnitt des gesamten Tieres zeichnest. Bei den Flecken auf dem Hals kannst du hingegen weniger detailliert vorgehen, da die Musterung von Giraffe zu Giraffe sehr unterschiedlich ist.

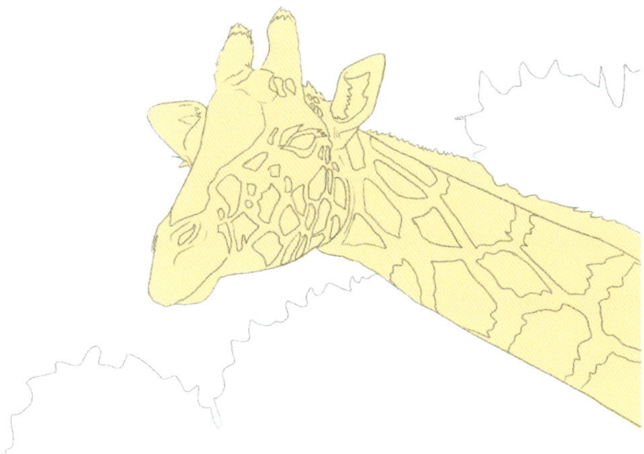

2

Ändere die Sichtbarkeit der Ebene mit den Outlines auf ca. 50% Transparenz, um besser zu sehen, was du malst. Erstelle nun eine neue Ebene und schiebe sie unter die Ebene der Vorzeichnung. Auf der neuen Ebene kolorierst du den Körper der Giraffe deckend mit Gelb.

3

Um die charakteristischen Flecken der Giraffe einzuzeichnen, erstellst du eine weitere Ebene. Diese platzierst du als Schnittmaske direkt auf der Ebene des kolorierten Körpers. Dadurch wird sich dein Farbauftrag nur auf diese Ebene beziehen und du kannst nicht darüber hinausmalen.

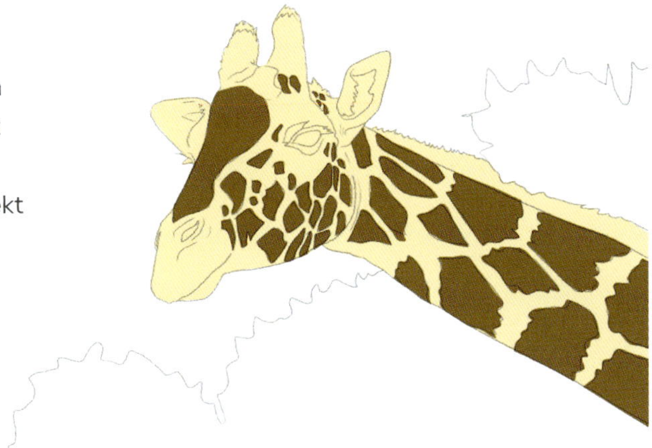

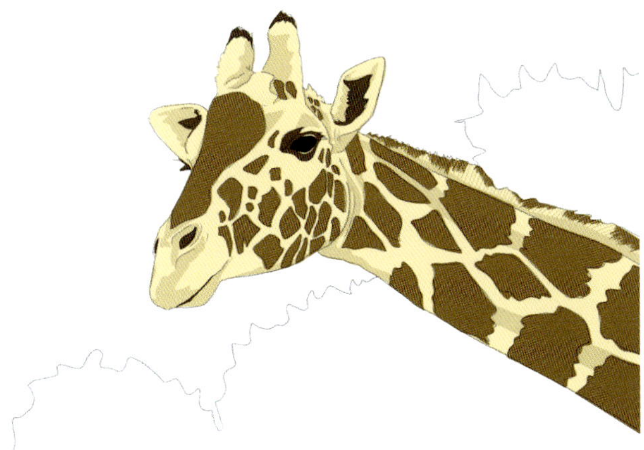

4

Zeichne in diesem Schritt farbige Details wie Augen und Nüstern sowie die Spitzen der Hornzapfen (auch Ossicon genannt). Schatten auf dem Körper zeichnest du auf einer separaten Ebene ein. Diese sollte sich zwischen den Ebenen des Körpers und der Flecken befinden. Verwende alle Ebenen als Schnittmasken des kolorierten Körpers, um stets nur im Bereich dieser Ebene zu zeichnen. Achte bei der Anordnung der Ebenen darauf, dass sie sich in der richtigen Reihenfolge befinden.

SO KLAPPT'S !
Da du bei diesem Motiv mit vielen Ebenen arbeitest, ist es wichtig, den Überblick zu behalten. Erstelle daher für jede Farbe eine separate Ebene und benenne diese entsprechend.

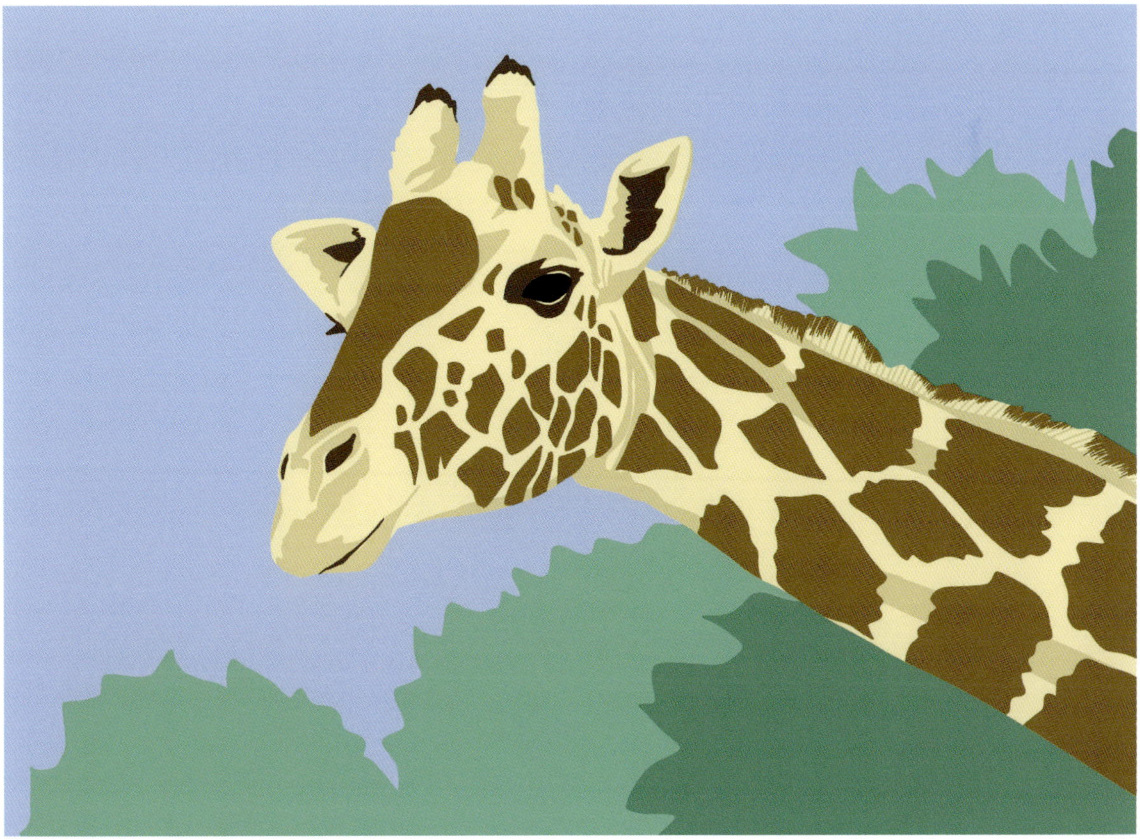

5 Im letzten Schritt kolorierst du den Hintergrund. Erstelle hierfür eine neue Ebene und platziere diese hinter allen bisherigen Ebenen. Fülle sie mit blauer Farbe für den Himmel. Danach erstellst du zwei weitere Ebenen, auf die du die Baumkronen in zwei verschiedenen Grüntönen zeichnest. Zuletzt blendest du die Ebene mit der Vorzeichnung aus, um den Flat-Art-Stil in deiner Illustration zu erzeugen.

KATZE Buntstiftzeichnung

Katzen gehören schon lange zu den beliebtesten Haustieren weltweit. Im alten Ägypten galten die anmutigen Vierbeiner sogar als heilig.

WAS DU BRAUCHST

- Material zum analogen Abpausen
- Papier
- Buntstifte in Hell- und Dunkelgelb, Grün, Hell- und Dunkelbraun, Fleischfarben
- ausgedruckte oder digitale Vorlage

Versuche dich in diesem Übungsprojekt am Tierporträt einer Katze! Das getigerte Fell wirkt auf den ersten Blick zwar wie eine komplizierte Angelegenheit – es dient dir jedoch als Unterstützung! Die Musterung kannst du als natürliches Hilfsmittel betrachten, um dich in der Körperform der Katze zurechtzufinden und die Farbgebung interessant zu gestalten. Zum Abpausen nutzt du am besten ein Lightpad.

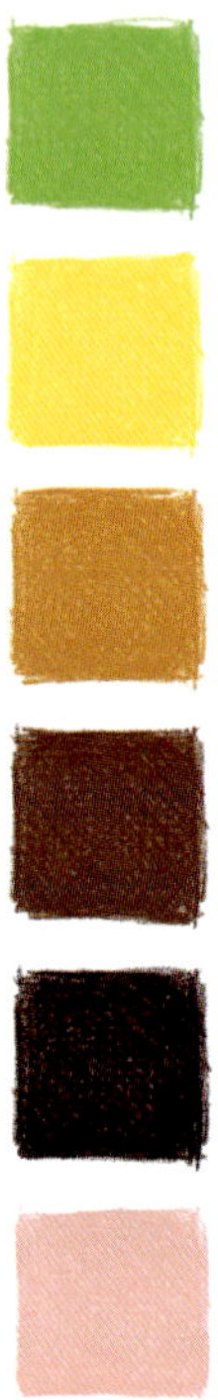

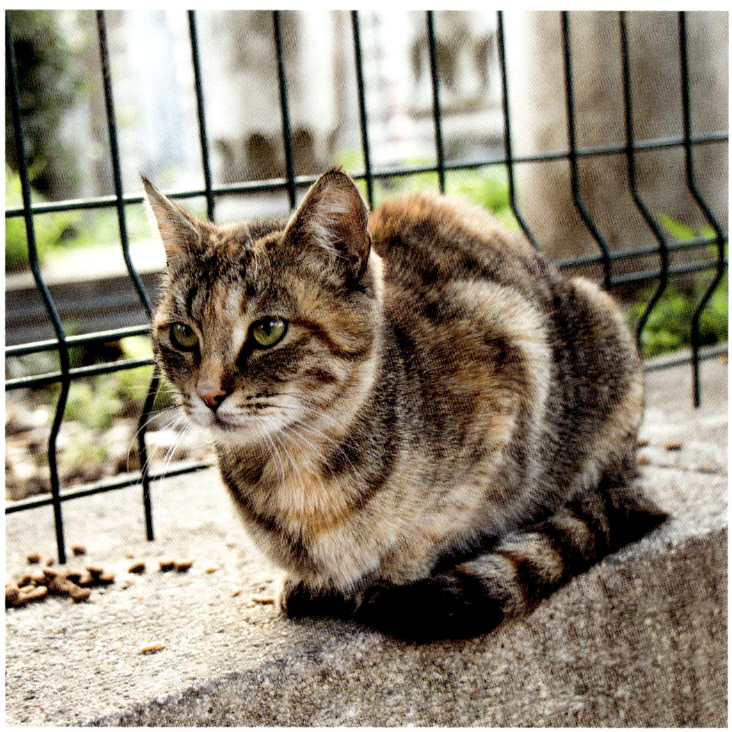

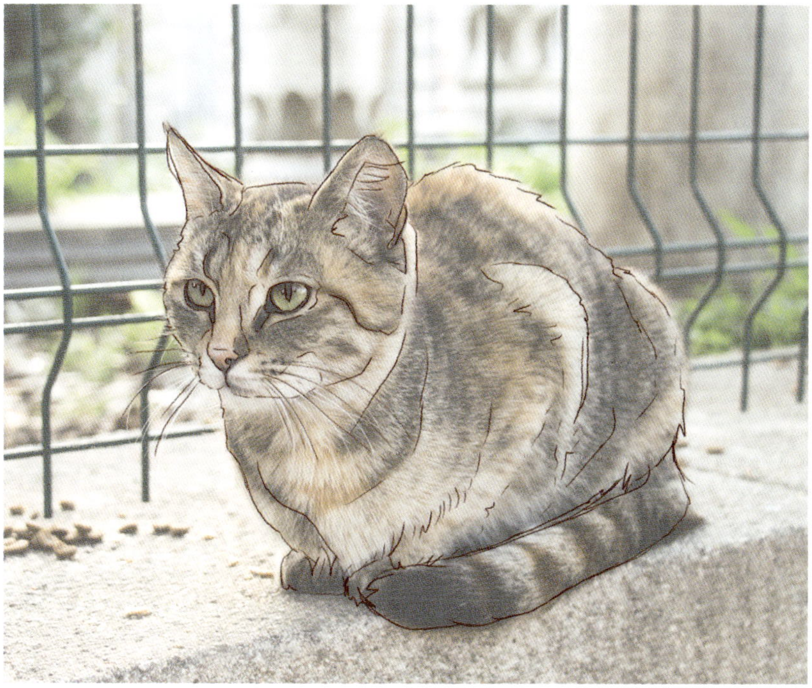

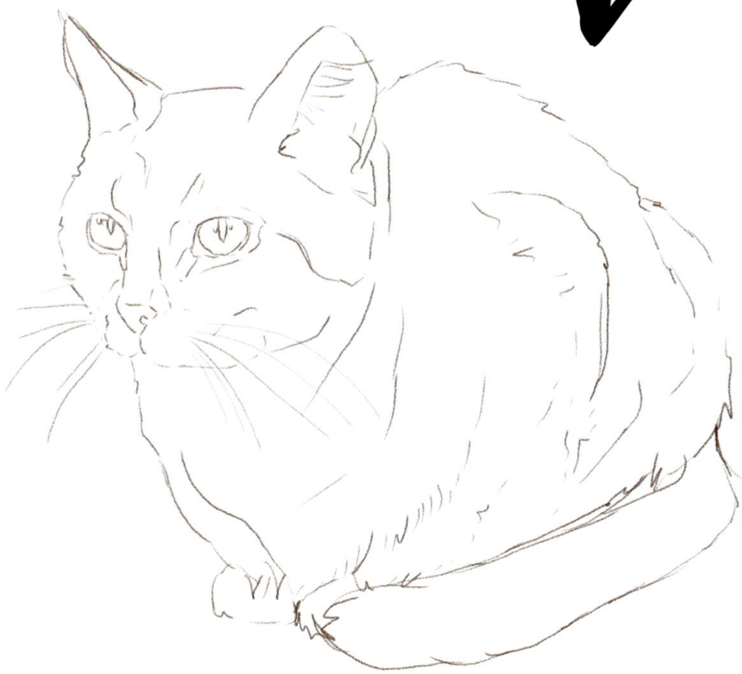

1

Pause die Umrisse der Katze mit einem dunkelbraunen Buntstift auf dein Zeichenpapier ab. Schau dir die Vorlage genau an und achte darauf, wo sich Nase, Augen, Beine und Schwanz befinden. Konzentriere dich dabei auf die groben Umrisse des Tieres, um einen Rahmen für die weiteren Linien der Fellzeichnung zu haben.

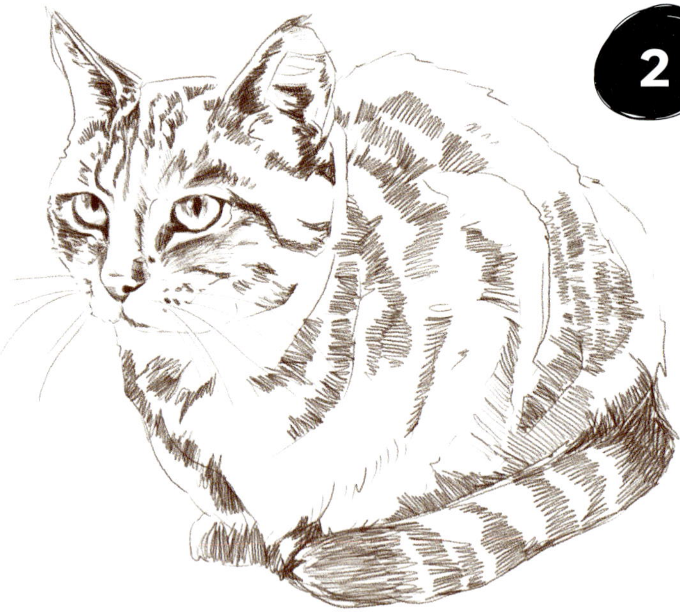

2

Wo befindet sich die Fellzeichnung? Zeichne im zweiten Schritt mit demselben dunkelbraunen Buntstift das Tigermuster des Fells und die dunkelsten Stellen in deine Zeichnung ein. Dies schult dein Auge für die Struktur des Fells.

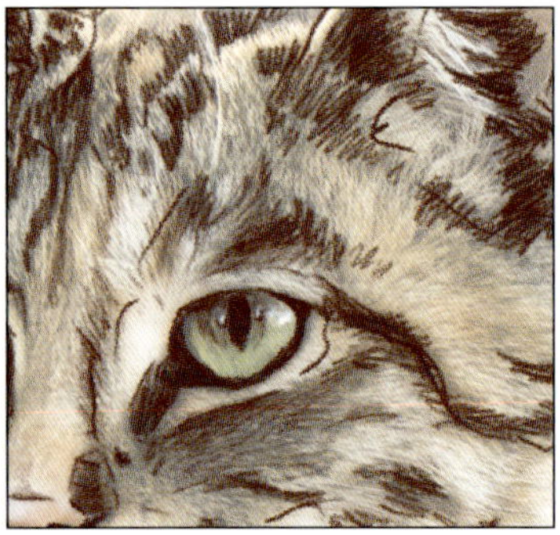

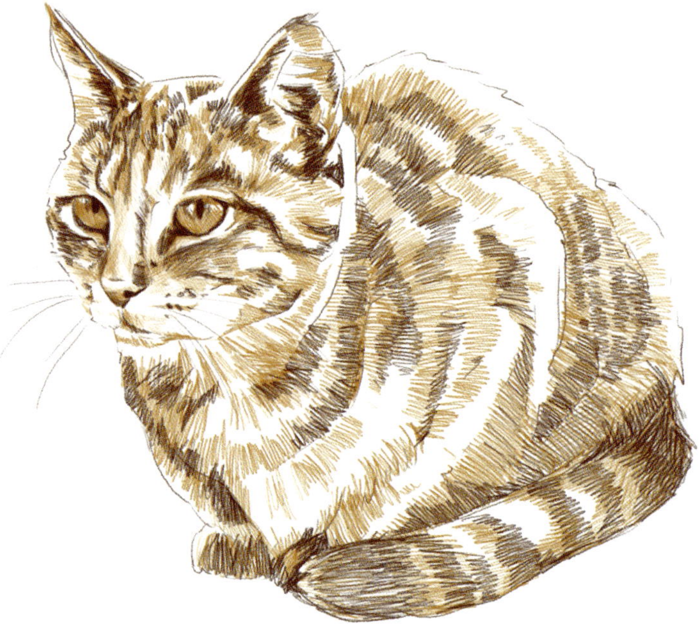

3

Arbeite dich jetzt in der Vorzeichnung von dunkel nach hell vor. Wähle einen Buntstift in einem helleren Braunton, zum Beispiel Sepia und zeichne damit weitere Strukturen des Fells mittels Schraffur in deine Zeichnung ein.

4 Verfahre in Schritt 4 wie in Schritt 3. Wähle jetzt einen Buntstift in einem noch helleren Farbton aus. Hierfür eignet sich beispielsweise ein dunkles Gelb.

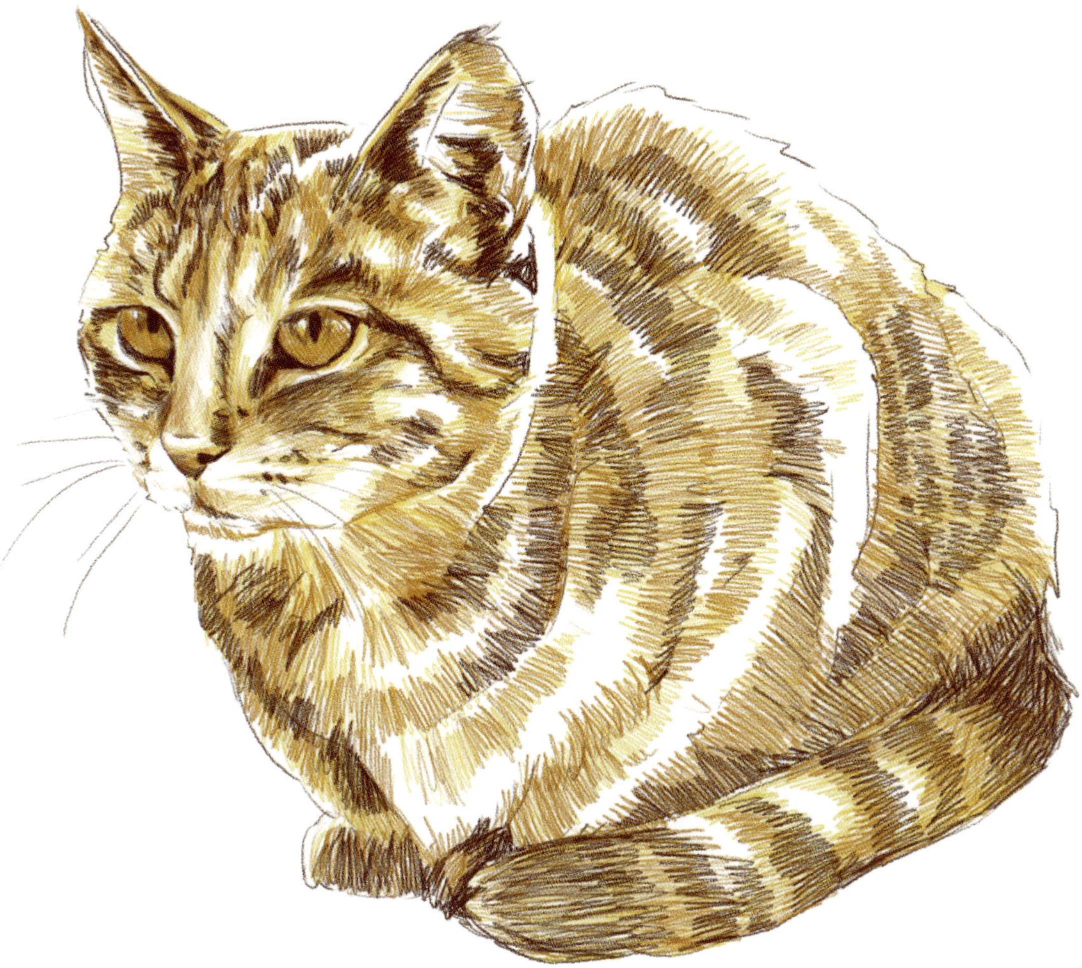

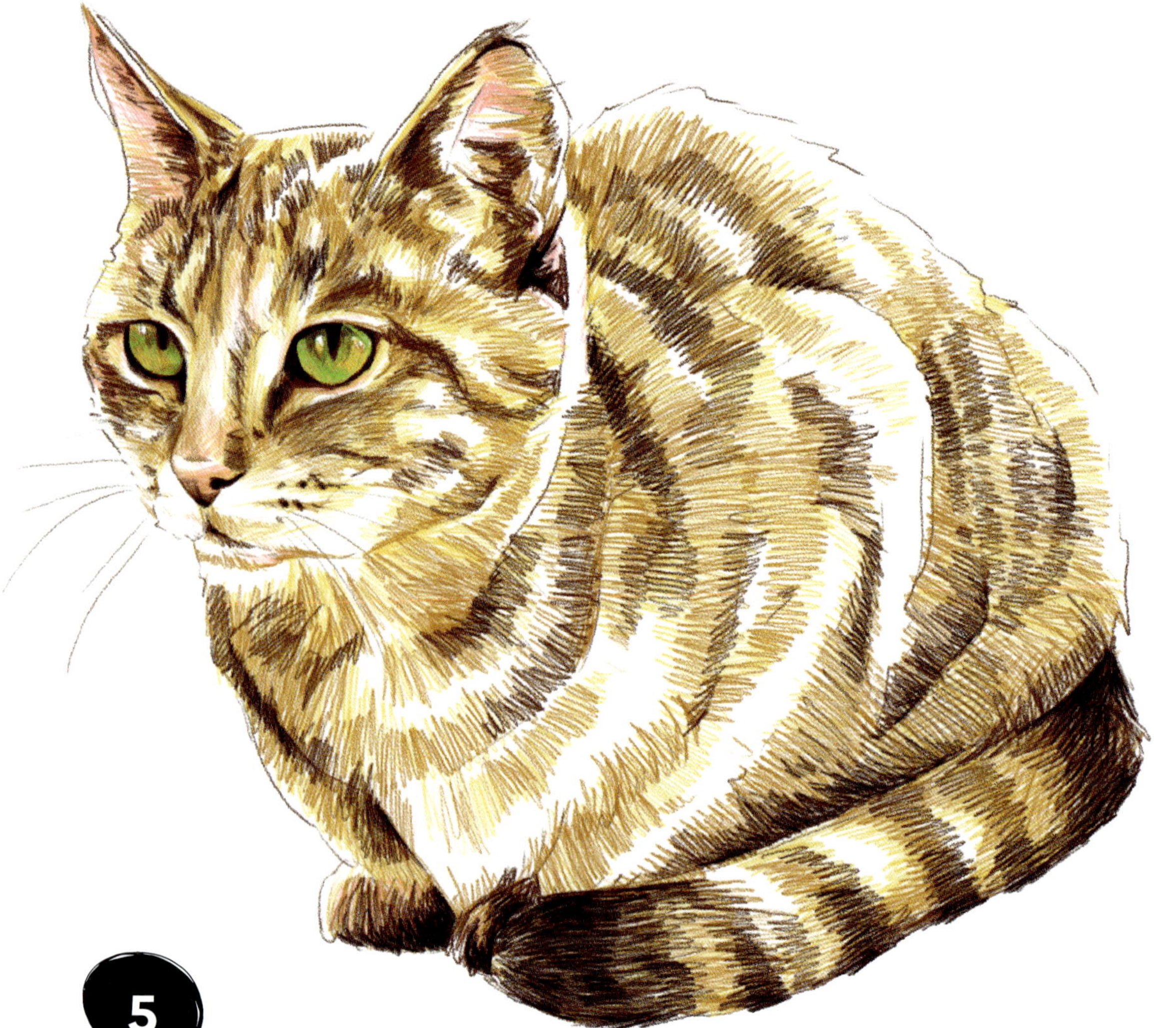

5

Schau dir in diesem Schritt das Foto noch einmal genau an und füge weitere farbige Details hinzu. Betone mit einem grünen Buntstift die strahlenden Augen der Katze. Mit einem fleischfarbenen Buntstift kannst du die Haut an Nase und Ohren in Szene setzen. An welchen Stellen siehst du Schatten? Zeichne diesen mit einem stark dunkelbraunen Buntstift in deine Zeichnung ein!

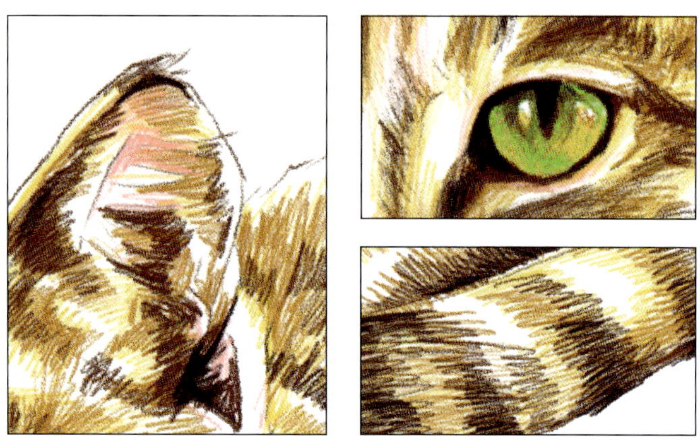

6

Abschließend kannst du mit einem weißen Bunt- oder Gelstift Highlights und Details in deine Illustration einzeichnen. Dadurch werden Fellstruktur, Schnurrhaare oder Lichtreflexe in den Augen hervorgehoben. Zeichne als Letztes auch den Schatten ein, den die Katze auf den Boden wirft – damit kannst du der Zeichnung schnell und ohne großen Aufwand räumliche Tiefe geben.

TIPP
Deine Zeichnung muss nicht fotorealistisch aussehen. Es geht bei diesem Übungsprojekt darum, die Strukturen des Fells zu verstehen, um sie an den richtigen Stellen einzuzeichnen.

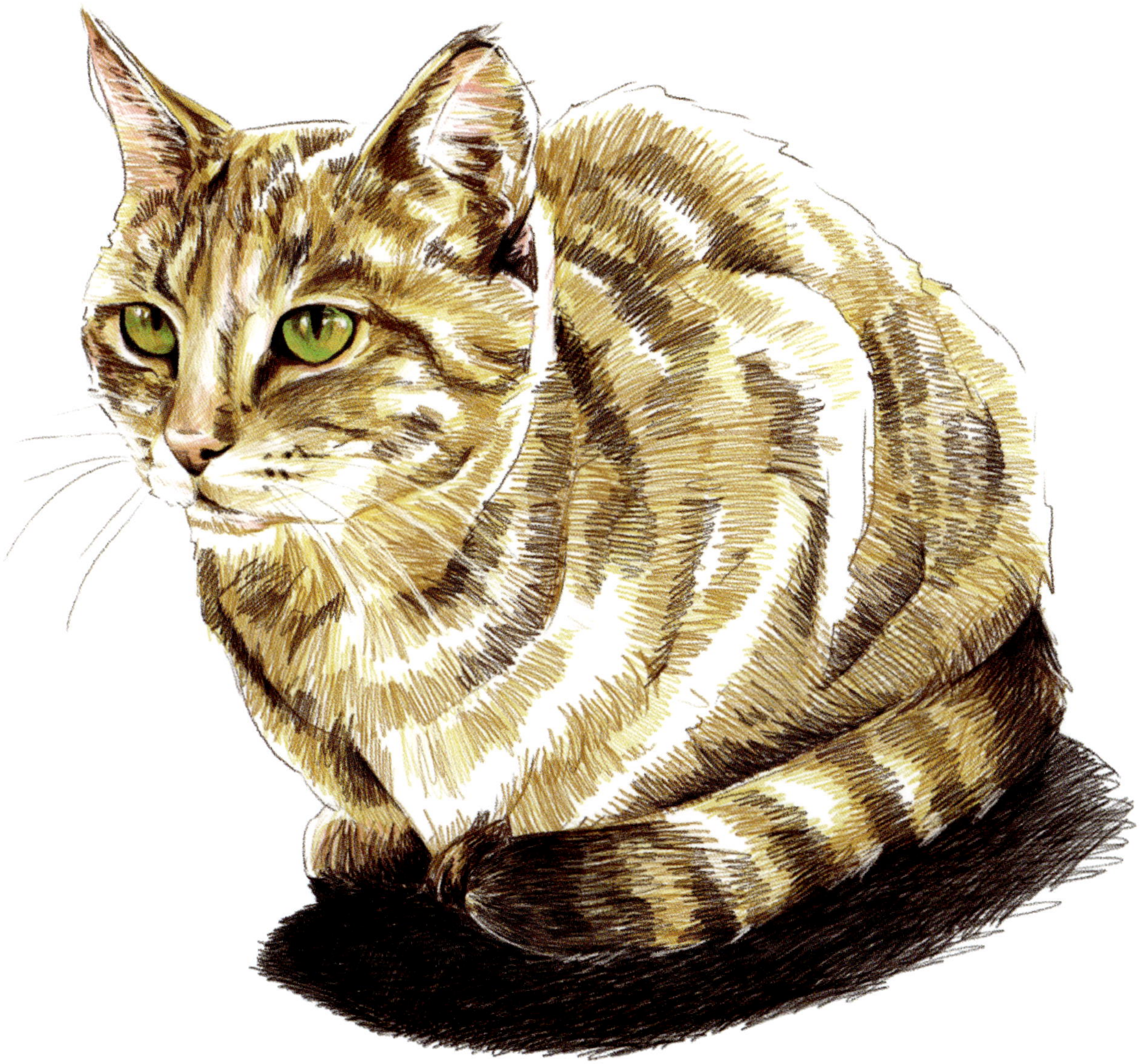

MENSCHEN

Menschen zeichnerisch erfassen zu können, ist für viele Zeichnende das höchste Ziel. Die Porträtzeichnung gilt nicht ohne Grund als eine der Königsdisziplinen des Zeichnens. Dieses Kapitel bringt dir die Proportionen menschlicher Gesichter näher und du lernst, deine ersten Porträts zu zeichnen!

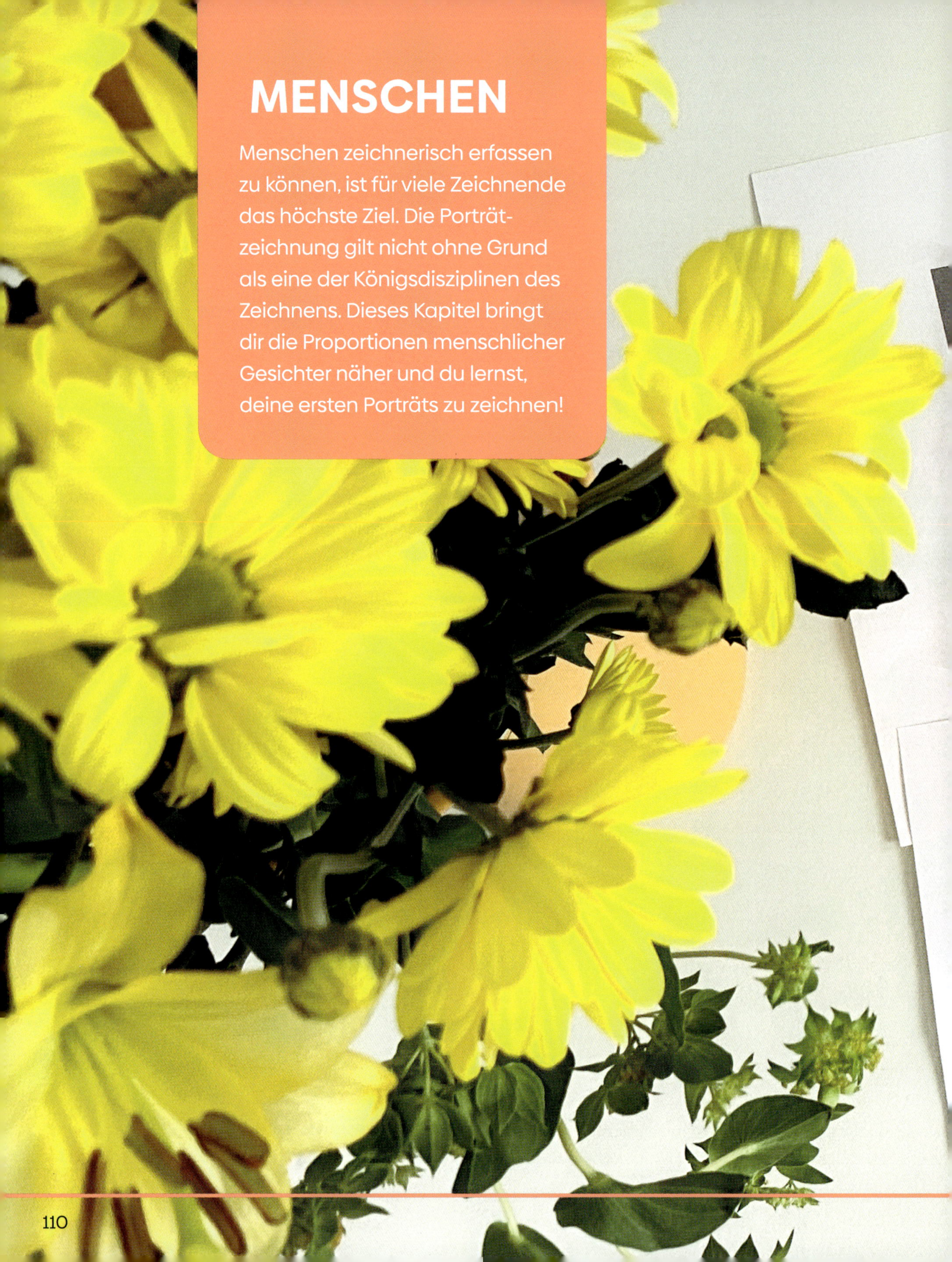

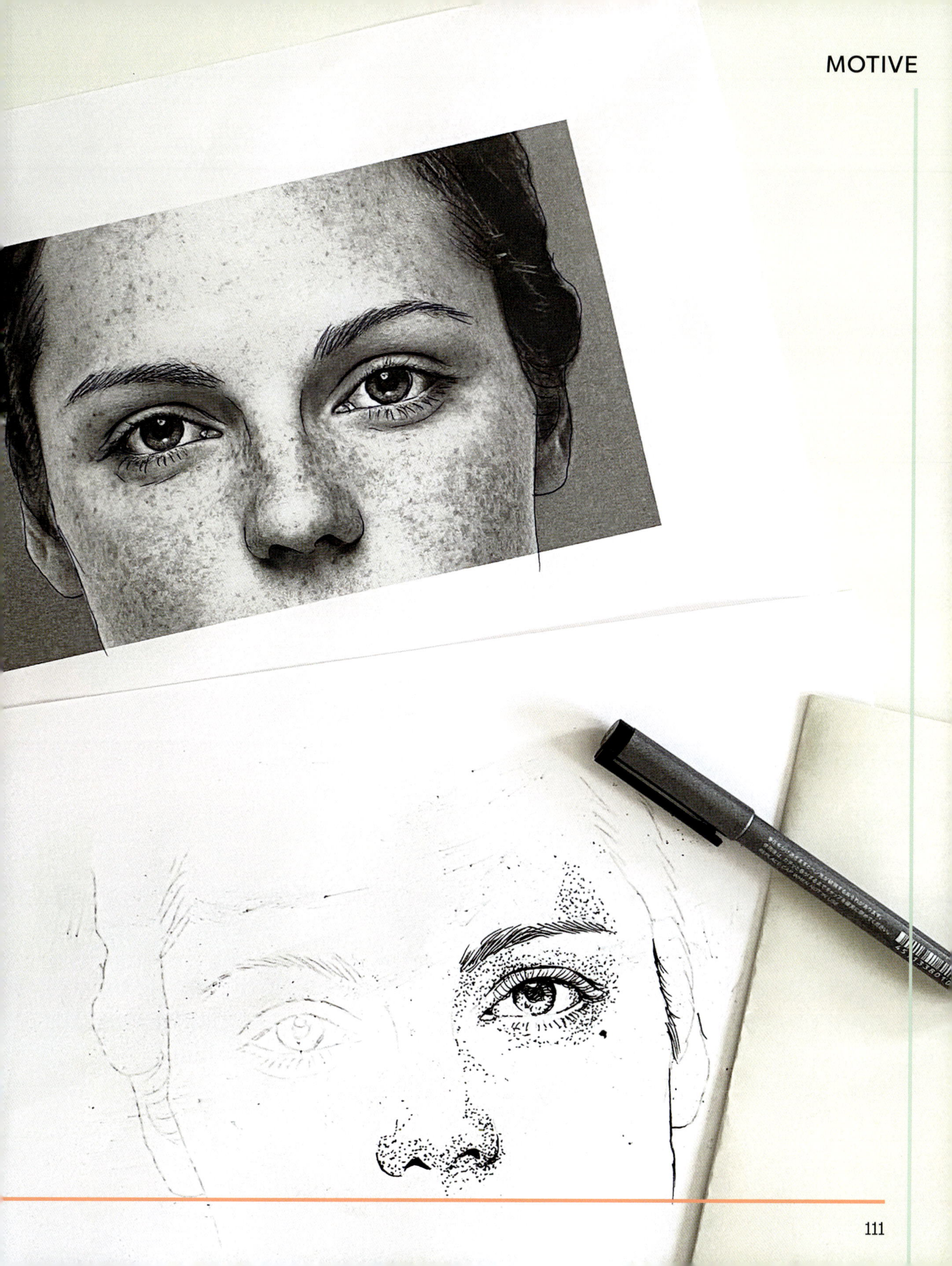

FRAU IM PROFIL One-Line

Gesichter zu zeichnen kann eine große Herausforderung sein – besonders am Anfang fällt es oft schwer, die Proportionen und Symmetrien eines Gesichtes exakt zu treffen.

WAS DU BRAUCHST

- Material zum Abpausen, analog oder digital
- Fineliner
- Farbe, z. B. Aquarell, Acryl oder Marker
- ausgedruckte oder digitale Vorlage

Mit diesem Motiv zeichnest du dein erstes Porträt im One-Line-Stil. Die Profilansicht ermöglicht dir dabei einen sanften Einstieg in das Zeichnen von menschlichen Gesichtern. Der One-Line-Stil sorgt außerdem für eine lockere Herangehensweise – du kannst nämlich einfach direkt loslegen!

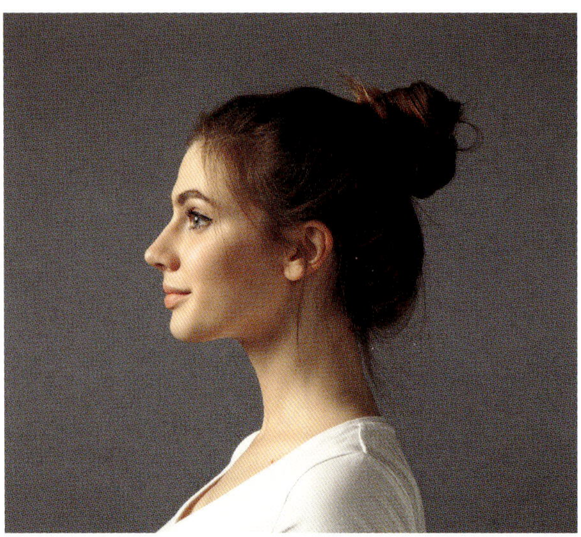

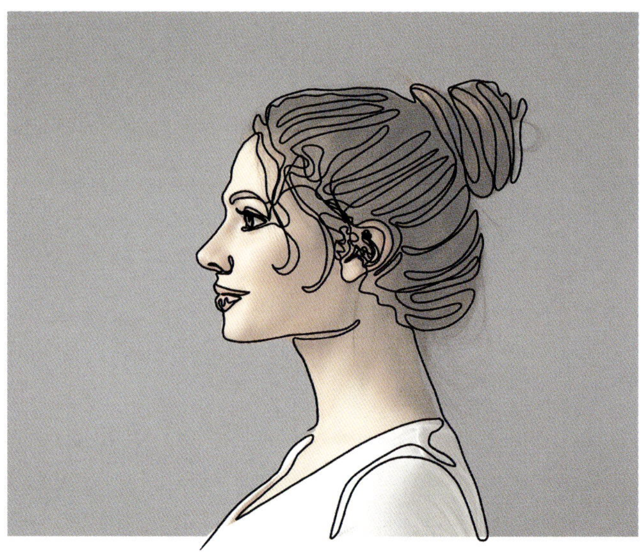

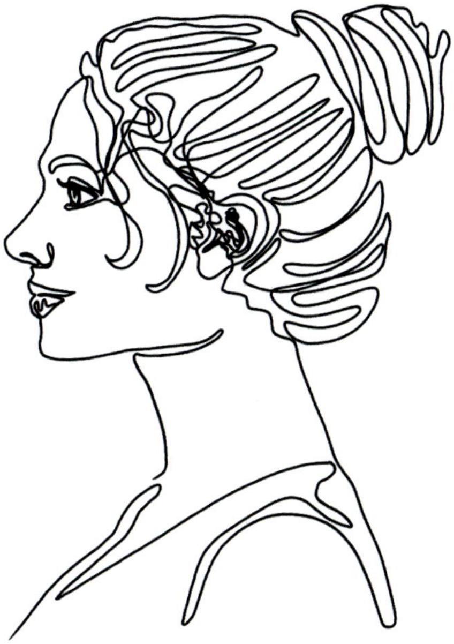

1

Pause die Gesichtszüge der Frau mit Fineliner auf das Zeichenpapier über deiner Vorlage ab. Achte dabei besonders auf die Linien an Kinn, Nase, Mund und Auge – diese sind besonders charakteristisch für ein Gesicht und sollten daher präzise getroffen werden, um die Frau als solche zu erkennen. Bei Haaren und Ohr kannst du hingegen wildere Linien zeichnen.

2

Im zweiten Schritt kannst du deine Zeichnung mit Farbe noch lebendiger gestalten. Male hierfür mit einer Farbe deiner Wahl möglichst dynamisch um die gezeichnete One-Line herum, halte aber das Gesicht frei von Farbe. Somit erzeugst du einen Kontrast, durch den sich die Frau vom Hintergrund abhebt.

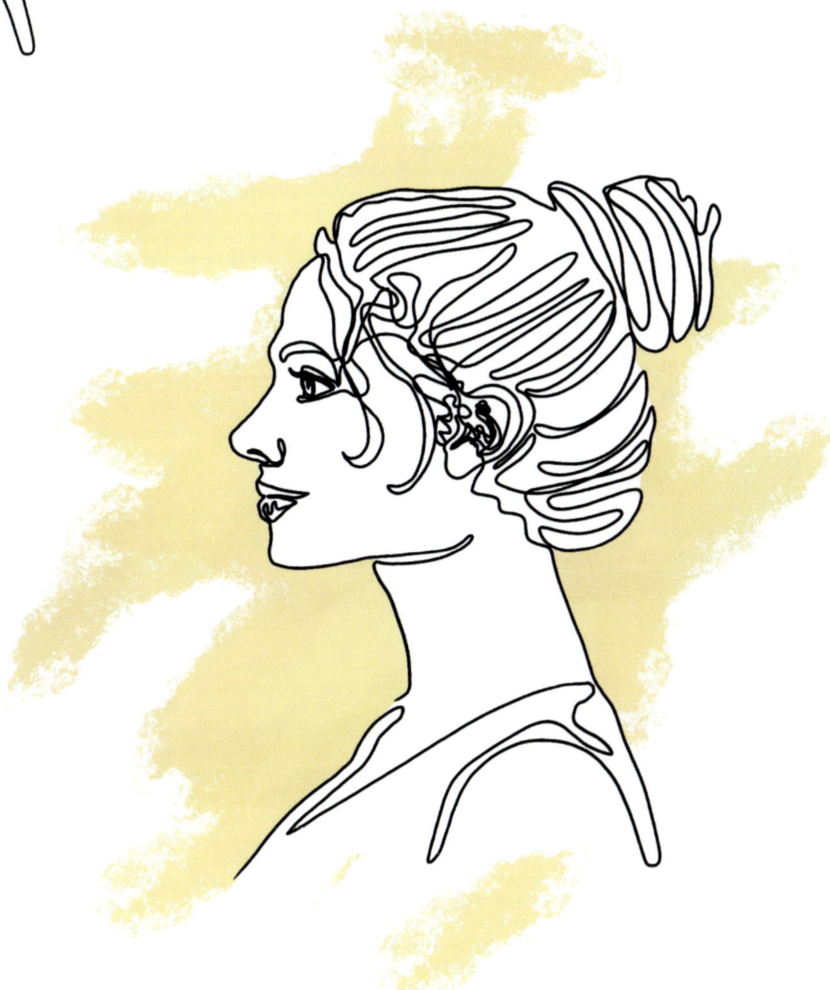

SOMMERSPROSSEN

Line-Art ●●○

Sommersprossen sind wie ein Gruß des Sommers. Die von der Sonne geküsste Haut hat eine unverwechselbare Optik und schenkt einen Look, als sei die- oder derjenige gerade aus dem Urlaub zurückgekommen.

WAS DU BRAUCHST

- Material zum Abpausen, analog oder digital
- Bleistift
- Fineliner und Marker in Schwarz
- ausgedruckte oder digitale Vorlage

Kombiniere in diesem Motiv die optischen Besonderheiten des Vorlagenmotivs mit einer dazu passenden Technik. Da Sommersprossen manchmal durchaus wie gemalte Punkte aussehen, kannst du dir diese Eigenschaft zunutze machen – mit der Dotwork-Technik!

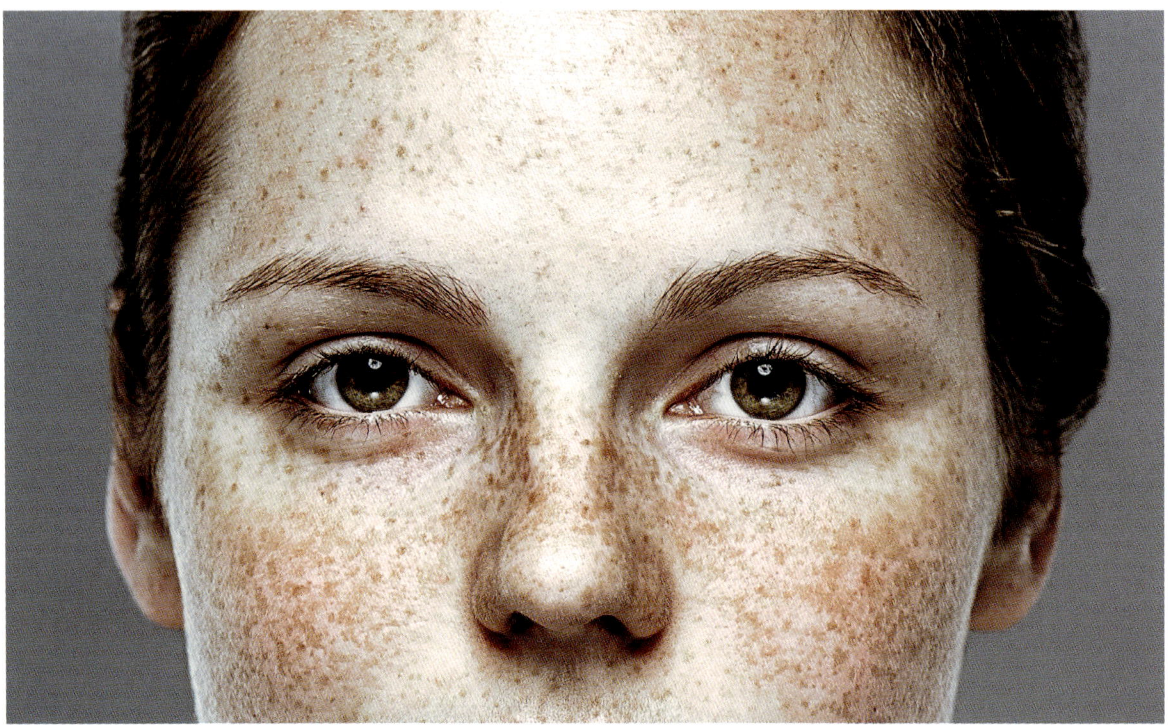

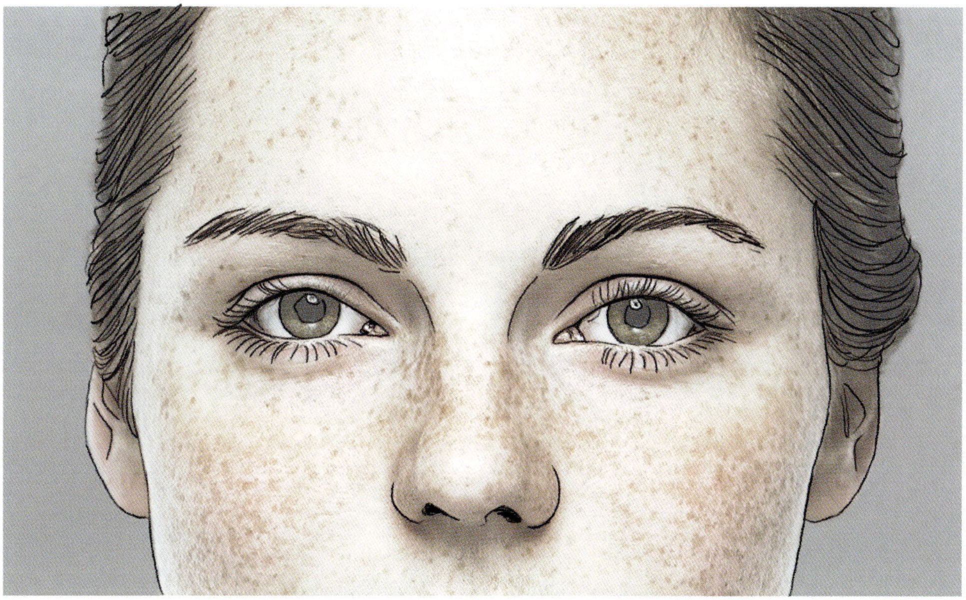

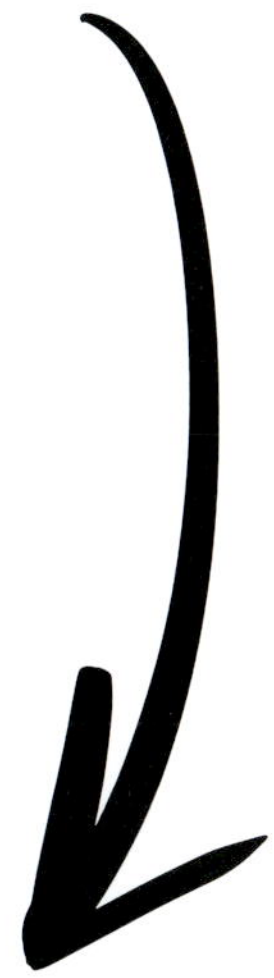

1

Starte im ersten Schritt damit, die Linien des Gesichts mit einem Bleistift abzupausen. Fange mit den Umrissen an und zeichne danach Augenpartie und Nase ein.

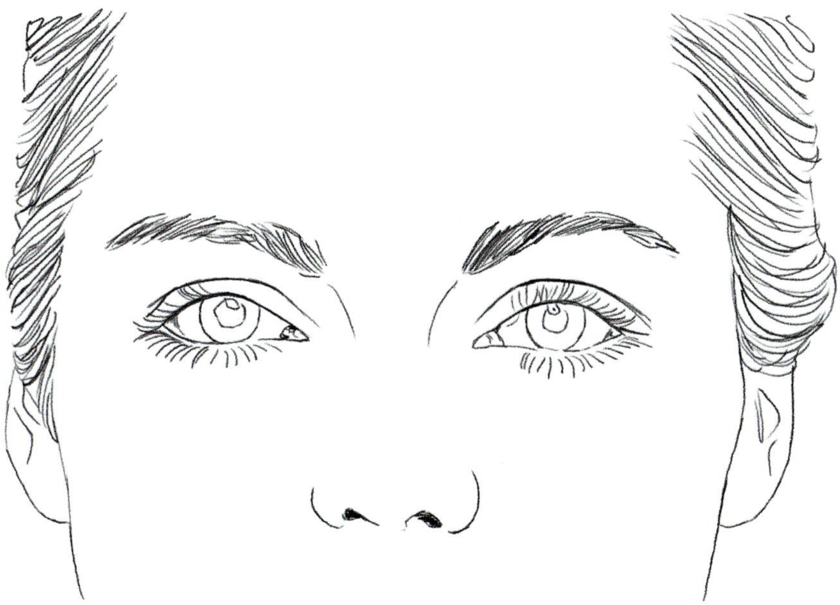

2

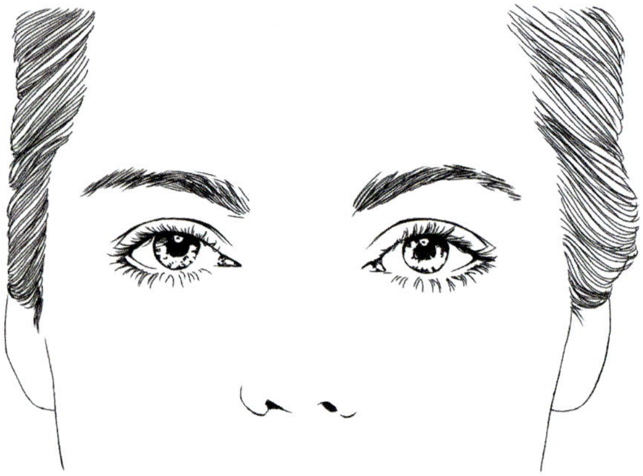

Zeichne nun die Bleistiftskizze mit dem Fineliner nach. Beginne hierbei wieder mit den Umrissen des Gesichts. Setze zudem Schatten in die Augen. Die Pupillen kannst du dabei mit dem Fineliner schwärzen, achte unbedingt auf den Lichtreflex, den du weiß belassen solltest. Entferne zuletzt vorsichtig mit einem Radiergummi deine Vorzeichnung.

3

Im nächsten Schritt malst du den Hintergrund mit dem Fineliner oder einem schwarzen Marker flächig schwarz aus – das lässt das Gesicht optisch hervortreten. Auch die Haarstruktur lässt sich durch Schraffur mit dem schwarzen Fineliner gut abbilden.

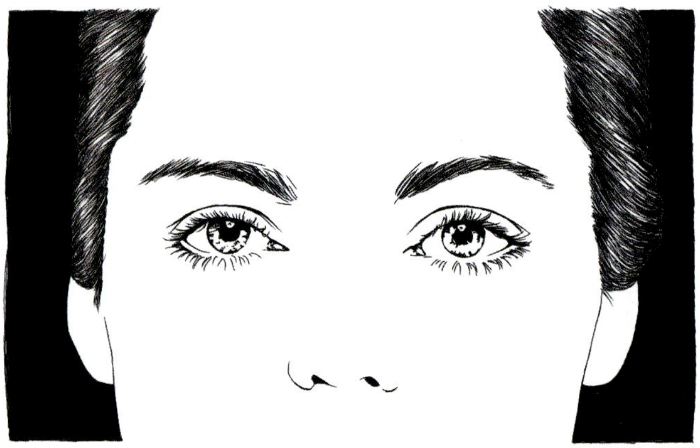

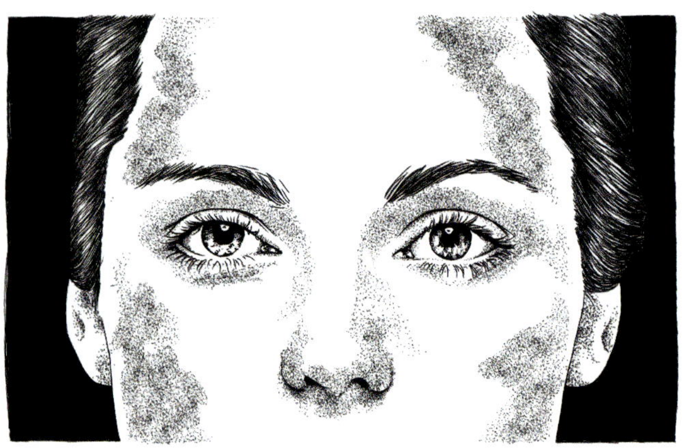

4

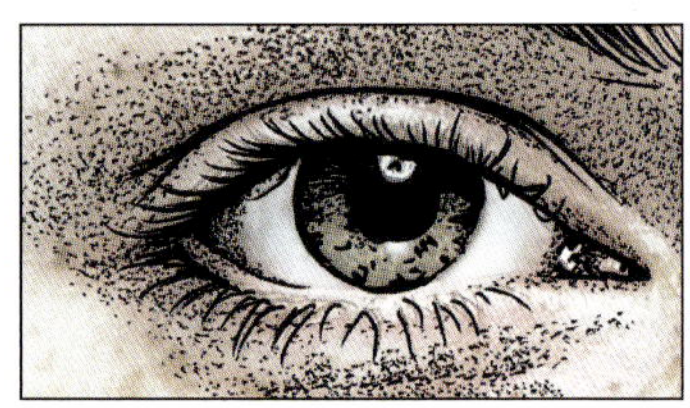

Beginne nun mit dem Schattieren. Nutze hierzu die Technik des Dotworks (s. Seite 17). Zeichne Punkte in die Bereiche des Bildes, an denen du Schatten erkennen kannst. Wenn du viele Punkte dicht nebeneinander zeichnest, erzeugst du eine Verdichtung – diese Areale im Bild erscheinen dadurch dunkler.

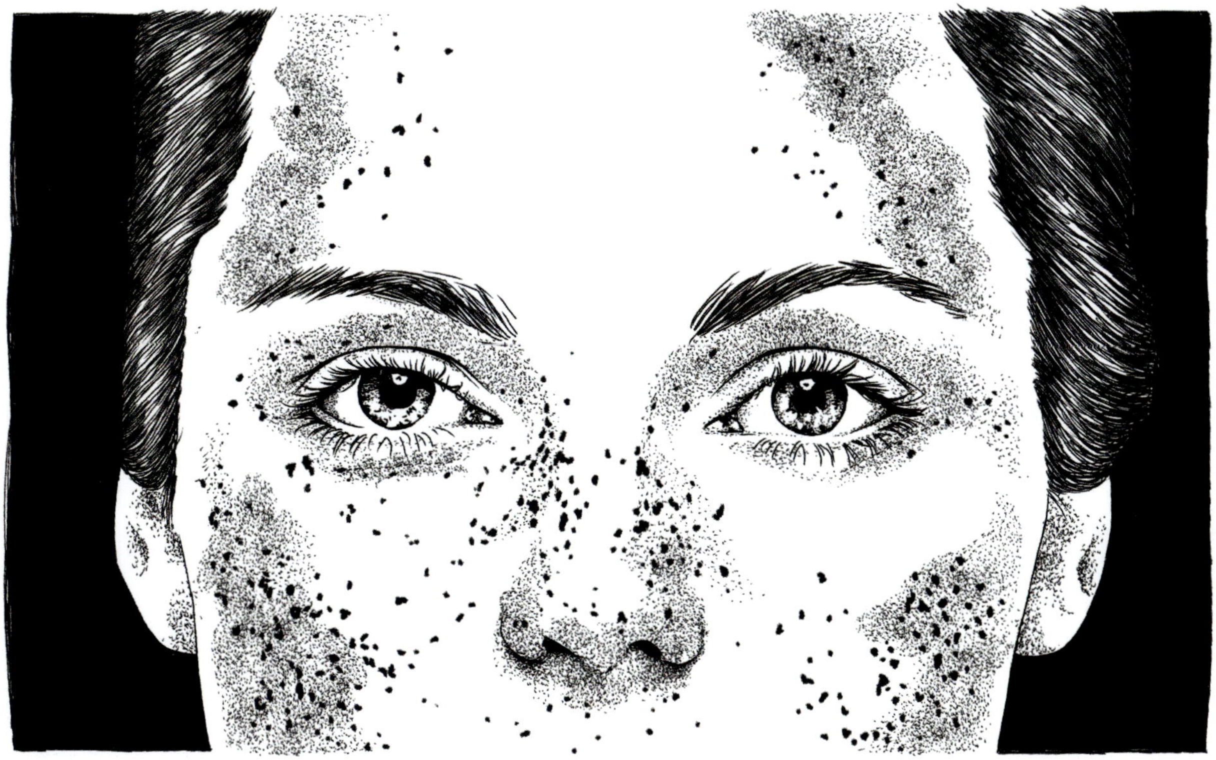

5

Im letzten Schritt zeichnest du die Sommersprossen. Du kannst diese entweder mit dem Fineliner detailliert einzeichnen oder mit einem breiteren Stift, beispielsweise einem Marker, auftupfen.

TIPP
Da zu viel Schatten und zu wenig Weißraum eine Zeichnung schnell überfrachten und kontrastarm wirken lassen können, solltest du darauf achten, wirklich nur an die Stellen des Bildes Punkte zu zeichnen, an denen du eindeutige Schatten erkennen kannst! Denke daran: Weniger ist oft tatsächlich mehr!

PROPORTIONEN EXKURS

Die Porträtzeichnung gilt als eine der Königsdisziplinen des Zeichnens. Um menschlicher Gesichter zeichnerisch korrekt zu erfassen, ist es hilfreich, die Grundlagen der Proportionen eines Gesichts zu kennen.

DER AUFBAU EINES GESICHTS

Ein Gesicht lässt sich in der Regel in drei waagerechte Teile unterteilen. In der – hier schematischen – Darstellung eines Gesichts in der Frontalansicht kannst du diese Dreiteilung anhand der eingezeichneten Hilfslinien erkennen. Alle Elemente des Gesichts sind an einer gedachten Mittelachse symmetrisch ausgerichtet. Wenn du dir beim Zeichnen diese Hilfslinien in deine Vorlage einzeichnest oder vorstellst, wird es dir irgendwann auch ohne Abpausen leichter fallen, die richtigen Linien zu finden.

TIPP

Auch wenn jedes Gesicht individuell ist, solltest du die Drittelaufteilung kennen. Du wirst dich beim Zeichnen sicherer fühlen – gerade dann, wenn du von der Norm abweichen musst.

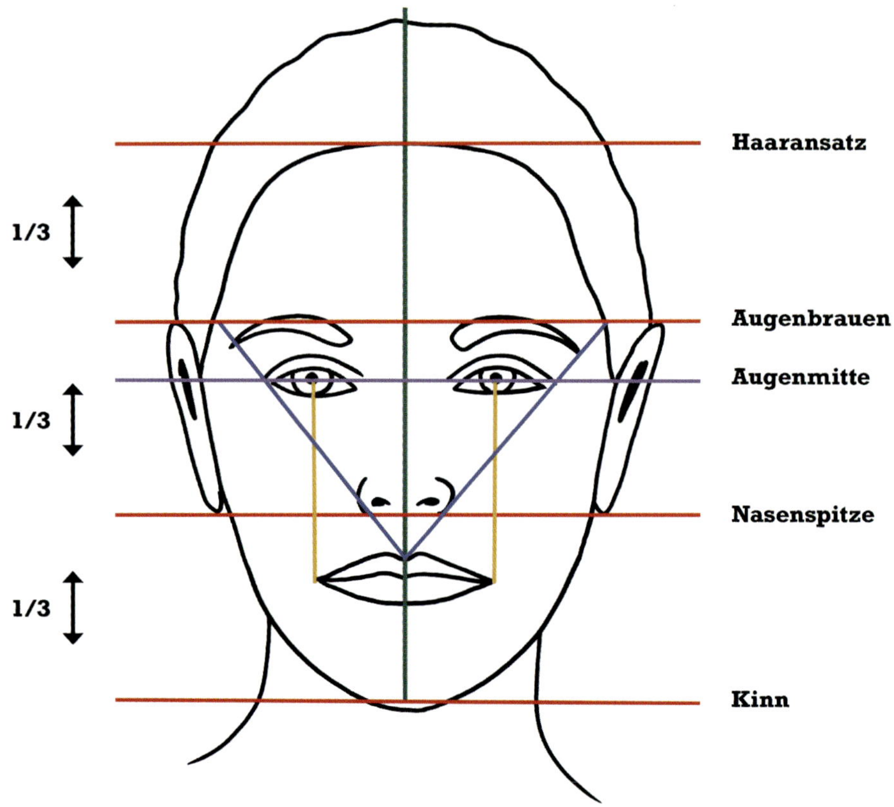

PROPORTIONEN IM HALBPROFIL

Auch im Halbprofil bleiben diese Proportionen grundsätzlich bestehen – du kannst die Hilfslinien also trotzdem einzeichnen. Aufgrund der perspektivischen Verzerrung ändert sich jedoch die Ansicht bestimmter Gesichtsteile, etwa der Augen. Ein Halbprofil kann einfacher zu zeichnen sein, da sich kleine Asymmetrien und Fehler beim Zeichnen des Gesichts leichter kaschieren lassen.

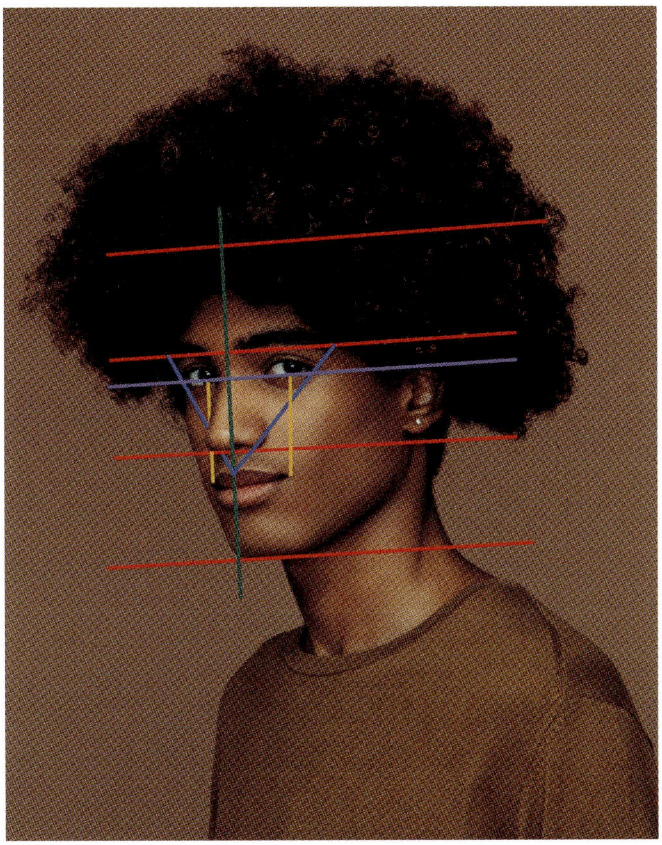

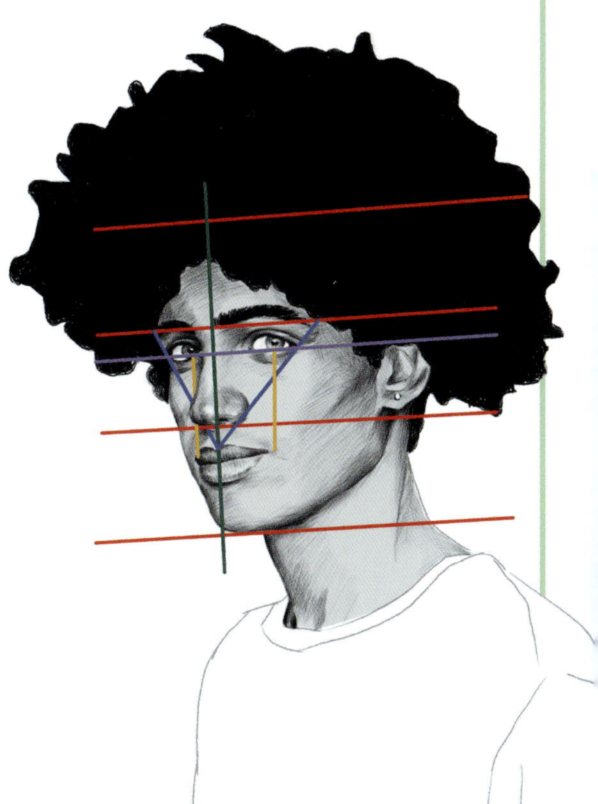

PAAR-PORTRÄT Comic-Style

Menschen zu zeichnen kann herausfordernd sein – besonders dann, wenn sich mehr als eine Person auf dem Motiv befindet. Stell dich der Herausforderung mit diesem Porträt eines Paares im Comic-Style!

WAS DU BRAUCHST

- Material zum Abpausen, analog oder digital
- Bleistift
- Fineliner in Schwarz
- Farben, z. B. Buntstifte, Marker
- ausgedruckte oder digitale Vorlage

Das richtige Abpausen der Linien im Gesicht ist bei diesem Motiv die größte Herausforderung. Lass dir hierfür genügend Zeit. Mache dir beim Zeichnen bewusst: Weniger ist mehr – gerade bei Porträtzeichnungen in diesem Stil.

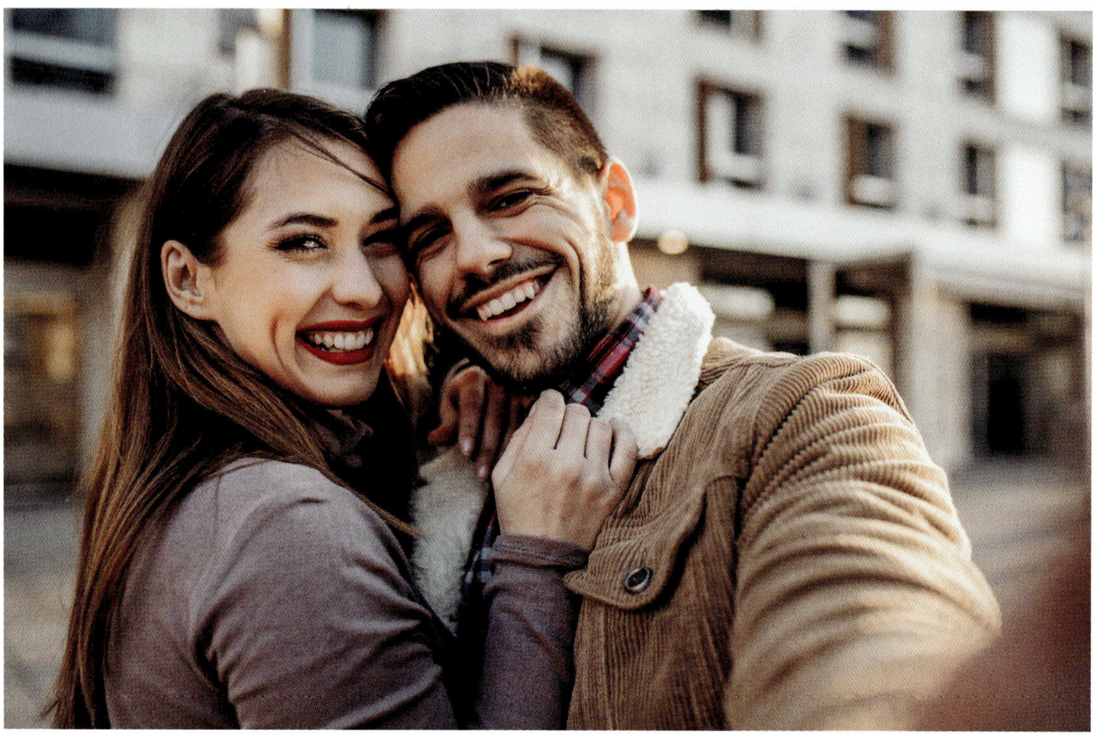

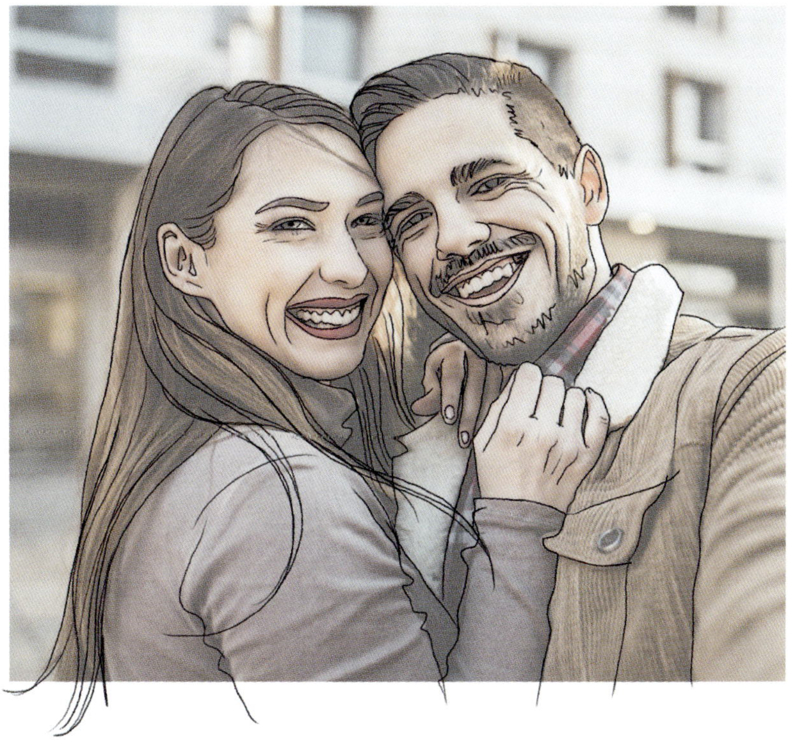

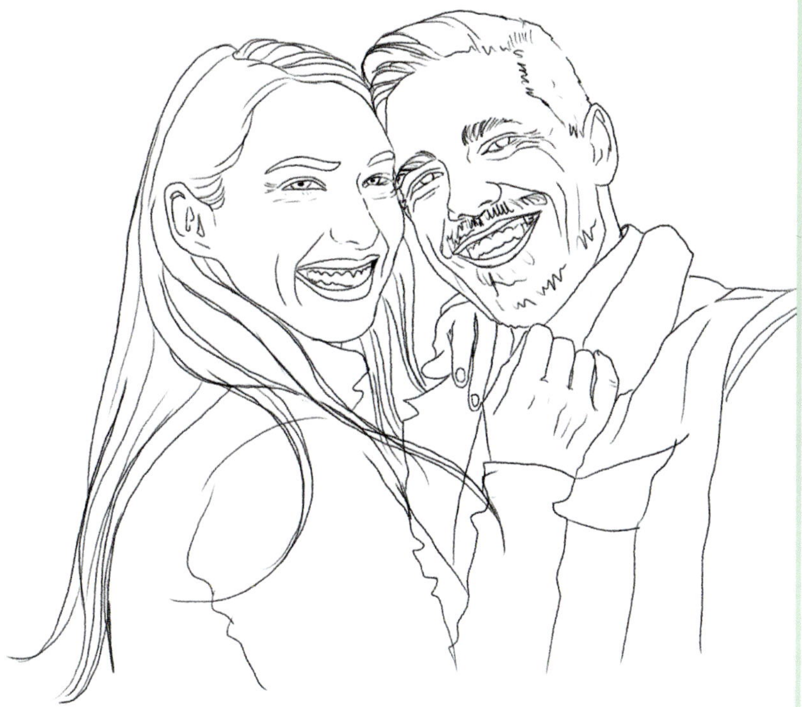

1

Beginne damit, die Umrisse des Paares mit einem Bleistift abzupausen. Achte besonders darauf, im Gesicht nicht zu viele Linien abzunehmen, da dies ein Gesicht schnell verfremden kann. Konzentriere dich auf die wirklich sichtbaren Linien im äußeren Bereich, der Nase und der Augen. Wenn du merkst, dass du eine Linie zu viel gezeichnet hast, kannst du sie im nächsten Schritt einfach ignorieren.

2

Fahre die Linien deiner Skizze mit einem schwarzen Fineliner nach. Entferne im Anschluss mit einem Radiergummi vorsichtig die Bleistiftlinien der Vorzeichnung.

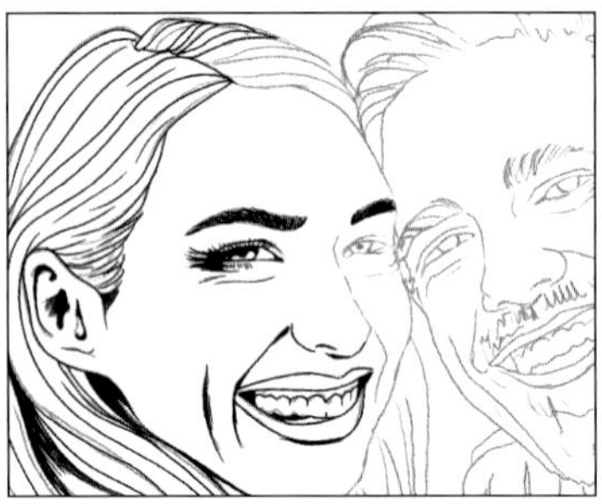

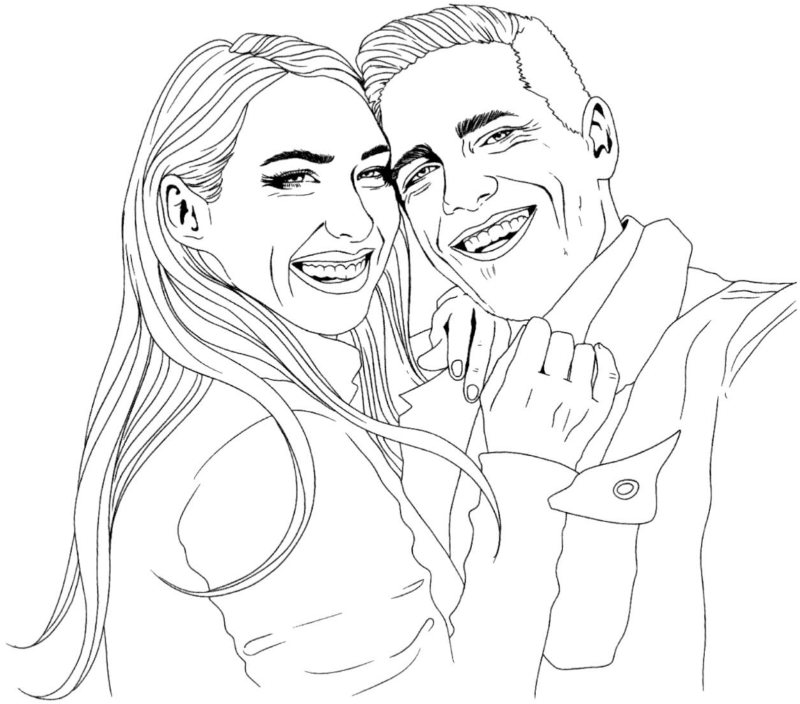

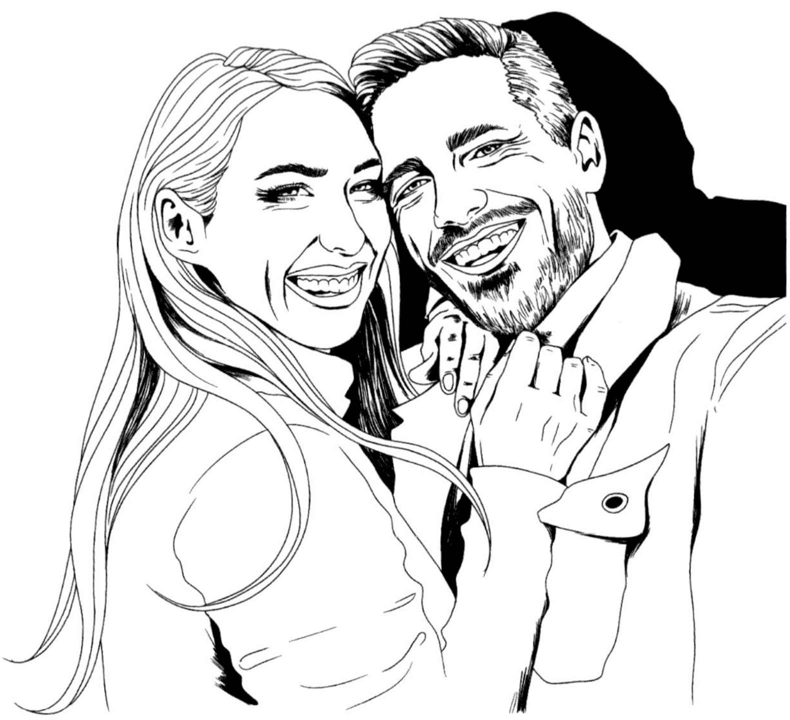

3

Zeichne im nächsten Schritt Schatten und Strukturen ein. Achte dabei auf die Bereiche der Vorlage, die besonders dunkel erscheinen. Kopiere diese Schatten – oder improvisiere! Beispielsweise lässt sich die Haarstruktur durch einfache Linien mit dem Fineliner gut abbilden. Schatten auf Kleidung, Haut und Hintergrund kannst du durch eine Kombination aus schwarzen Flächen und feinen Schraffuren darstellen.

4 Im letzten Schritt kolorierst du deine Outlines, um den Comic-Stil deiner Illustration zu komplettieren. Fülle die Outlines mit kräftigen Farben flächig aus. Achte dabei darauf, nicht über die Linien zu zeichnen.

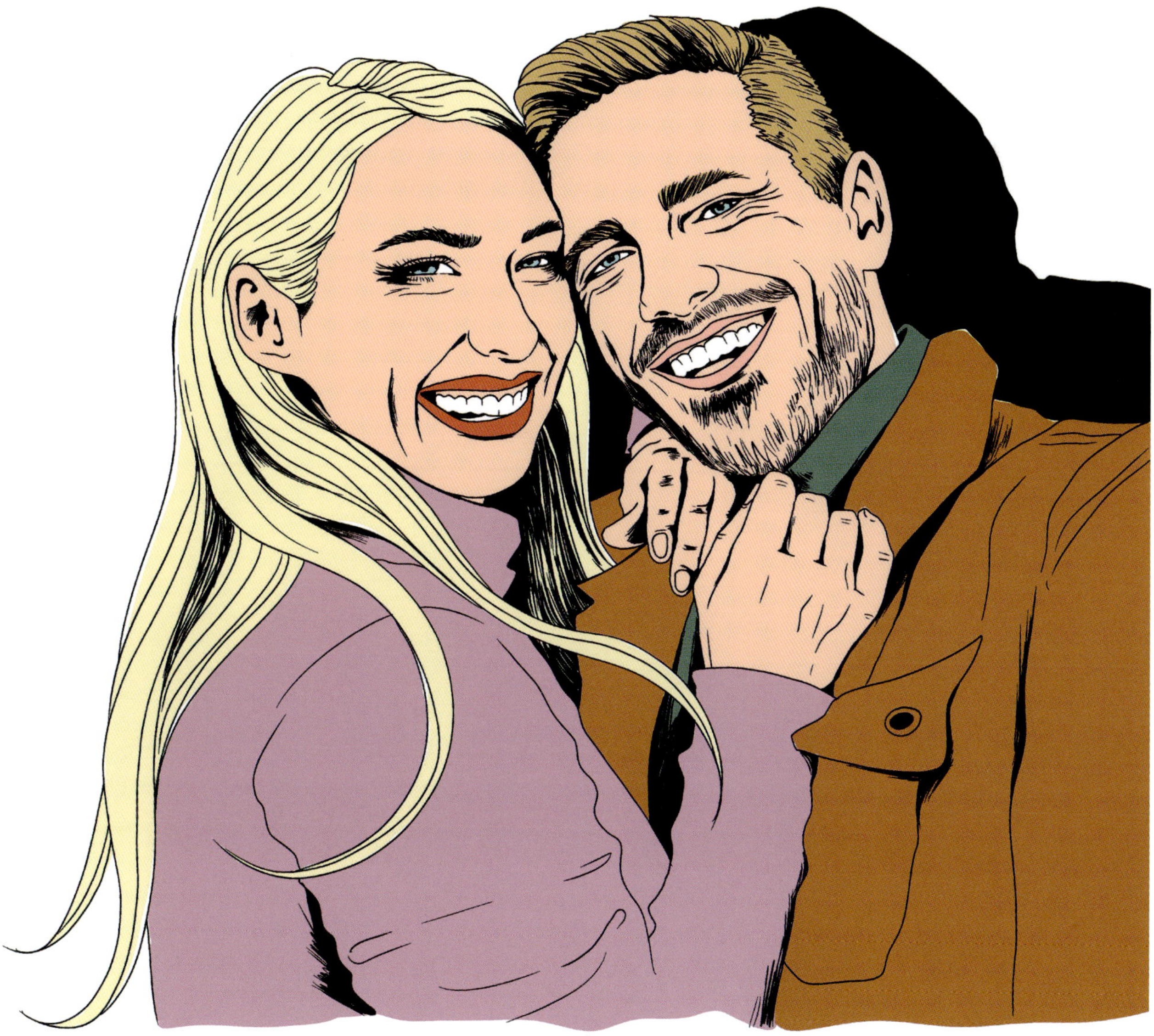

COLORFUL FRIENDSHIP

Flat-Art

Individuelle Illustrationen zu verschenken, kann große Freude bereiten. In diesem Übungsprojekt lernst du, eine solche Illustration zu zeichnen – und damit ein Geschenk zu haben, das dein:e Freund:in garantiert nicht erwartet hat!

WAS DU BRAUCHST

- Hardware zum digitalen Abpausen
- digitales Zeichenprogramm
- digitale Vorlage

Das Besondere an diesem Motiv ist, dass durch den stark abstrahierten Flat-Art-Stil aus einem Foto eine individualisierte Zeichnung von dir und deinen Liebsten entstehen kann. Wie das geht, zeige ich dir jetzt!

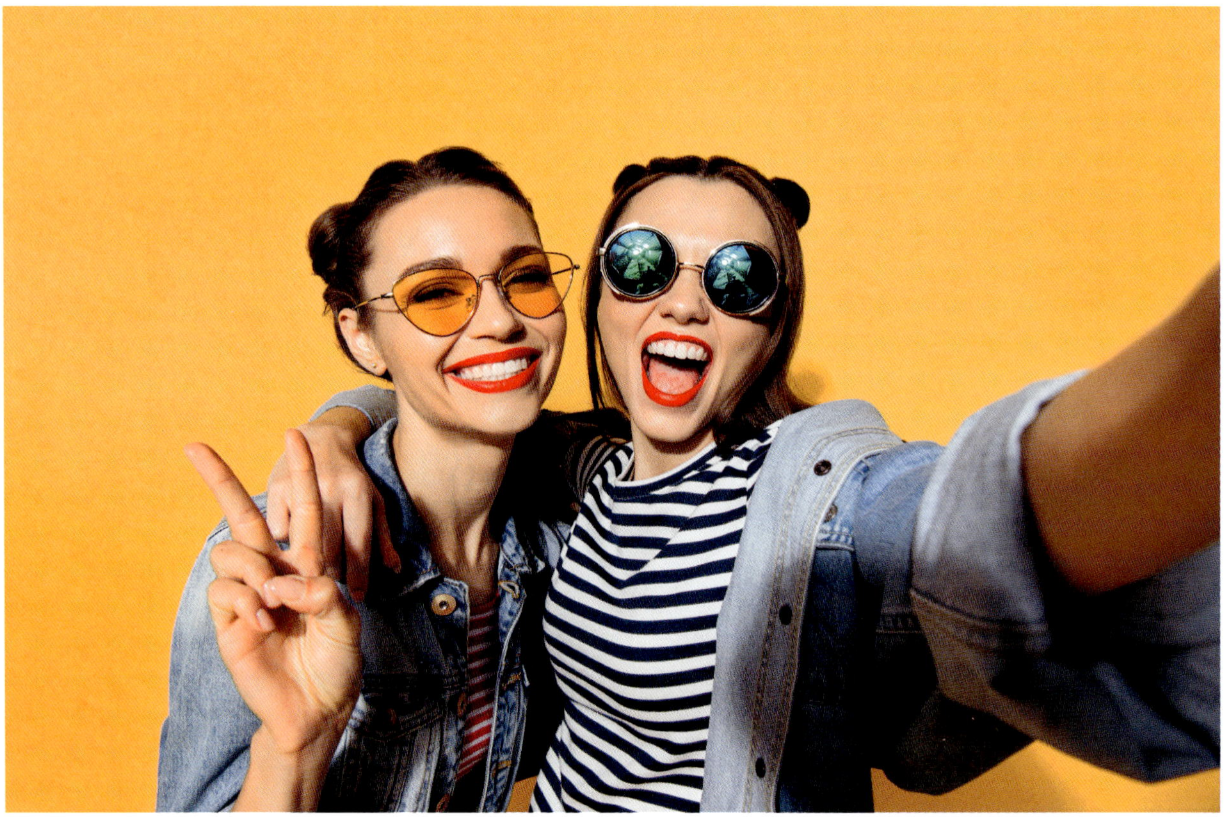

1

Erstelle eine neue Ebene und platziere diese über der Vorlage. Stelle die Deckkraft der Vorlage auf 50% Transparenz, um besser zu sehen, was du zeichnest. Beginne nun damit, die Umrisse der Figuren abzupausen, um die Flächen zu definieren, die später koloriert werden sollen. Es ist für den gewünschten Stil wichtig, die Formen der Körper stark zu abstrahieren, damit die Illustration nicht zu kleinteilig wird. Schule dein Auge: Was macht das Foto aus? Schnell wirst du erkennen, dass Details nicht wichtig sind, um das Wesentliche darzustellen!

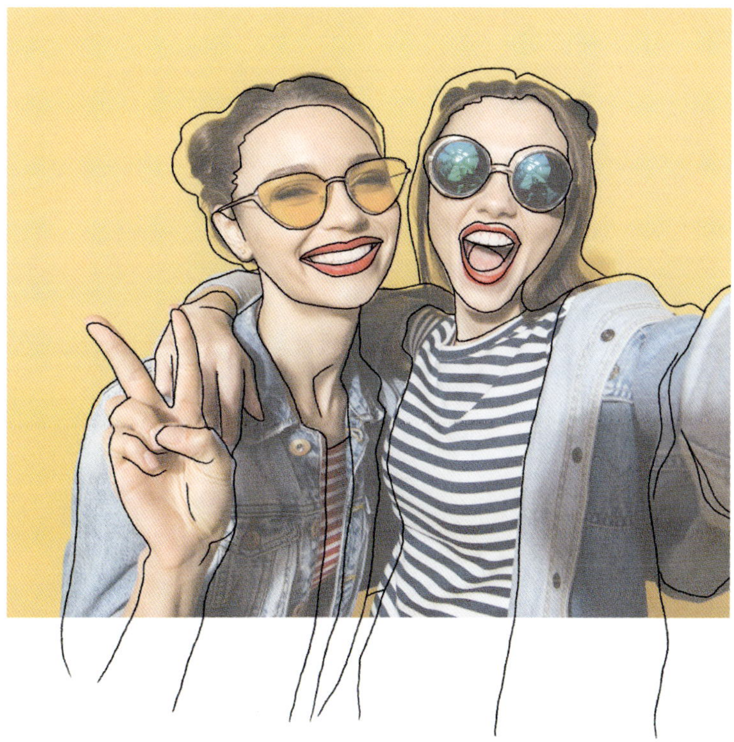

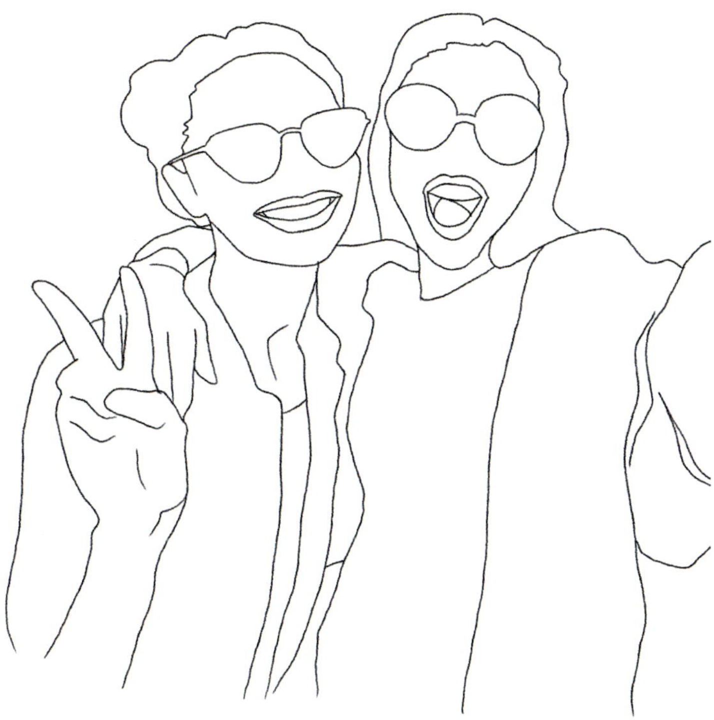

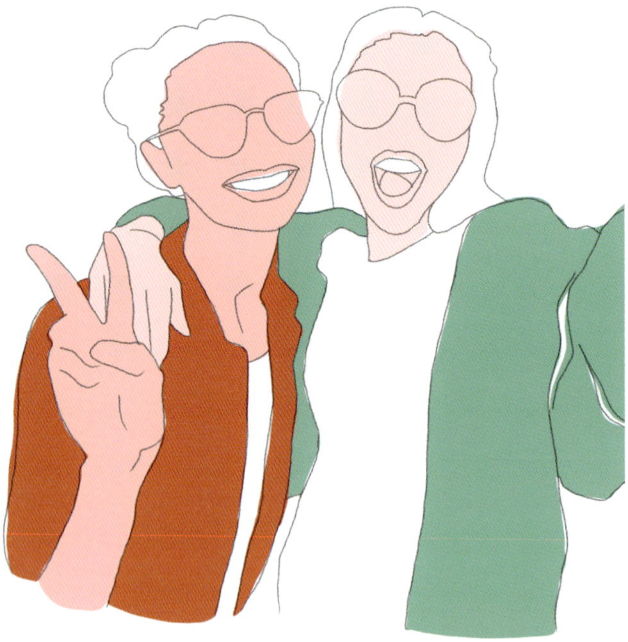

2

Im zweiten Schritt beginnst du mit dem flächigen Einfärben der Outlines. Erstelle für jede Farbe eine eigene Ebene. Starte am besten mit den größten Flächen deiner Illustration, also den Jacken und der Haut. Du kannst dabei ruhig bunt werden. Habt ihr unterschiedliche Lieblingsfarben? Probiere doch mal aus, diese in der Illustration miteinander zu kombinieren!

3

Im nächsten Schritt kolorierst du die Details in den Gesichtern und die Haare. Auch hier hast du die Möglichkeit, deine Illustration zu individualisieren: Wähle Haarfarben, die deine Freundin oder deinem Freund und dir entsprechen und füge Details der Frisuren ein, die euch charakterisieren

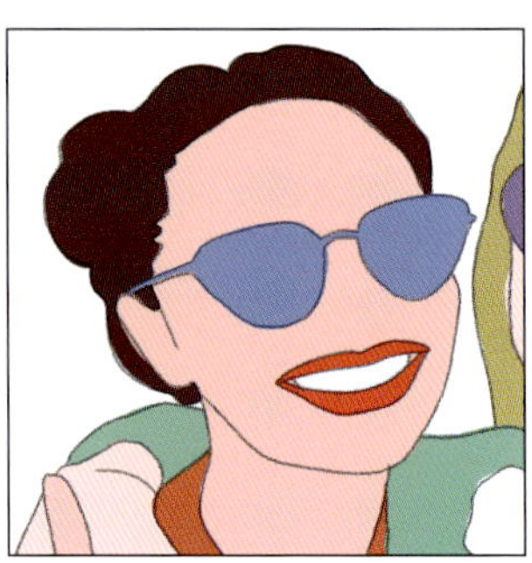

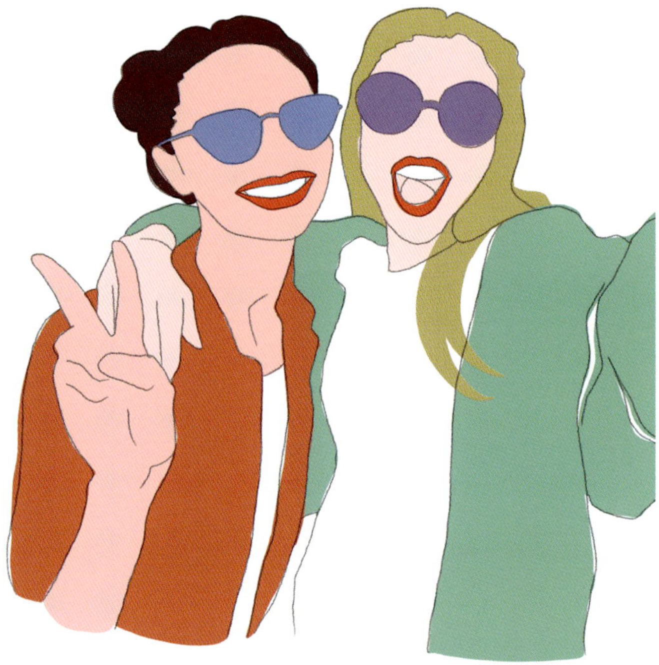

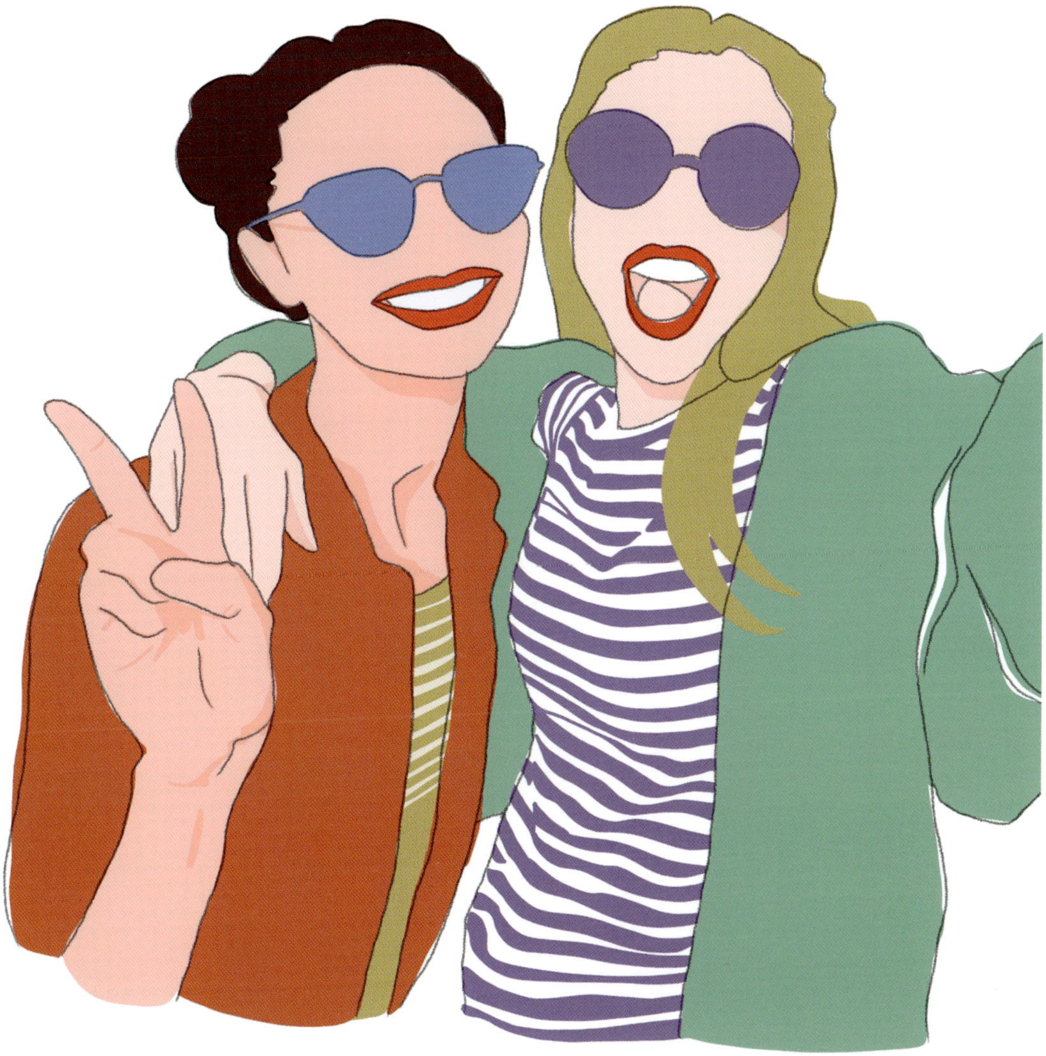

4

Zeichne nun die Details der Kleidung. Für einen korrekten Faltenwurf kannst du die Ebene mit der Vorlage erneut einblenden und die Streifen der Oberteile einfach abpausen. Füge ebenso Schatten auf der Haut ein. Diese kannst du abpausen oder einfach frei einzeichnen – es genügt bei diesem stark stilisierten Stil, sie grob anzudeuten.

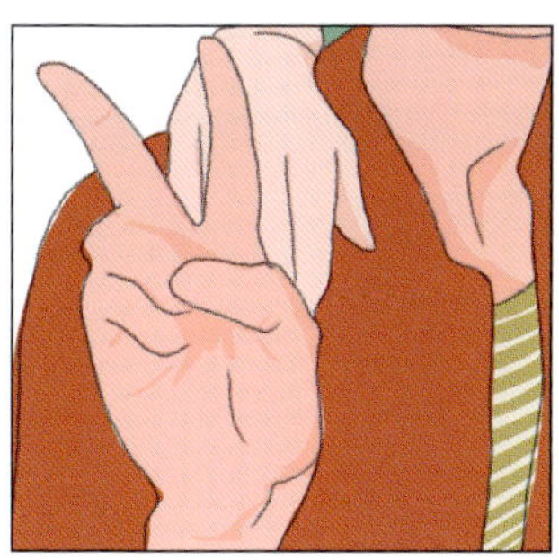

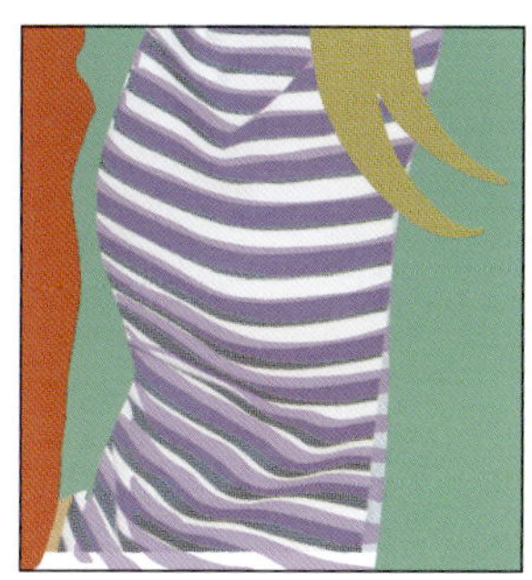

5

Wenn du alle Flächen deiner Skizze koloriert hast, blendest du die Ebene mit der Vorzeichnung wieder aus. Dadurch kommt der Flat-Art-Stil richtig zur Geltung.

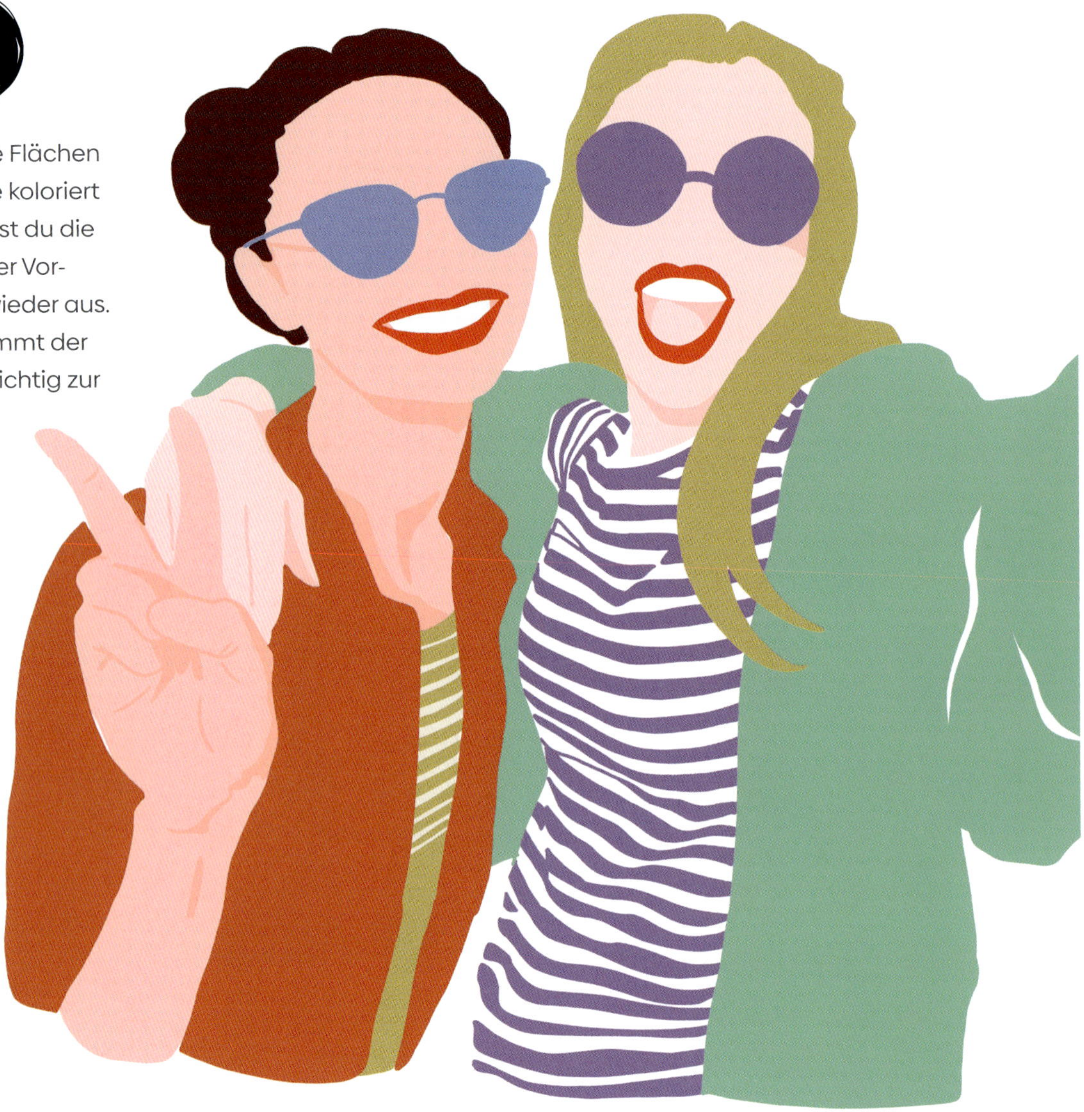

SO KLAPPT'S !

Wenn es dir schwerfällt, deine Zeichnung zu individualisieren, beschränke dich zunächst auf eine veränderte Farbauswahl. Auch damit kannst du bereits starke Effekte erzielen!

6

Im letzten Schritt kannst du die Illustration noch individuell verzieren. Ich habe beispielsweise ein Herz und einen Rahmen gewählt, wodurch das Bild den Charakter einer Polaroid-Aufnahme erhält. Das gibt der Illustration mehr Tiefe und erzählt eine kleine Geschichte. Was fällt dir als Verzierung noch ein?

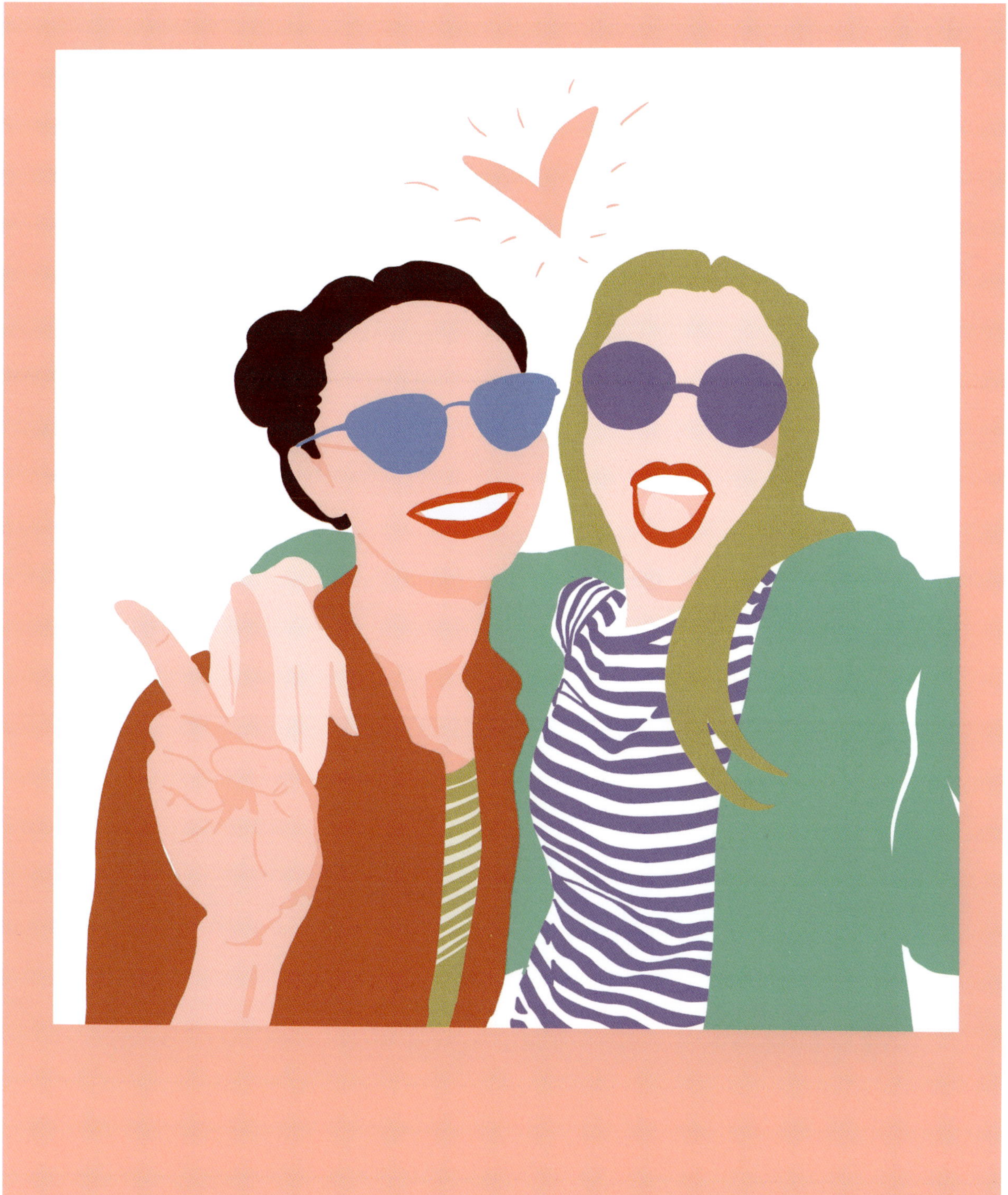

MANN IM HALBPROFIL

Bleistiftzeichnung

An die klassische Porträtzeichnung trauen sich viele Einsteiger:innen nicht so richtig heran. Der Einstieg kann dir leichterfallen, wenn du Schritt für Schritt vorgehst.

WAS DU BRAUCHST

- Material zum Abpausen, analog oder digital
- Bleistifte, z. B. 2H, HB, 2B, 4B, 6B
- evtl. Marker in Schwarz
- evtl. Farbe, z. B. Aquarell, Acryl oder Marker
- evtl. Gelstift in Weiß
- ausgedruckte oder digitale Vorlage

Bei diesem letzten Übungsmotiv zeichnest du dein erstes Bleistiftporträt. Die Vorlage eignet sich hierfür besonders gut, da das Foto im Halbprofil einen relativ einfachen und charakteristischen Schattenwurf hat. Also: keine Scheu und viel Spaß beim Zeichnen! Zum Abpausen nutzt du am besten ein Lightpad.

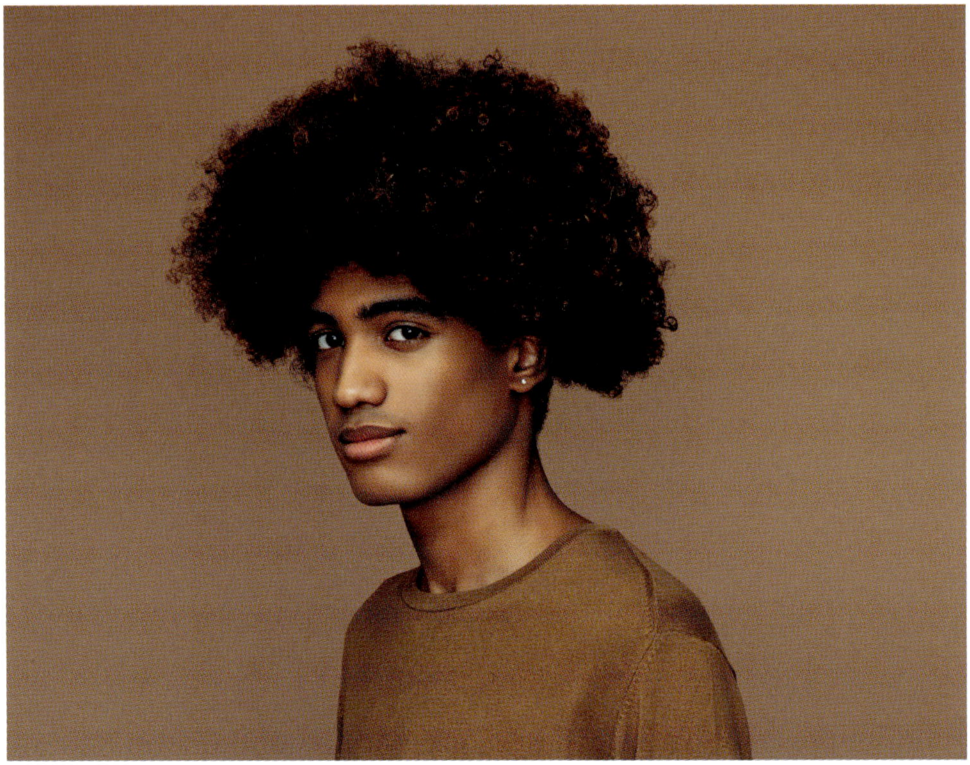

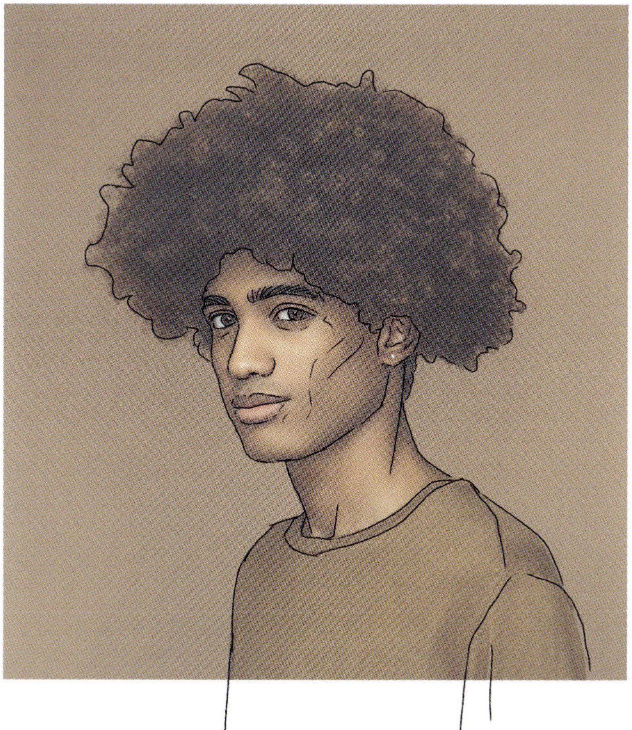

1

Beginne damit, die Umrisse des Mannes mit einem hellen Bleistift (2H) abzupausen. Achte darauf, nicht zu viele Linien im Gesicht abzunehmen – das kann ein Gesicht schnell verfremden. Konzentriere dich auf die sichtbaren Linien am Rand des Gesichts, auf die Nase und auf die Augen. Versuche beim Abpausen, nicht zu fest aufzudrücken.

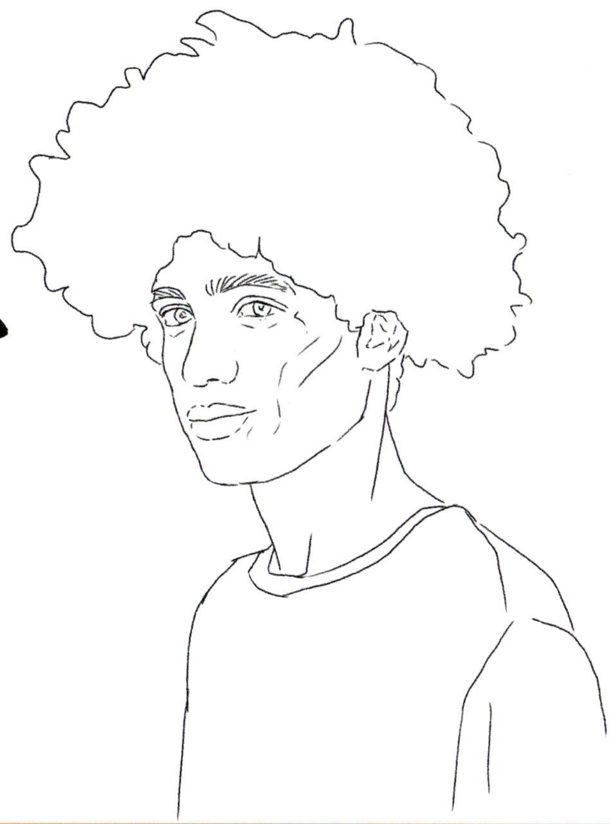

TIPP
Konzentriere dich beim Abpausen der Linien des Gesichts darauf, nicht zu viele abzunehmen. Zu viele Linien können ein Gesicht schnell verfremden.

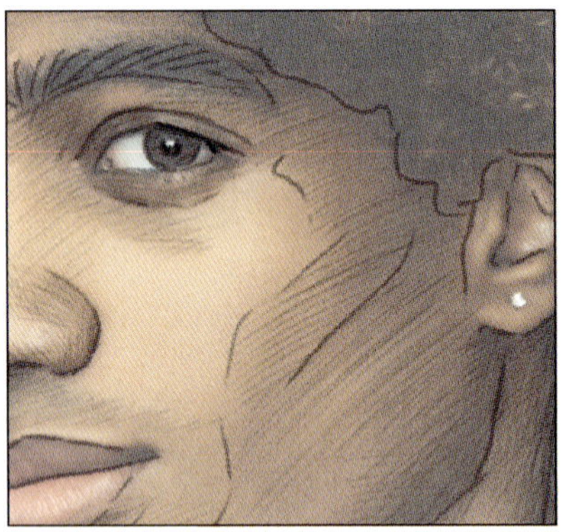

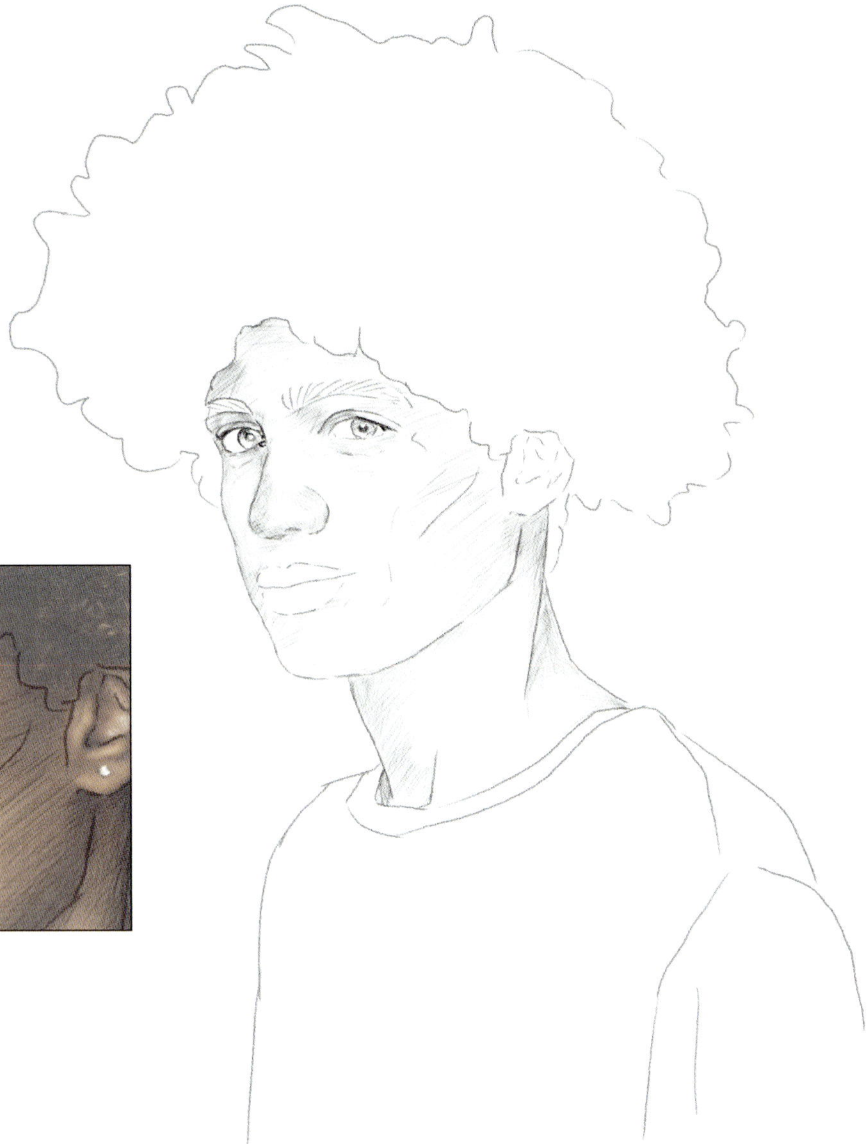

2

Beginne im nächsten Schritt mit der Schraffur deiner Vorzeichnung. Du kannst hier die Vorlage zur Orientierung nutzen. Wähle für die erste Schraffur einen harten Bleistift mit geringem Farbabrieb, zum Beispiel 2H, da dieser hell zeichnet und das Gesicht dadurch eine dezente Schattierung erhält. Dieser erste Bleistiftauftrag dient dir im weiteren Verlauf als Rahmen für dunklere Bereiche der Zeichnung. Starte damit, die Bereiche an der Stirn und um die Augen herum vorsichtig zu schraffieren. Arbeite dich danach zu Nase, Wange und Mund vor. Achte darauf, auch den Hals zu schraffieren. Durch Kreuzschraffur erzeugst du dunklere Bereiche. Lasse unbedingt neben der Schraffur auch genügend Weißraum stehen – erst so kann ein plastischer Effekt entstehen.

3

Trage im nächsten Schritt eine zweite Schicht Bleistiftfarbe auf. Nutze hierfür einen weicheren Stift, zum Beispiel 2B. Verdichte die Farbe mittels Schraffur an den dunkelsten Stellen der Vorlage. Verblende die beiden Schichten durch Kreuzschraffur und einen Bleistift in mittlerer Stärke, zum Beispiel HB. Zeichne danach mit einem noch weicheren Bleistift, zum Beispiel 4B, dunkle Schatten an Nase und Augen ein. Danach fügst du mit einem sehr weichen Bleistift, zum Beispiel 6B, Details wie Pupille, Nasenlöcher und Lidstrich ein.

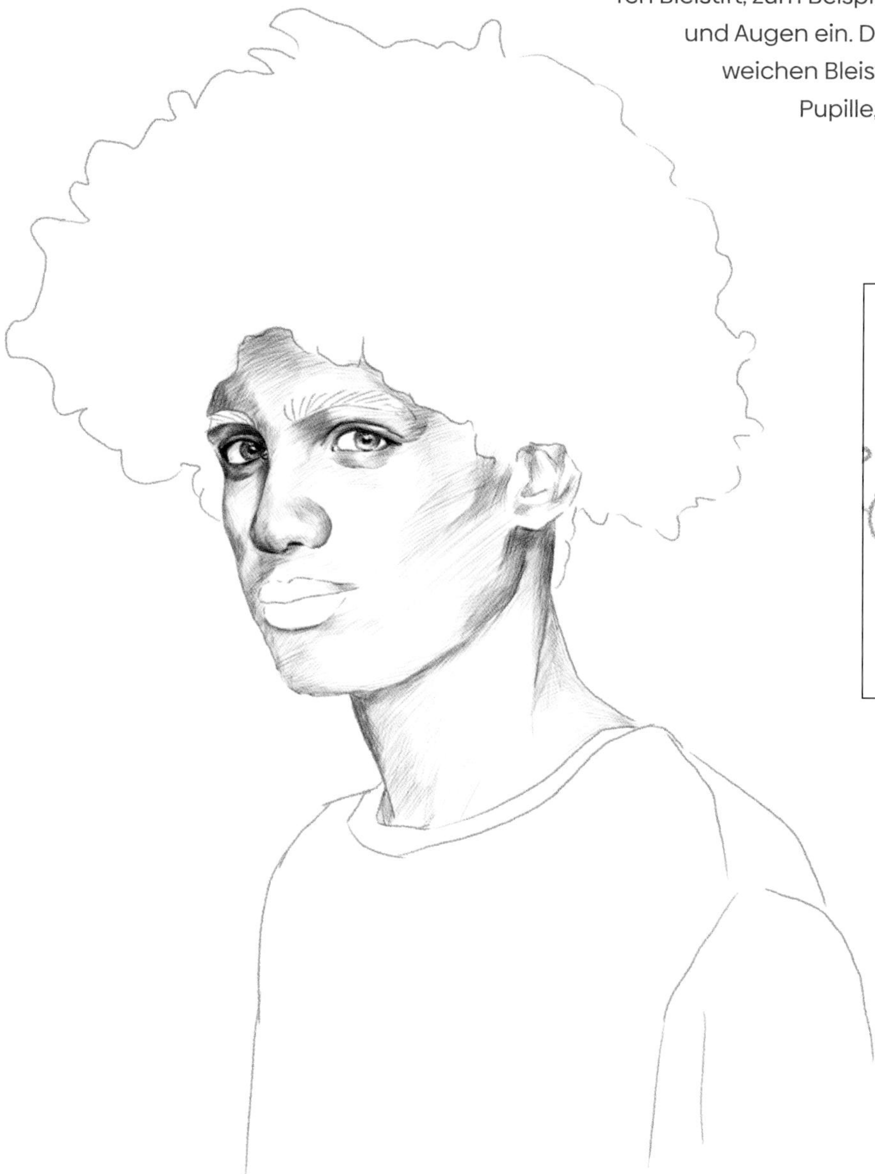

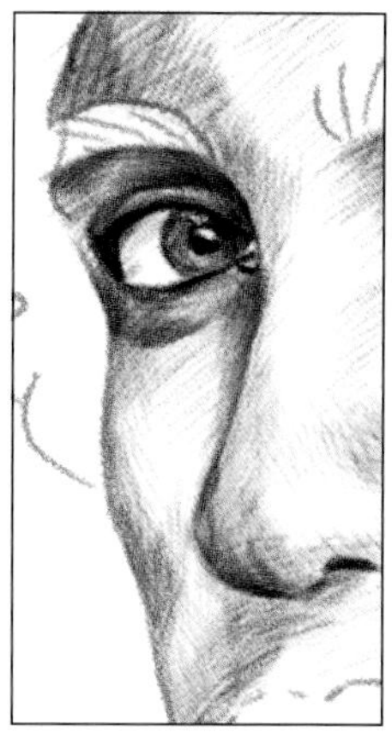

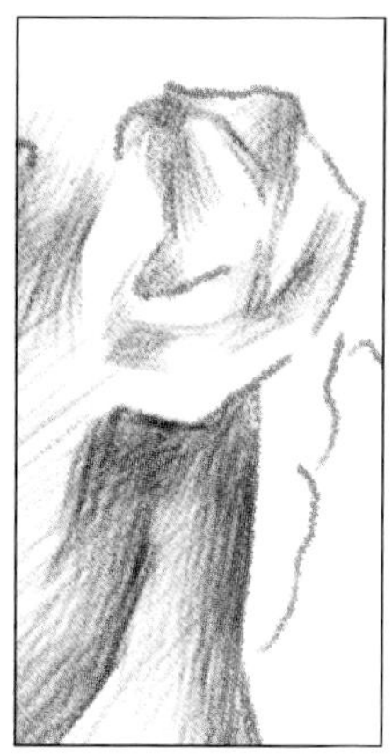

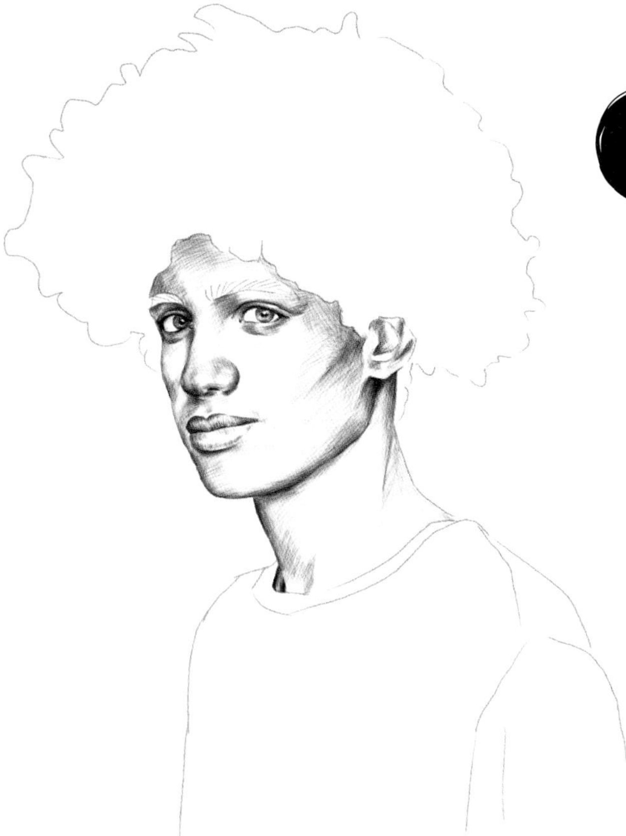

4

Nun schraffierst du mit dem weichen 4B-Bleistift das übrige Gesicht. Beachte die schattigen Bereiche unter den Wangenknochen, im Bereich des Ohres, am Kinn und am Hals. Füge danach mit dem sehr weichen 6B-Bleistift feine Schraffuren an den allerdunkelsten Stellen ein. Zeichne als letztes auch die Lippen. Orientiere dich dabei im Ablauf an der gleichen Reihenfolge – von hell nach dunkel.

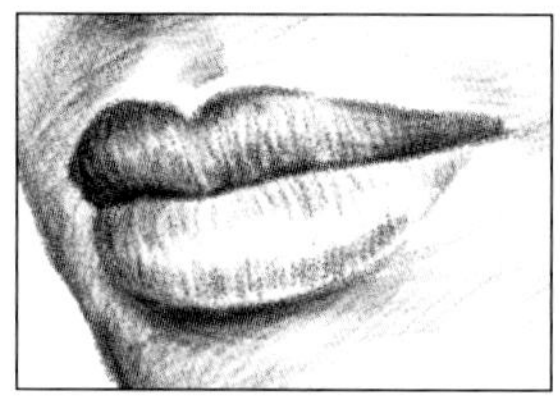

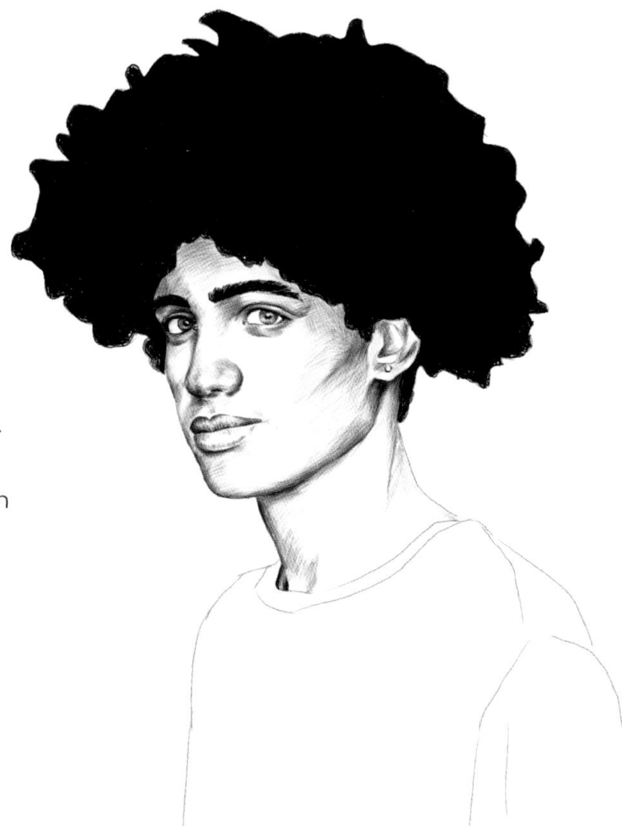

5

Zeichne im nächsten Schritt die Haare. Verwende hierfür entweder den sehr dunklen 6B-Bleistift und schraffiere den Bereich der Haare gleichmäßig oder nutze einen schwarzen Marker, um flächig zu kolorieren. Je dunkler die Haare am Ende erscheinen, desto größer wirkt der Kontrast, der für Spannung in deiner Zeichnung sorgt.

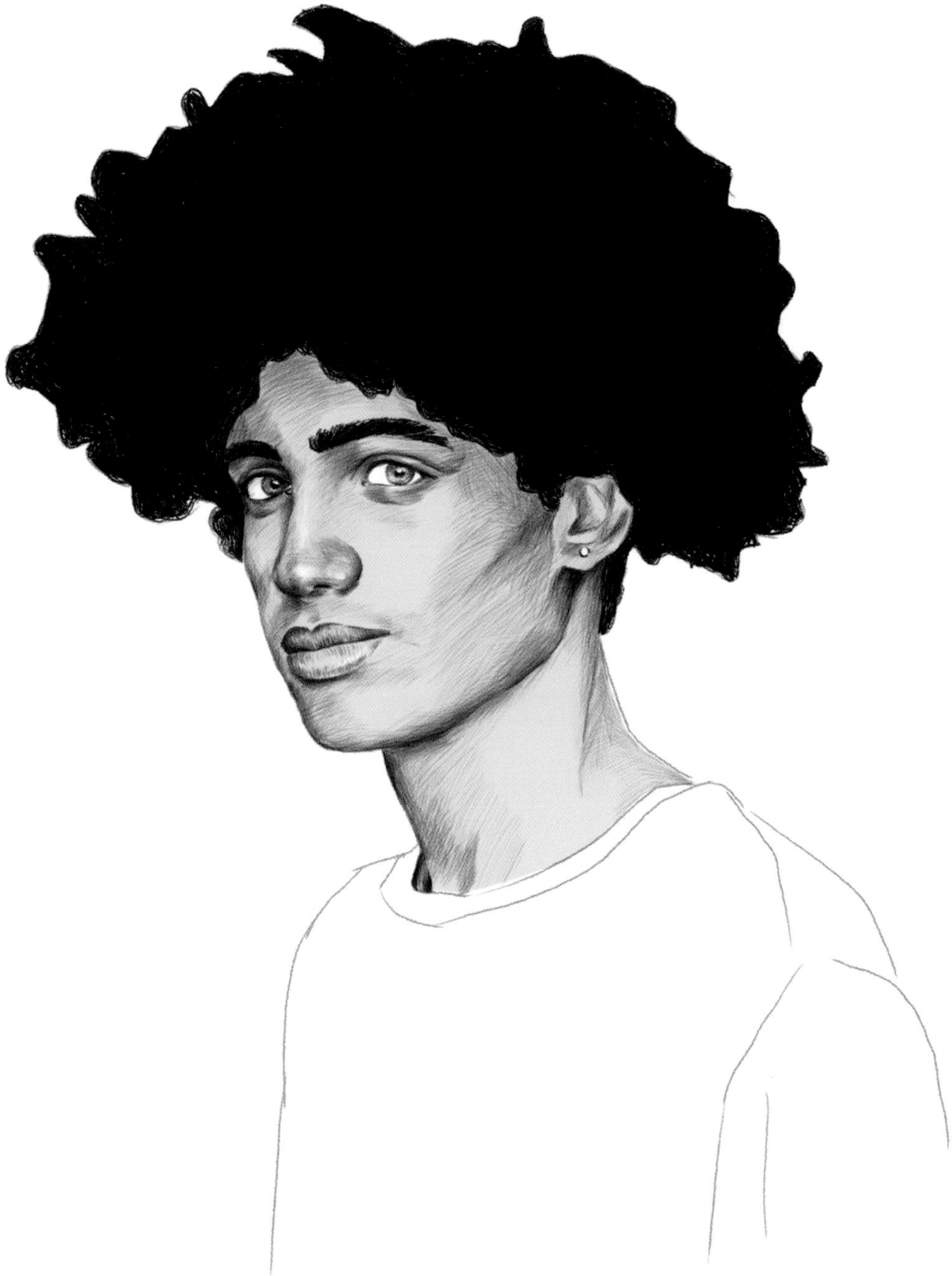

6

Um deine Schraffuren weicher und harmonischer erscheinen zu lassen, kannst du im letzten Schritt die Haut mit einem Marker oder mit Aquarellfarben in einem hellen Grauton lasierend übermalen. Highlights kannst du auch danach noch mit einem weißen Gelstift setzen.

WIE GEHT ES WEITER?

Wenn du es bis hierhin geschafft hast, kannst du sehr stolz auf dich sein – du hast einige Zeichenstile und die Grundlagen des Zeichnens kennengelernt und bereits tolle eigene Werke erschaffen!

Hier findest du Inspiration für den weiteren Weg deiner Zeichenreise. Bleibe mit einem Skizzenbuch jeden Tag kreativ, gestalte deine Werke als Geschenk – oder fordere dich durch kreative Challenges immer wieder selbst zum Zeichnen heraus!

SKIZZENBUCH

Skizzenbücher sind praktische Begleiter. Es gibt sie in den unterschiedlichsten Größen, Formen und Farben – garantiert findest du darunter auch eines für dich! Trage es immer bei dir und nutze es, um beispielsweise Wartezeiten produktiv und kreativ zu überbrücken. Notiere darin spontane kreative Einfälle und visualisiere deine Ideen. Du darfst in deinem Skizzenbuch alles ausprobieren, was dir in den Sinn kommt. Auf diese Weise kannst du dich später jederzeit von dir selbst inspirieren lassen, falls dir einmal der Start in eine Zeichensession schwerfallen sollte. Ein Skizzenbuch kann etwas sehr Persönliches sein und es ist so individuell wie du!

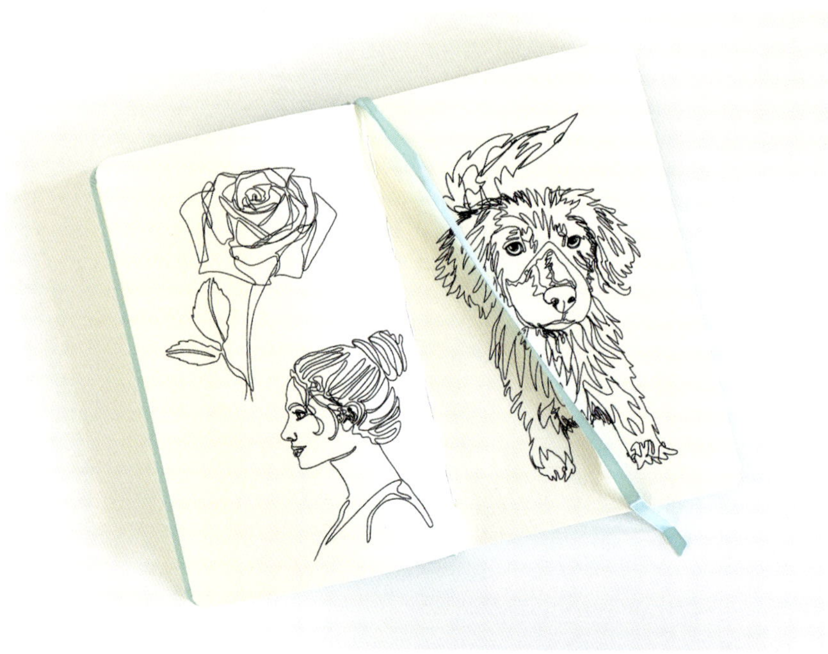

VERWERTE DEINE ZEICHNUNGEN

Du kannst deine Zeichnungen prima als Geschenk nutzen. Verschenke sie als Hingucker in einem schönen Bilderrahmen oder als hübsches Lesezeichen. Wie wäre es mit einer selbstgestalteten Karte für deine Liebsten? Wenn dir Handlettering oder handschriftliches Schreiben nicht liegt, kannst du übrigens auch Schriften abpausen. Damit wertest du deine Grußkarte optisch ganz einfach auf!

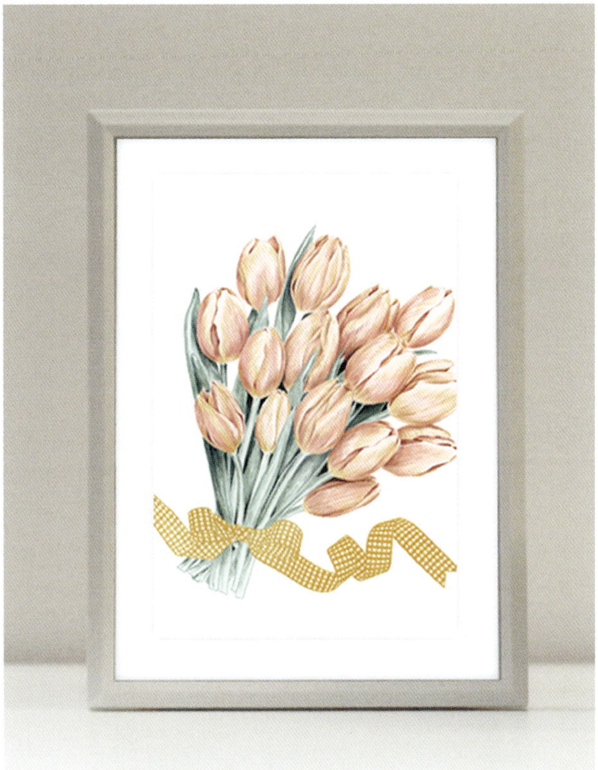

SEI KREATIV!

Du denkst, dass du in einem bestimmten Stil oder mit einem bestimmten Medium zeichnen musst? Lass dir das nicht einreden, sondern bleibe kreativ. Alles ist erlaubt. Du kannst dir selbst kreative Challenges setzen, indem du einen Tag beispielsweise nur mit stark färbenden Pflanzen zeichnest. Oder mit Kaffee! Probiere ungewöhnliche Materialien aus – hattest du nicht noch einen alten Umzugskarton im Keller stehen? Der Untergrund eignet sich bestimmt auch gut, um darauf zu zeichnen!

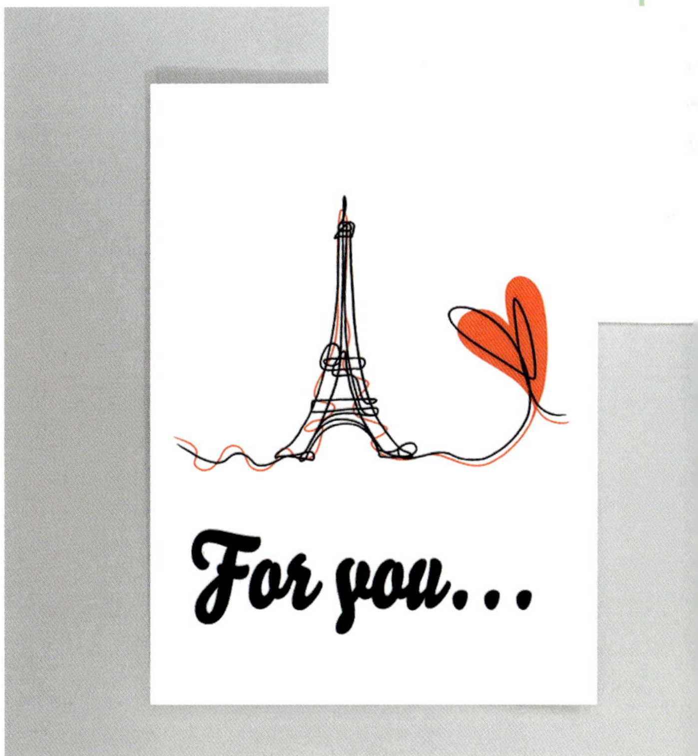

Zu guter Letzt: Vergleiche deinen eigenen Fortschritt niemals mit den Erfolgen anderer. Du kannst wirklich stolz auf das sein, was du für dich in deinem Tempo bereits erreicht hast!

BUCHEMPFEHLUNGEN FÜR SIE

Noch mehr Kreativ-Bücher zum gleichen Thema gesucht?

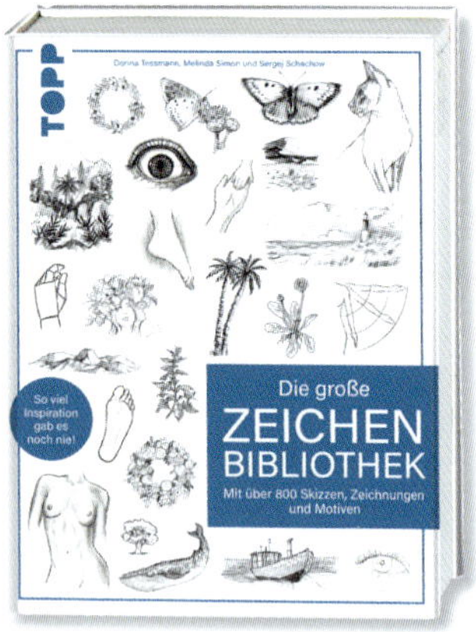

ISBN 978-3-7358-8117-5

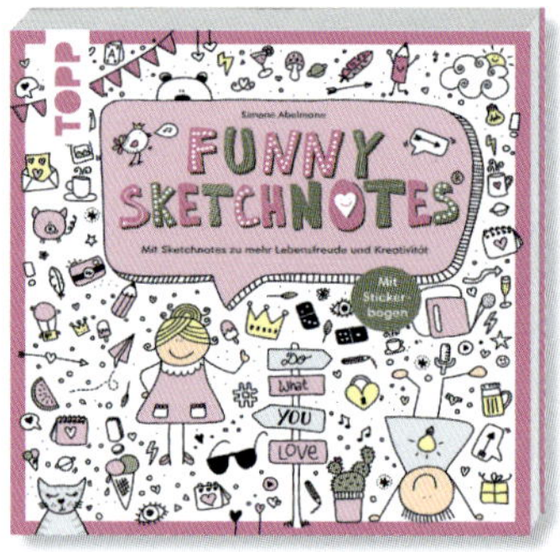

ISBN 978-3-7358-8171-7

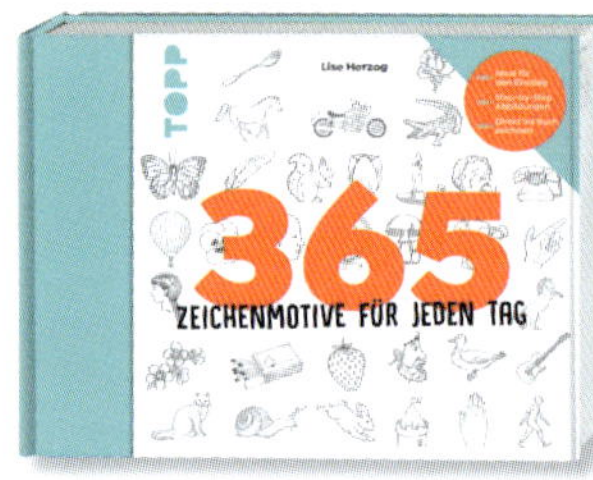

ISBN 978-3-7358-8145-8

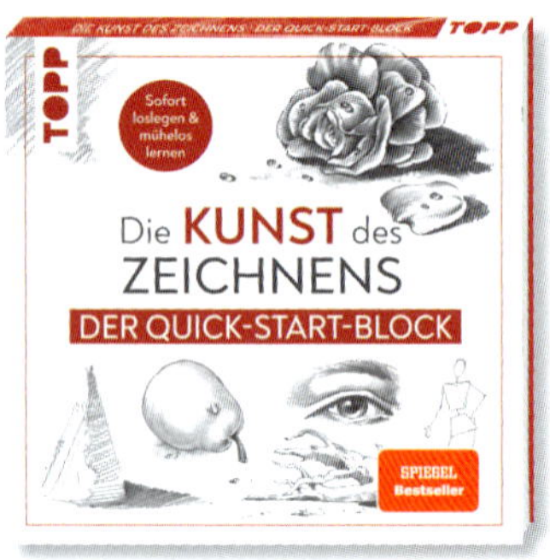

ISBN 978-3-7724-8264-9

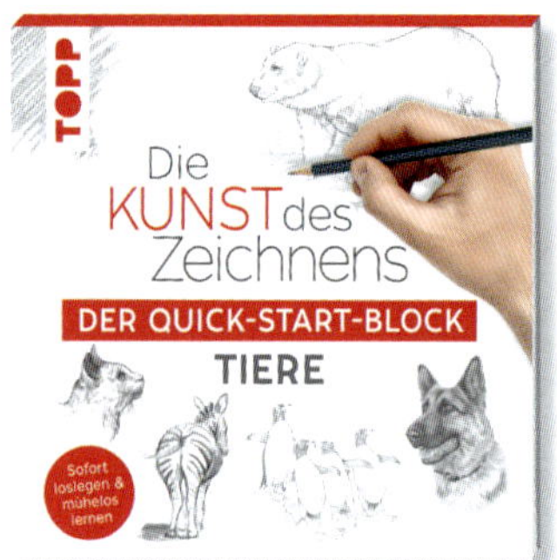

ISBN 978-3-7724-4764-8

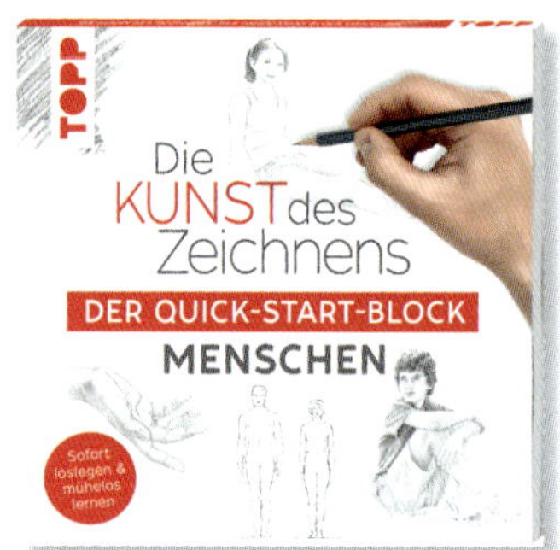

ISBN 978-3-7724-4697-9

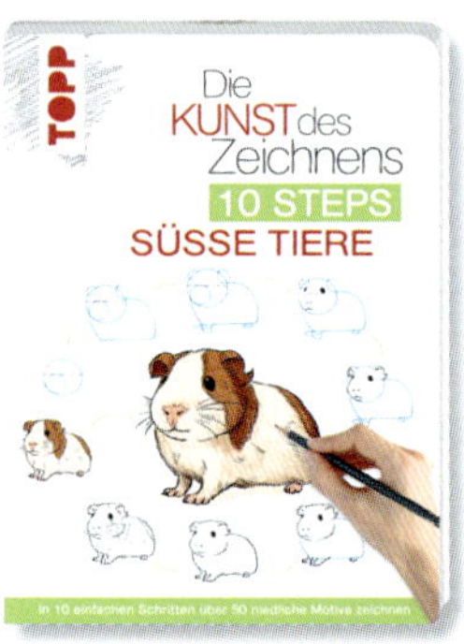

ISBN 978-3-7358-8103-8

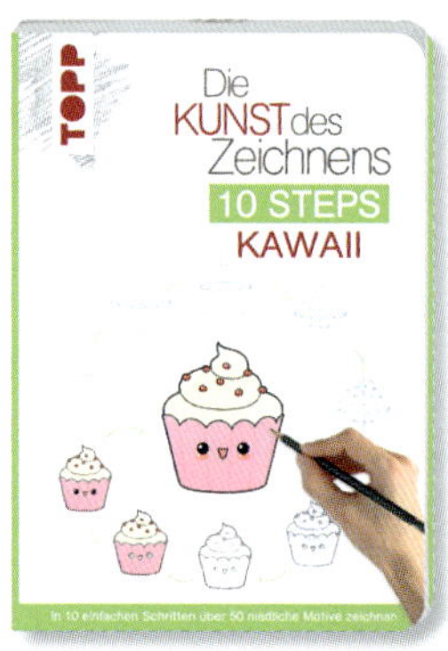

ISBN 978-3-7358-8032-1

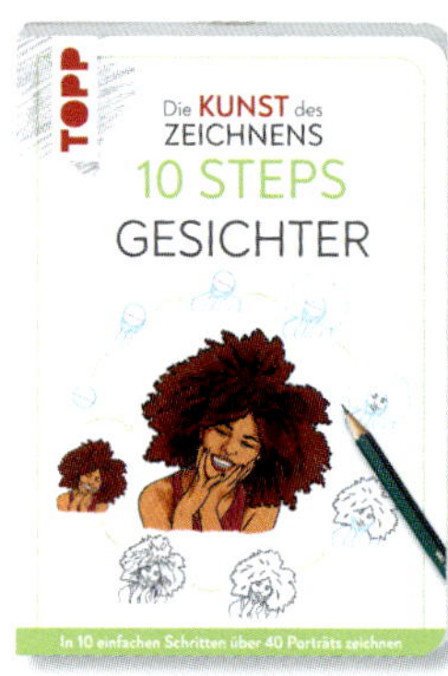

ISBN 978-3-7358-8161-8

Viele weitere Kreativ-Bücher finden Sie auf www.TOPP-kreativ.de

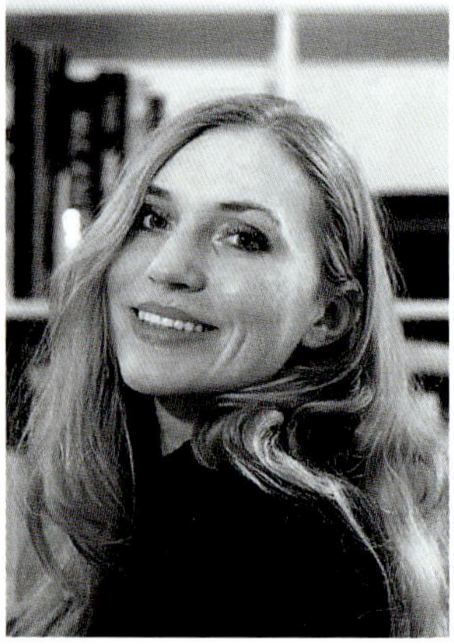

VITA

Anne Reibold

ist Illustratorin und Kommunikationsdesignerin. Sie wuchs in der Nähe von Heidelberg auf und lebt nun, nach Stationen in Krefeld und Logroño, in Mainz. Seit 2019 ist sie als freiberufliche Illustratorin tätig, ihre Arbeiten zeichnen sich dabei durch eine unkonventionelle und kontrastreiche Farbgebung aus. Neben Zeichnen liebt Anne alle Facetten des Reisens, gute Musik, gute Geschichten, gute Gespräche und gutes Essen.

IMPRESSUM

FOTONACHWEISE: iStock-Fotos: S. 27 ©Floortje, S. 30 ©retouchman, S. 32 ©studiocasper, S. 36 ©almaje, S. 42 ©Irina Zharkova, S. 48 ©gitusik, S. 56 ©Nikada, S. 60 ©steved_np3, S. 68 ©monysasi, S. 72 ©Wirestock, S. 76 ©baona, S. 86 ©SensorSpot, S. 90 ©nastya81, S. 94 ©Sviatlana Barchan, S. 100 ©Mark Kostich, S. 104 ©berkay, S. 112 ©brusinski, S. 114 ©utkamandarinka, S. 120 ©blackCAT, S. 124 ©Deagreez, S. 30 CoffeeAndMilk, Fotos: S. 8, S. 12, S. 13, S. 28/29, S. 54/55, S. 84/85, S. 110/111, S. 136, S.137 und ILLUSTRATIONEN: Anne Reibold
UMSCHLAGGESTALTUNG: Anne Reibold/ Lena Sofie Schmitt
PRODUKTMANAGEMENT: Hannelore Irmer-Romeo
LEKTORAT: Betz Lektorat + Redaktion, Tübingen
LAYOUT: Petra Theilfarth
SATZ: Ramona Gaar, Werbeagentur Rypka GmbH, www.rypka.at
DRUCK UND BINDUNG: BALTO print, Litauen

DIE DIGIBIB – ALLE UPDATES FÜR DICH

Die DigiBib – Alle Updates für dich
www.topp-kreativ.de/digitale-bibiliothek/

Hier findest du alle aktuellen Infos zu deinem Produkt, außerdem Extras, Videos, Vorlagen und mehr!

FREISCHALTCODE:
57552

1. Auflage 2024

ISBN: 978-3-7358-8159-5 • Best.-Nr. 28159

MIX
Papier aus verantwortungsvollen Quellen
FSC® C107574

Penguin Random House Verlagsgruppe
FSC® N001967